호텔/외식
식음료 전산 실무

지계웅 · 김민석 공저

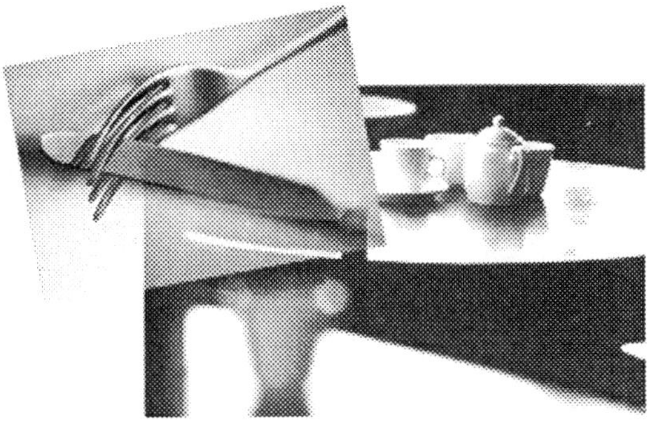

기문사
www.kimoonsa.co.kr

머리말 Preface

외식산업에 있어서 인적, 물적 서비스와 더불어 전산 시스템은 매우 중요한 요소이다.

외식산업 종사원들은 고객의 주문에 의해 상품을 만들어 정성스런 서비스로 판매하여 그 대가를 받는 업종으로 21세기 유망직종임은 의심할 여지가 없는 사실이다. 외식산업에 대한 관심은 대학의 관련 학과 학생들에게도 높은 취업열기로 이어진다. 이에 본서는 외식산업에 대한 이해와 전산 시스템 즉 POS(Point of Sale) 시스템의 운영관리를 통하여 현장실무에 체계적으로 적응할 수 있도록 미약하나마 도움을 되었으면 하는 바람에서 출간하게 되었다.

본서의 구성은 총 7장으로 구성되어 있다.

제1장은 외식산업에 대한 정의와 발전 등 이론적인 부문의 기술로 외식산업의 이해에 중점을 두었다.

제2장은 외식산업의 전산관리로 POS 시스템의 개념, POS 시스템의 도입배경과 발전, 구성요소, 외식산업에서의 POS 시스템의 활용 등을 기술하였다.

제3장은 외식산업의 고객관계관리 즉 CRM 시스템의 이론에 대해 기술하였다.

제4장은 POS 시스템의 도입 성공사례를 기술하여 시스템 활용의 이해를 도왔다.

제5장~제7장은 앞 장들의 이론을 토대로 외식산업(호텔) 현장에서 실제 운영되고 있는 POS 시스템(산하정보기술 WITH 시스템) 관리 운영 매뉴얼을 통하여 매출발생, 정산, 업장마감, 입·출금액 관리, 메뉴판매 및 매출 분석 등의 각종 보고서, 재고관리, 고객관리 등 실무에 용이하게 임할 수 있도록 구성하였다.

역서를 내기 위해 의욕적으로 시작하였으나 많은 미숙한 점들로 인해 상당한 아쉬움이 남는다. 앞으로 더욱 정진하여 보완해 나갈 것을 다짐하며, 본서 출간을 위해 열과 성을 다한 기문사 임직원 여러분께 진심으로 감사를 드리는 바이다.

저자 씀

PART 1 외식산업 정의와 발전

PART 2 외식산업의 전산관리

PART 4 POS 성공사례

PART 5 POS 시스템 관리 운영 매뉴얼

PART 6 F&B SYSTEM 운영 매뉴얼

PART 7 Custom SYSTEM 운영 매뉴얼

PART 1 외식산업 정의와 발전

제1절 외식산업의 정의

1 외식의 정의

의(衣) · 식(食) · 주(住)의 3요소는 인간생활에 없어서는 안 될 필연적인 기본요소들이다. 외식산업은 우리가 일상생활을 하는데 가장 기본적인 음식과 관련된 산업으로 생명의 연장은 물론이거니와, 인간의 삶의 질을 풍요롭게 하는 산업이다.

✣ 외식이란 가정을 중심으로 밖에서 하는 식사행위의 총칭

일반적으로 외식산업은 가정 이외의 장소에서 음식을 제공하고 그 대가를 받는 영업을 지칭한다.

✣ 국어사전(國語辭典)의 정의

"음식을 음식점 등에 가서 사서 먹는 일"(이기문 감수, 새국어사전)

"가정이 아닌 밖에 나가서 음식을 사서 먹음"(이어령, 국어대사전)

"가정이 아닌 곳에서 식사하는 행위"(이희승 편저, 대국어사전)

✤ 한국음식업중앙회

"소비자의 외식행동에 일정한 시설과 식음료상품을 갖추고 고객의 욕구를 충족시키면서 경제적 이익을 추구하는 영업행위"

✤ 미국레스토랑협회

외식산업을 "가정 밖에서 식사할 음식을 준비하여 제공하는 업"(encompassing all meals and snack prepared outside the home)

✤ 도이토시오(일본)

식생활 중에는 가정 내의 식생활인 내식과 가정 밖의 식생활인 외식으로 구분하고 있는데, 내식의 경우 내식적인 내식과 외식적인 내식, 외식의 경우 내식적인 외식과 외식적인 외식으로 구분하면서 외식적인 내식과 내식적인 외식을 가정의 연장선에서 보고 있는데 반해, 외식적인 외식에 대해서는 가정의 연장선이 아님을 나타낸다.

❀ 내식과 외식의 분류

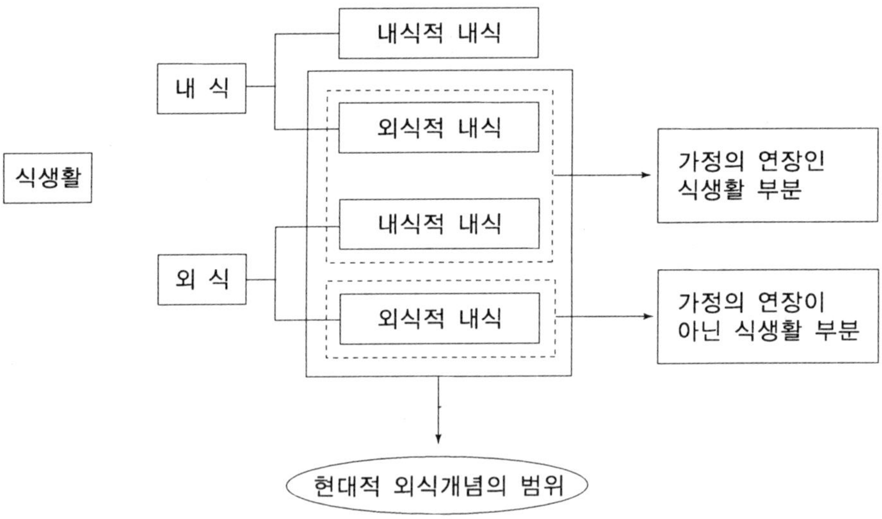

2 외식의 범위

1) 내식, 중식, 외식의 학문적 정의

① 내식이란 **조리의 주체가 세대 내의 사람**으로 **조리의 장소와 취식의 장소**가 원칙적으로 **가정 내**에 있는 식사를 말한다.

- 내식적 내식 : 일상적으로 가정 내에서 직접 조리하고 생산하여 식사를 하는 형태
- 외식적 내식 : 외부에서 완제품이나 반제품을 준비하여 가정 내에서 식사하는 형태

② 중식이란 **조리의 주체가 세대 외의 사람**으로 **조리의 장소**는 원칙적으로 **가정 외**에 있으며, **취식의 장소가 가정 내**인 식사를 말한다.

③ 외식이란 **조리의 주체가 세대 외의 사람**으로 **조리의 장소**는 원칙적으로 **가정 외**에 있으며, **취식의 장소도 가정 외**에 있는 식사를 말한다.

- 내식적 외식 : 가정 내에서 만들어진 음식을 가정 외의 장소에서 식사하는 형태
- 외식적 외식 : 순수 외식, 즉 가정 외의 장소에서 식사하는 형태

제2절 외식산업의 분류

산업분류의 목적은 개별기업이 갖는 정보를 동일 또는 유사업종으로 종합하여 총괄적으로 파악하게 하는데 있다. 따라서 외식산업의 개념정립은 외식산업에 대한 연구에 앞서 갖춰야 할 기본요건이다. 그러나 외식산업의 개념에 대한 통일된 의견이 없어 연구마다 외식산업의 범주가 다양하게 정의되고 있는 실정이라고 한다. 그 결과 일반적으로 사용되는 외식산업의 통계수치는 제시하는 기관마다 각각 상이하다고 한다.

1 한국표준산업분류

한국표준산업분류는 산업에 관계된 통계작성을 위한 표준분류로써 산업 활동의 동질성을 기준으로 하여 모든 산업 활동을 체계적으로 유형화한 것이다.

2 식품위생법상의 분류

식품위생법 제21조 제2항의 규정에 의한 영업의 세부 종류에 우리가 칭하는 외식산업을 식품접객업이라 하여 다음과 같이 분류하고 있다.

(1) 휴게음식점업

음식류를 조리, 판매하는 영업으로서 음주행위가 허용되지 않는 영업

예) 다방 · 제과점의 형태

(2) 일반음식점업

음식류를 조리, 판매하는 영업으로서 식사와 함께 부수적으로 음주행위가 허용되는 영업

예) 대중음식점

(3) 단란주점업

주로 주류와 안주를 조리, 판매하는 영업으로서 손님의 노래 부르는 행위가 허용

(4) 유흥주점업

주로 주류와 안주를 조리, 판매하는 영업으로서 유흥종사자와 유흥시설을 설치할 수 있는 유흥접객 영업

3 미국 NRA의 외식산업의 분류

미국 외식산업의 특징은 다양한 인종으로 구성된 다민족국가이기 때문에 세계적인 요리를 쉽게 접할 수가 있고, 영양과 즐기는 식사위주의 실용성을 중시하는 식습관을 지니고 있다. 또 개척정신에 입각한 행동양식과 편리하면서 빠른 식사원

칙을 바탕으로 다양화, 세분화, 지역화 등 업종 중심보다는 업태 중심의 변화와 발전을 추구해 왔다. 특히 패스트푸드를 중심축으로 하는 시스템 개발이 전 업태에 확산 및 적용되면서 복잡 · 다양하게 전개되고 있는 상황이다.

(1) **영리목적**(Commercial Feeding)

일반외식업체 : 일반음식점, 전문음식점, Cafeteria, Bar

위탁경영 : 구내식당, 기내식

숙박시설 : 호텔 · 모텔 레스토랑

기타 : 편의점, 포장마차...

(2) **비영리목적**(Institutional Feeding)

직원급식

국 · 공립 초 · 중 · 고등학교 급식

커뮤니티 센터(Community Center)

(3) **군인급식**(Military Feeding)

장교클럽

일반군인급식

4 식당의 명칭에 따른 분류

(1) **레스토랑**(Restaurant)

식탁과 의자를 준비하고 고객의 주문에 의하여 웨이터나 웨이트리스가 음식을 제공하여 주는 테이블 서비스로써 고급음식과 정중한 서비스가 제공된다.

(2) **커피숍**(Coffee Shop)

커피와 음료수 또는 간단한 식사를 제공해 주는 장소

(3) **카페테리아**(Cafeteria)

진열되어 있는 카운터 테이블에서 음식을 고른 후 식대를 지불하고 고객자신이 직접 운반하여 먹는 셀프서비스식 식당

(4) 다이닝룸(Dining Room)

주로 호텔에 있는 식당으로 정식(Table D' Hote)을 제공하며 식사시간을 정해 두고 조식을 제외한 점심과 저녁식사를 제공

(5) 그릴(Grill)

주로 일품요리(A' La Carte)를 제공하며 고객의 기호와 편의를 도모하기 위해 그날의 특별요리(Special Menu)를 제공한다.

(6) 뷔페레스토랑(Buffet Restaurant)

준비해 놓은 음식을 균일한 식대를 지불하고 자기 뜻대로 선택해 먹을 수 있는 셀프서비스식 식당

(7) 런치 카운터(Lunch Counter)

식탁 대신 카운터 테이블에 앉아 조리과정을 보고, 조리사에게 직접 주문하여 식사를 제공받는 식당

(8) 리프레쉬먼트 스탠드(Refreshment Stand)

간이음식을 만들어 진열장에 미리 진열장에 미리 진열해 두고 바쁜 고객이 즉석에서 구매해 먹을 수 있는 식당

(9) 드라이브 인(Drive In)

도로변에 위치하여 넓은 주차장을 갖추고 차를 이용하는 여행객을 상대로 음식을 판매하는 식당

(10) 다이닝 카(Dining Car)

기차를 이용하는 여행객을 위하여 식당차를 만들어 음식을 판매하는 식당

(11) 스낵 바(Snack Bar)

가벼운 식사를 제공하는 간이식당

(12) 백화점 식당(Department Store Restaurant)

백화점을 이용하는 고객들이 쇼핑 도중 간이식사를 할 수 있도록 백화점

구내에 위치한 식당

(13) 인더스트리얼 레스토랑(Industrial Restaurant)

회사나 공장, 군대, 학교, 병원 등의 구내식당으로 비영리목적의 식당

5 서비스 방법에 따른 분류

(1) 테이블 서비스 레스토랑(Table Service Restaurant)

테이블에 앉은 고객의 주문에 따라 직원이 요리를 제공하는 방법으로 보통 고급스런 분위기와 높은 객단가(Guest Check), 그리고 최상의 서비스를 제공함으로써 만족도를 높이는 레스토랑으로 여기에는 서비스 방법에 따라 아메리칸 서비스, 프렌치 서비스, 러시안 서비스 등이 있다.

① 프렌치 서비스(French Service) : 유럽풍의 전형적 서비스로 테이블 앞에서 조리기구와 재료가 준비된 카트(Cart)를 이용하여 직접 조리하며 실버 플래터(Silver Platter)에 담긴 음식을 알코올 또는 가스램프를 사용하여 음식이 식지 않게 덜어주기도 한다. 숙련된 직원과 서비스제공 시간이 길며 인건비의 지출이 높다.

② 러시안 서비스(Russian Service) : 1800년도 중반에 유행된 서비스로 쟁반위에 멋있게 꾸며진 음식을 고객에게 보여주면서 고객이 직접 덜어 먹거나 웨이터가 시계 도는 방향으로 테이블을 돌면서 고객의 왼쪽에서 오른손으로 서브한다.

③ 아메리칸 서비스(American Service) : 주방에서 미리 접시에 보기 좋게 담겨진 음식을 직접 운반하여 고객에게 서브하는 방법으로 신속하고 능률적이기 때문에 레스토랑에서 가장 일반적으로 사용되며 고객회전이 빠른 레스토랑에 적합하다.

(2) 셀프서비스 레스토랑(Self Service Restaurant)

시간대에 따라 다르게 책정된 일정의 식사가격을 지불하고 고객이 직접 자신의 기호에 맞는 음식을 선택, 운반하여 식사를 하는 방법이다. 셀프서비스 레스토랑은 크게 카페테리아 서비스(Cafeteria Service), 뷔페(Buffet Service)로 나누어진다. 특징은 다음과 같다.

① 자신의 기호에 맞는 음식을 선택할 수 있다.

② 신속하게 식사를 할 수 있다.

③ 식사가격이 비교적 저렴하다(봉사료(Tip)의 지불이 없다).

④ 고객의 불만이 적다.

⑤ 적은 직원으로 인건비가 적게 든다.

⑥ 좌석회전율이 높다

⑦ 위생적인 식사가 이루어진다.

(3) 카운터 서비스 레스토랑(Counter Service Restaurant)

레스토랑의 주방을 개방하여 고객이 일련의 조리과정을 직접 볼 수 있게 카운터를 테이블로 하여 음식을 제공

(4) 단체급식(Institutional Feeding)

급식사업으로써 비영리적이며(단, 위탁경영일 경우는 영리적이다) 셀프서비스 형식의 레스토랑이며, 일시에 많은 인원에게 식사를 제공하나 일정한 메뉴에 의한 식사이기 때문에 기호에 맞는 음식을 선택할 수 없다.

(5) 자동판매기 레스토랑(Vending Machine Restaurant)

자동판매기 안에 비치되어 있는 각종 샌드위치, 샐러드, 음료 등 조리된 음식을 동전을 투입하여 제공받는 레스토랑.

(6) 자동차식당(Auto Restaurant)

버스형 자동차나 트레일러(Trailer)에 간단한 음식을 싣고 다니면서 판매하는 이동식 식당.

6 요리의 종류에 따른 분류(Ethnic Restaurant)

① 한식 레스토랑(Korean Style Restaurant)

② 서양식 레스토랑(Western Style Restaurant)

American Restaurant : Steak, Barbecue, Hamburger

French Restaurant : 세계적 요리

Italian Restaurant : Spaghetti, Pasta

Spanish Restaurant : 향신료를 많이 사용, 생선요리가 유명

Mexican Restaurant : Spicy한 요리로 유명

③ 중식(Chinese Style Restaurant)

④ 일식(Japanese Style Restaurant)

⑤ 태국식(Tai Style Restaurant)

⑥ 아랍식 레스토랑(Arabian Style Restaurant) ...

(1) 퀵 서비스 레스토랑(Quick Service Restaurant)

① Fast Food

② 한정된 서비스

③ 특정화된 메뉴 품목

④ 알코올 판매 않음

⑤ 낮은 객단가($5)

⑥ 크레딧 카드 결재가 거의 안 됨

(2) 중간급/패밀리 레스토랑(Midscale/Family Restaurant)

① 완전한 패스트푸드가 아닌 음식

② 테이블 혹은 카운터 서비스

③ 퀵서비스보다 넓은 메뉴 품목

④ 한정된 알코올

⑤ 중간 정도의 저녁식사 객단가($3~$7)

⑥ 크레딧 카드 결제가 거의 안 됨

(3) 캐주얼/중상급 Restaurant(Casual Dinner/ Moderate Upscale)

① 풀 서비스(Full Service), 테이블 서비스, 편안한 분위기

② 다양한 메뉴 품목

③ 폭넓은 알코올 서비스

④ 중상 정도의 저녁식사 객단가($16 이하)

⑤ 크레딧 카드 결제가능

(4) 고급 레스토랑(Fine Dining Restaurant)

① 일품요리 및 정찬(Full Course)

② 극진한 서비스

③ 정장이 요구되기도 함

④ 스페셜 메뉴

⑤ 높은 저녁식사 객단가($16 이상)

⑥ 와인 서비스

⑦ 크레딧 카드 결재가능

(5) 전문 레스토랑(Specialty Restaurant)

① Ethnic Restaurant

② Seafood Restaurant

③ Health Food Res

전형적인 전문 레스토랑은 한가지 주제(Theme)에 초점을 맞추어 적정한 메뉴 가격과 한정된 메뉴품목으로 운영하며 디자인, 장식이 그 주제를 잘 반영한다.

7 식사내용에 의한 분류

(1) 정식(Table d'Hote: Full Course)

정해진 코스와 메뉴에 의해 식사가 제공되며 보통 전채(Appetizer), 수프(Soup), 생선(Fish), 야채(Salad), 주요리(Entree), 후식(Dessert) 순으로 구성되어 있다.

(2) 일품요리(A' La Carte)

고객의 주문에 따라 품목별로 가격이 각각 정해져 제공되는 요리로 최근에는 정식과 함께 그릴(Grill) 뿐만 아니라 일반 레스토랑에도 판매되고 있다.

8 관광법상의 분류

관광진흥법의 관광편의시설업은 관광사업 중 여행업, 관광숙박업, 관광객이용시설업, 국제회의용역업, 카지노업을 제외한 사업이나 시설 가운데 관광진흥에 도움이 된다고 인정되는 것으로 문화관광부령이 정하는 바에 의하여 지정되도록 되어 있다.

현재 문화관광부령으로 지정할 수 있는 관광편의시설업으로는 관광사진업, 여객자동차터미널시설업, 관광토속주판매업, 전문관광식당업, 일반관광식당업 등 5가지가 있다.

식당업은 전문관광식당업 및 일반광광식당업으로 구분되며 전문관광식당업과 일반관광식당업의 지정은 시 · 도 관광협회가 문화관광부장관으로부터 그 권한을 위임받아 수행한다. 전문관광식당업으로 지정되면 다음과 같은 혜택을 받을 수 있다.

- 관광용품센터에서 공급하는 식재료와 기기를 저렴한 가격으로 구입할 수 있다.
- 각종 국내외의 매체를 통해 홍보 효과를 거둘 수 있다.

제3절 외식점포의 QSC 시스템

세계적인 다각적 다국적기업을 탄생시킨 맥도날드는 제2차 세계대전 이후 미국의 캘리포니아 샌버나디노시시에 리처드 맥도날드와 모리스 맥도날드 두 형제가 드라이브 인 식당을 창업하여 경영하던 중 시카고 출신의 믹서기 판매원인 레이크룩이 1954년 시카고에 지점을 개설하였다. 1961년에 맥도날드 형제로부터 맥도날드를 완전히 인수받은 레이크룩은 당시 누구도 생각지 못했던 새로운 상품 및 주방

설비 시스템, 위생성 제고, 셀프서비스의 개발 등 차별적인 경영혁신을 도입하게 된다. 프랜차이즈 시스템에 의한 맥도날드의 확장은 본사의 이윤추구보다는 가맹점의 이익을 먼저 생각하는 경영기법을 성공시키면서 QSCV시스템을 체계화시켜 오늘날에도 외식업체 점포운영관리의 원칙으로 정착되고 있다. 품질(Q : quality)은 모든 식품의 가공 · 포장, 종이컵, 스트로우 등에 대한 똑같은 품질을 보장하면서 맛에 대한 경쟁력 우위확보는 상대적으로 저렴한 가격제공을 의미하고 있다. 서비스(S : service)는 인간공학적으로 치밀하게 계산된 친절을 의미하면서 가능한 한 빠른 시간 내에 고객이 기다리지 않게 음식을 제공하는 것으로 기능적인 숙련도까지 함축하는 의미이다. 위생적인 청결성(C : cleanliness)은 식품의 엄격한 위생관리와 안전성 확보를 말하고 점포관리를 청결감과 위생적으로 관리하는 것을 의미한다. 이 같은 QSC시스템은 전 세계 외식업체의 점포경영에 표준원칙이 되고 있는데, 여기에 가치(V : value)는 대량생산에 의한 저렴한 가격으로 메뉴를 공급함으로써 고객에 대한 만족을 확보하는 것을 의미하고 있다. 최근에는 이러한 QSCV의 원칙을 토대로 점포 내외장을 편안하고 안락하며 쾌적한 인테리어 공간연출을 의미하는 분위기(A : atmosphere)와 주문한 음식의 빠른 제공을 의미하는 타이밍(T : timing)을 합해 QSCVAT 시스템이라고 부르고 있으며, 이것이 현대의 점포운영관리의 원칙으로 자리잡고 있다. 고객에 대한 점포의 사명은 맛있고 즐거운 식사와 즐겁고 기분 좋은 서비스 제공을 통해서 성장한다고 볼 수 있다. 더구나 프랜차이즈 체인인 경우는 다점포 전개를 기본으로 하고 있으며, 어느 한 점포의 불신은 전 점포에 불신감으로 작용하기도 한다. 그렇기 때문에 고객에 대한 만족과 가치창출을 위해서 끊임없이 QSCVAT원칙을 준수하며 노력해야 한다.

1) 품 질

점포운영의 기본철학이 품질, 서비스, 청결감으로 1955년 미국의 맥도날드에서 주창되어 세계적으로 확산되면서 QSC의 호완성이 오늘날까지 점포운영의 기본철학으로 자리잡고 있다.

점포운영에 있어서 가장 중요한 요인은 상품제조활동과 판매활동 시 우수한 품질의 상품제공이다. 아무리 서비스가 좋고 깨끗한 점포라 할지라도 상품품질이 뒤따르지 않으면 경쟁력을 상실하게 되고, 접객력은 약화되기 십상이다. 우수한 품질 유지를 위해서는 상품계획단계에서부터 운영에 이르기까지 양질의 재료를 사용하여 조리 · 가공하고 접객서비스와 함께 토털서비스를 상품으로 제공해야 한다. 맛의 시대성, 양과 질, 용기의 시각적인 식감화, 데코레이션의 색깔 · 조화 등 감각적이면서 항상 최상의 품질을 유지해야 한다. 또 최고의 재료를 최고의 기술에 의해 저렴한 가격으로 생산하고 판매하는 노력을 기울여야 한다. 최상의 식재사입에 있어서도 보관상태가 나쁘거나 저장 수명이 짧은 경우에는 상품으로 가치가 떨어지기 마련이다. 따라서 원재료와 상품의 주문 · 운송, 점포에서의 검수 · 보관, 조리 · 가공의 전 과정에 있어서 세심한 관리가 필요하다고 볼 수 있으며, 점포종업원의 고객에 대한 표정이나 태도 · 몸가짐 등의 접객서비스가 고객이 느끼는 상품의 품질이미지 형성에 큰 역할을 하고 있다는 사실을 간과해서는 안 된다.

2) 서비스

점포의 영업활동에 있어서 훌륭한 접객서비스라는 것은 우수한 품질로 상품의 이미지 확대를 촉진하는 것이고, 고객만족을 제공하기 위해서 중요하다. 아무리 우수한 품질이라도 서비스가 나쁘면 상품으로서 가치가 떨어지게 된다. 점포운영에 있어서 접객서비스의 기본원칙은 기능적이며 숙련된 서비스, 정중한 서비스, 즐거운 서비스, 친절한 서비스, 상냥한 미소가 함께 요구된다. 즉 환대산업인 외식서비스 사업은 가정에서 손님을 접할 때처럼 친절하고 정성이 가득한 태도와 동작으로 접대하는 것이다. 즉 인위적인 태도와 동작이 아니고 자연인으로서 진심에서 우러나는 마음가짐이 중요한 것이다. 고객의 서비스 욕구가 점차 커지고 경쟁점포가 출현하면서 점포분위기도 세련되고, 상품도 고품질을 지향하고 있고, 아울러 접객서비스도 상품화되어 토털서비스 형태로 진전되고 있으며, 다음과 같은 중요한 접객서비스 요소가 뒤따라야 한다.

첫째, 고객에게 서비스를 하는 데는 항상 빨라야 하는데, 정중하게 행동하는 재빠른 동작과 예의바름이 필요하다. 그러나 너무 빠른 서비스나 느린 서비스는 기본에서 벗어날 뿐만 아니라 서비스 그 자체가 아니다. 고객에 대한 서비스는 말씨, 친절함, 낯익은 인상에서부터 결정된다.

둘째, 훌륭한 서비스는 예의바름에 있다. 아무리 훌륭한 서비스와 매뉴얼이 구비되어 있어도 고객에 대한 정성이 없을 때에는 결코 훌륭한 서비스라고 볼 수 없다.

(1) 고객에 대한 예의

고객에게 서비스를 할 때는 집중적으로 주의를 기울여야 하고, 접객서비스 중에는 다른 사람과 이야기를 하거나 시선을 다른 데로 돌려서는 안 된다. 특히 마음에서 우러나는 말을 건네고 상냥하고 밝은 인사를 하되, 항상 고객입장에 서서 접객서비스가 이루어져야 한다. 접객서비스의 기술은 고객과 점포 간의 좋은 관계를 유지하는 데 큰 역할을 한다. 따라서 예의바르고 상냥한 미소 그리고 밝은 인사는 고객이 점포에 들어왔을 때 기분을 좋게 하고 만족할 수 있는 확신을 주며, 또 그 점포에 다시 오고 싶다는 생각을 갖게 한다.

(2) 동료에 대한 예의

점포 내에서 동료 간의 예의도 중요하다. 동료에게 화를 낸다거나 기분 나쁜 언어를 사용하고 화난 모습을 보이는 것은 고객에게 나쁜 인상을 심어 주고, 상대편 동료 역시 훌륭한 접객서비스가 이루어지지 못하게 된다. 일반적으로 하루 영업시간 중 식사시간대에는 고객이 붐비게 되고 서비스 속도가 빨라지면서 중압감이 커지게 되는데, 이때는 팀웍을 발휘해서 홀과 주방 간, 동료 간, 서로 예의바르게 접객서비스를 하게 되면 점포에 대한 이미지도 좋아지고, 인간적인 동료애가 싹트게 된다.

(3) 고객에 대한 의식

접객서비스는 고객이 필요로 하거나 요구하는 일에 대해서 민감하게 대응해야 한다. 즉 고객의 태도나 기분 등을 고려해서 재치있게 도와주어야 하며, 세심한 배

려로 고객의 욕구를 충족시켜 준다. 특히 상황에 따른 대응에는 분별력과 적극성을 가지고 접근하면서 접객서비스를 제공한다. 서비스의 자랑은 고객을 만족시키고 감동시키는 일이다.

(4) 정확한 언어사용

언어는 바르고 정확하게 상용해야 하고, 가능한 한 표준말로 고객이 납득할 수 있게 전달하고 공손하게 이루어져야 한다. 서비스라고 하는 것은 고객은 어디까지나 고객이라는 의식, 고객 자신의 점포라고 하는 의식, 고객은 왕이라고 하는 의식 등이 무의식에서 움직일 정도로 상용하는 언어에 대해 신경을 써야 한다. 특히 너무 말을 빨리 하여 고객을 당황하게 한다거나 필요 이상의 말을 삼가야 하고, 무심코 나올 수 있는 말도 주의해야 한다. 적절한 언어사용과 대응은 고객을 기쁘게 한다.

(5) 고객을 기억하는 일

고객의 얼굴이나 이름을 기억하게 되면 고객과의 친숙함이 빨라지고 고정고객으로서 단골화가 된다. 서비스에서 최고의 서비스는 역시 고객의 이름을 기억하는 것이다. 대부분의 점포에서는 고객얼굴을 기억하지만 이름은 알 수가 없기 때문에 판촉행사 시 스탬프, 고객카드제, 생일카드 등 고객 리스트를 만들어 이름을 기억하게 되면 고객과의 좋은 인간관계를 형성할 수 있다. 따라서 고객을 기억한다는 것은 고객에 대한 관심과 프라이버시를 만족시켜 주는 계기가 되어 점포에 대한 애착심이 우러나게 된다.

(6) 재빠른 동작과 정중함

고객에 대한 접객서비스는 항상 신속함 속에서 정중함이 요구된다. 너무 재빠른 서비스나 느린 서비스 그리고 서투른 서비스는 서비스의 기본이 아니다. 고객이 서비스맨으로부터 접객을 받는 느낌이라고 하는 것은 말씨, 친절함, 정중함에서 곧바로 나타나게 되기 때문에 신속하면서도 마음에서 우러나는 서비스가 요구되는 것이다.

3) 청 결

상품과 품질이 좋고 서비스가 아무리 좋더라도 고객의 만족에는 한계가 없다. 식사 중이거나 음료 중심인 점포는 안팎이 모두 청결함이 갖추어져 있어야 한다. 특히 홀 · 주방 · 화장실의 정리 · 정돈과 깨끗함은 고객에 대한 신뢰의 척도가 된다. 테이블이 더럽고, 의자가 망가져 있으며, 유니폼이 불결하면 쾌적한 점포가 될 수 없다. 또 종업원 개인위생에 있어서도 헤어스타일, 화장, 손톱 등의 점검이 수시로 필요하고 홀 내의 정리 · 정돈, 위생과 청결을 유지해야 한다. 식사하는 장소로서의 점포공간은 깨끗한 환경이 뒷받침되지 않으면 고객은 멀어지기 때문에 고객에게 불쾌감을 주지 않도록 노력해야 하며, 청결과 위생은 고객에 대한 애착과 신뢰의 지름길이며 약속이라고 할 수 있다.

제4절 외식경영의 3S 시스템

외식산업은 서비스산업임과 동시에 시스템산업이기 때문에 점포를 운영 · 관리하는 데 있어서는 시스템이 필요하다. 시스템은 다점포 전개 시뿐만 아니라 동시다발적인 점포전개와 지역성에 제한을 받지 않고 경제성과 효율성 그리고 경영관리를 원활하게 하는 데 핵심역할을 하게 되고, 프랜차이즈 사업전개 때에는 더욱더 필연적이라고 할 수 있다.

때문에 외식사업경영에 있어서의 시스템구축은 절대적으로 필요하고 토털매니지먼트 시스템도입이 요구된다. 외식사업경영에 있어서 3S주의라고 하는 것은 단순화, 표준화, 전문화를 말하며, 이러한 3S 시스템은 서로 호완성을 가지고 있는 것이 특징이다. 특히 3S 시스템은 각종 매뉴얼에 의해서 구축되며, 본부뿐만 아니라 점포에서 필요한 각 부문별로 체계화 · 통일화 · 규격화하기 때문에 사업경영의 주체인 본부, 영업의 주체인 점포, 그리고 생산의 주체인 센트럴키친 전 분야에 걸쳐 시스템 구축이 필요한 것이다. 따라서 외식사업의 경영을 시스템 경영이라고 표현하기도 한다.

1) 단 순 화

단순화 시스템이라고 하는 것은 정해진 작업을 유지하기 위해서 누구라도 즐겁고 신속하게 행할 수 있거나 연습할 수 있는 조건을 만들어 낼 수 있어야 한다. 점포에 고객이 오는 시간은 다양하고, 업종 및 업태 혹은 상권특성에 따라 차이는 있겠지만, 대부분 점심이나 저녁시간에 고객이 집중되어 있기 때문에 영업시간 동안에는 바쁘고 작업량도 많게 된다. 또 상황에 따라서는 휴식시간도 달라지게 된다. 이러한 특성 때문에 종업원을 고용하는 데 있어서 고정인원을 배치해 두는 것은 비용이 많이 들기 때문에 점포에서 필요로 하는 시간대에 고용 아르바이트나 파트타임제를 활용하는 것이 보다 생산적인 것이다.

그러나 아르바이트나 파트타임제는 장기근무에 대한 불안정 때문에 점포에서의 작업은 단순화를 지향하고 수시로 교체되는 인원에 대해서도 단순한 숙달 교육을 통해 점포영업이 순조롭게 이루어지도록 하는 것이 단순화시스템이다. 즉 처음 시작하는 사람일지라도 일정한 교육훈련을 바탕으로 작업의 내용을 간단하고 쉽게 습득하면 숙련자와 같은 효과를 가져 올 수가 있다. 또한 본부나 점포종업원의 변동이나 이적 시에도 단순 시스템화가 구축된 매뉴얼을 활용할 경우 작업의 연속성을 가질 수가 있다.

따라서 단순화 시스템은 복잡 · 다양한 작업에 대한 시간과 비용을 절약할 수 있으며, 나아가 작업의 효율성과 능률은 물론 고객에 대한 가치창출을 높일 수 있게 된다.

2) 표준화

표준화는 기한이 설정된 상품의 품질을 경제적으로 생산하고 판매하기 위해서 최고의 상태 및 조건을 설정하고 그것을 반복하는 경영 시스템이다. 즉 어떤 좋은 상품규격이 설정되어 있더라도 목표로 하는 상품의 품질이 제조되어 잘 판매된다는 보장은 없다. 또한 적절한 작업공정의 순서 · 방법 및 조건 등이 설정되어 작업자에게 효율적으로 유지되고 보존된다면 목표로 하는 상품의 품질은 경제적인 생산과 판매로 연결될 수가 있다. 따라서 작업공정의 순서 · 방법 및 조건 등이 항상 유지될 수 있도록 표준화를 구축한다면 작업자는 작업표준에 의거해서 효율적이고 능률적인 작업을 하게 되는 것이다.

점포에 있어서도 구매물품이나 생산품목뿐만 아니라 점포규모 및 형태, 브랜드 로고, 캐릭터, 테이블 및 의자, 설비 및 집기, 간판, 메뉴, 내외장 인테리어, 주방, 홀, 프론트 중 모든 부문을 표준화 시스템에 의해 규격화 내지는 통일화가 이루어져야 한다. 예를 들어 타점포에서 일하고 있는 종업원이 다른 점포로 이동할 때도 아무 지장 없이 일할 수 있다는 것이 작업의 표준화시스템인 것이다.

점포의 표준화라고 하는 것은 최고의 모델을 설정하고 이것을 달성할 수 있도록 반복된 트레이닝이 필요하지만, 일정수준에 이르게 되면 동일브랜드의 어떤 점포에서도 동일한 수준의 제반 서비스를 제공받기 때문에 표준화는 필요하고, 고객에 대한 신뢰감이 형성되는 것이다. 특히 체인화에 있어서 표준화의 중요성은 용이한 입지설정, 순조로운 개점 점포개설 일정의 단기화, 점포손익 및 투자회수 계획의 명확화 등으로 신속하게 다점포 전개가 가능하며, 상황에 따라서는 동시다발적인 출점도 가능하게 된다. 또 기계와 설비면에 있어서도 대량 구매에 의한 비용절감을 도모할 수 있고, 점포당 투자비도 경감할 수가 있다.

표준화시스템 구축을 위해서는 지속적인 개선이 요구되며, 조직적인 활동으로서 목표화 활동을 끊임없이 수행해야 한다. 목표화라고 하는 것은 점포시스템이나 오퍼레이션을 의미하는데, 표준화는 본부나 점포에 구애됨이 없이 전 부문에 적용되어야 한다. 직무나 인사부문에 있어서도 예외는 아니며, 모든 고객에게 누구나 할 수 있는 것이 표준화라고 할 수 있다.

3) 전문화

전문화라고 하는 것은 최고가 되기 취해서 일을 특정화하고 보다 강력한 능력을 탐구하며 개발하는 데 있어서 노하우와 시스템 구축을 행하는 것이다. 사업성 측면에서 외식산업은 다양하고 복합성을 내포하고 있지만, 업체별 · 업소별로 전문특성이 취약하고, 강점이나 이런 점은 곧 타업체나 업소에서 쉽게 모방한다. 따라서 신규창업이나 기존 영위업태의 경쟁력을 제고시키기 위해서는 외식산업을 둘러싸고 있는 여러 환경과 체질을 바탕으로 전문특성을 하는데 타 업체나 업소에서 모방할 수 없도록 특성화시키는 것이 필요하며, 이것이 곧 전문화이다.

최근 외식점포의 동질화 경쟁이 급속하게 진행되면서 메뉴 · 서비스 · 점포 등 외식 각 부문별 레이아웃이나 컨셉이 후발업체에 의해 모방되고 있고, 쉽게 응용이 되는 추이이다. 이것은 시대적인 변화에 민감하지 못하거나 현실안주에서 벗어나지 못하면서 대응력 부족에서 기인되기 때문이며, 이렇게 환경변화나 고객의 소비패턴 추이를 외면할 경우에는 기존의 특성화 점포가 일반화 점포로 되는 것이다.

입지의 격심한 출혈경쟁 · 가격경쟁 · 품질경쟁 · 서비스경쟁 등을 통해 변화 속에서 경쟁력을 높이기 위해서는 지속적인 연구개발과 독창적인 전문화 시스템을 확립해야만 경쟁력을 확보하게 된다. 따라서 전문화는 외식점포의 핵심이라고 볼 수 있다.

제5절 한국 외식산업의 발전 과정

1) 발전배경

현대산업사회의 식생활 구조는 다양화 · 세분화의 특성을 갖게 된다. 식생활의 글로벌화 · 가공식품화, 외식기회의 증가, 조식시장의 추세, 소비자의 주문판매 시대 등의 경향들이 상호보완적으로 작용하면서 외식의 새로운 개념을 형성하여 외식서비스 산업을 본격적으로 발전시키는 요인이 되고 있다.

양 위주의 성장에서 질적 성장의 변화를 꾀하고 있는 국내 외식산업의 발전요인은 사회 · 경제 · 문화 · 기술적 측면에서 복합적으로 분석해보는 것이 바람직하다.

첫째, 경제적 요인으로서 국민소득의 증가에 따라 가처분 소득과 생활수준의 향상이 외식의 기회를 증대시키고 있다. 국내총생산(GDP), 1인당 국민총소득(GNI) 및 국민처분가능소득 현황을 보면 국가의 경제규모를 나타내는 국내총생산(GDP)은 1999년에 483.8조 원(명목)으로 1998년 444.4조 원에 비해 8.9% 증가한 것으로 나타났다. 국민들의 생활수준을 나타내는 1인당 GNI는 1999년 1천21만 원으로 1998년 9백43만 원에 비해 8.3% 증가하였으며, 달러로 환산한 1인당 GNI도 1999년 8581달러로 1998년 6742달러에 비해 1839달러 증가한 것으로 나타났다.

또한 국민경제 전체를 소비나 저축으로 자유롭게 처분할 수 있는 소득 규모인 국민처분가능소득은 1999년에 414.9조 원으로 1990년에 비해 2.6배 증가하였는데, 1998년에 비해서는 8.0% 증가한 수치이다.

국민총소득 · 국내총생산 및 국민처분가능 소득 추이 : 1980~1999년
자료 : 한국은행, 『1999년 국민계정』
산식 : GDP 디플레이터=당해 년 GDP/불변 GDP×100

경제수준의 향상은 가처분소득의 증가, 노동시간의 감소와 레저시간의 증가를 가져오고 관광과 쇼핑의 기회를 불러와 외식시장의 활성화를 가하게 된다.

UR(우루과이) 협상과 WTO(세계무역기구) 체제의 출범 등 국제경제조류의 역학적 관계, 해외 유명브랜드의 국내 유입과 막대한 자금, 그리고 조직력을 갖고 있는 대기업의 외식시장 진출이 외식산업의 경제수준과 기술환경을 자극하고 있다. 이에 따라 업소의 경영기술이 점차 개선되었고, 근대화 과정에서 첨단기술과 접목되어 시장의 세분화 · 다양화 과정에서 소비자의 욕구를 충족시키게 되었다.

둘째, 사회적 요인으로서 대량생산 · 대량판매에 뒤이어 대중 소비 사회가 정착되고 있으며 소비자의 라이프 스타일의 변화, 가치관의 변화, 소비의식 구조의 변화가 일고 있다. 특히 여성의 사회 진출 확대는 외식 행위의 수입증대를 가져와 외식산업 발전에 기여하는 절대적 중요요인으로 지적되고 있다. 맞벌이 부부와 독신가정의 증가 등 가정개념의 변화와 소비자의 건강식에 대한 욕구, 신세대 출현, 레

저 패턴의 다양한 변화양상이 외식기회의 증가를 가져오는 요인으로 분석됨은 정보화 사회의 출현에 따른 전반적인 사회구조의 변화에 기인한 것으로 보인다.

셋째, 문화적 요인으로서 간편식 위주의 패스트푸드(fast food) 수요의 증가와 식생활 패턴의 서구화 현상은 외식 행태의 변화 뿐 아니라 외식시장 전반에 큰 영향을 미치고 있다. 경제가 발전하고 국민의 소득수준과 교육수준 등이 향상되면서 의식주 문제의 해결이 아닌 인간으로서 삶을 의미 있게 살아가려고 하는 삶의 질과 행복의 추구를 고려하게 되었다. 또한 자동차 보유가구가 늘어가면서 여가시간의 증대와 함께 외식기회의 증가를 가져왔다.

증대된 여성의 경제활동→가계수입의 증대
→증대된 외식수요 · 산업자본의 형성→외식산업의 발전

이 같은 변화는 전통적 식습관의 퇴조와 식습관의 질적 변화에 기인하여 외식문화의 큰 흐름을 좌우하게 된다. 식당의 개념도 단지 먹는 장소가 아니라 레저와 가족공간의 장으로 그 의미가 변해가고 있으며, 고객인식의 변화가 그 시장 환경에 영향을 준다. 또한 사회구조의 변화단계에 따라 일의 개념 및 가치관의 변화를 갖게 된다. 넷째, 공급 측면에서의 컴퓨터와 주방기기의 현대화 등 기술적 환경의 변화 요인은 외식산업을 공업화 · 산업화시키는 계기가 되고 있다. 중앙공급식주방(central kitchen system)에 의한 생산 공정의 효율화, 대량생산, 원가절감, 매뉴얼 시스템(manual system)에 의한 관리 능력의 향상은 첨단 과학기술이 주방기기에 도입되어 나타난 결과로써 컴퓨터를 비롯한 현대화된 주변기술의 개발은 외식산업의 생산성을 향상시키는 요인이 되고 있다. 이런 제반요인은 외식산업을 미래의 유망산업으로 성장 · 촉진시키고 있으며, 사회 · 경제 · 문화 · 기술 간의 환경변화에 따른 복합 산업으로 기대를 갖게 한다.

국제경제의 글로벌화(globalization) 추세가 가속화되면서 각국의 전통음식이 해외시장 진출을 서두르고 있어 외식산업의 국제화 · 세계화 지향속도는 더욱 빨라질 것으로 보인다. 특히 해외 유명외식업체의 국내 진출은 선진경영의 노하우 도입, 대외 경쟁력 강화라는 측면에서 바람직한 현상으로 받아들여지고 있으나 식생활 패턴의 서구화 현상, 또는 전통음식의 쇠퇴 현상이라는 부정적인 시각이 지배적이기도 하다.

2) 한국 외식산업의 형성과정

외식산업은 사회 · 경제구조의 변천과정과 밀접한 관련을 갖고 있다. 소득의 증가와 생활패턴의 변화는 당연히 식사관의 변화를 가져와 외식산업의 발전을 이룩하며 소비자의 외식 행태에 영향을 미치게 된다. 따라서 한 나라의 외식문화는 그 나라의 민족성, 역사성, 사회적 환경에 의하여 많은 세월을 거치면서 변화되는 것이다. 식생활의 시대구분은 경제사적 관점에서의 시대구분론도 논의된 바 있으나 미야에이지 교수는 한국의 식생활 변천과정을 역사가들의 시대구분에 따라 고조선부터 현재까지를 4단계로 나누어 설명하고 있다. 문헌상에 나타나 있는 우리나라 음식업의 기원은 간이음식점을 겸한 사교의 장소로 고려시대의 주막이 그 시초이며, 그 후 사신이나 여행자들을 위한 역정과 사원이 있었던 것으로 기록되고 있다. 그러나 이는 조선시대를 거치면서 명맥은 유지됐지만 특별히 영리를 목적으로 운영된 것은 아니었다. 20세기에 들어서면서부터 규모가 큰 음식점이 생겼으나 식량자원부족과 가내 주도형의 식사로 전반적인 외식업은 침체한 상태였다.

한편 근대화 과정을 겪으면서 비로소 1900년대에 전통음식점 중심의 상업적인 요식업이 태동하기에 이른다. 아울러 외식산업이 연평균 17% 이상 고성장하였고, 연간 20조 원에 달하는 시장규모에 따른 오늘날 국내의 외식산업은 어느 타 산업보다도 전망이 좋은 산업으로 성장하고 있다. 1900년대 초만 하더라도 식량자원의 부족으로 외식산업은 식생활 및 식습관의 형태가 주로 가내 주도형으로서 전통음식점 중심의 요식업이 태동하는 시기라고 할 수 있다. 따라서 1960년대는 GNP가 100~210불에 지나지 않는 경제수준, 6.25전쟁 후 식량과 물자 난의 상황 등으로 우리의 식생활은 미국의 식량원조에 의존하였고, 분식의 확산을 계몽 · 선도하는 시기로 외식산업은 개인업소 및 노상, 소점포 상인들이 대량 출현하는 현상이 나타났다. 1970년대는 사회적 성장배경으로 경제개발계획에 따라 GNP가 248~1644불로 증가되면서 식생활이 향상되었고, 영세성 요식업들의 출현과 함께 해외브랜드 도입 및 프랜차이즈의 태동기를 맞게 된다.

국내 프랜차이즈의 효시로 볼 수 있는 난다랑이 1979년 7월에 개점하고, 동년 10월에는 외식 시스템의 롯데리아가 등장하여 서구식 식문화의 산업화가 국내에 상륙하는 준비기간이 된다. 1980년대에 들어서자 GNP가 1592~2158불로 외식산업은 해외 유명브랜드의 국내 진출의 가속화를 보이게 된다. 1980년대 말의 GNP는 2194~4127불로 고도의 경제성장과 더불어 국민생활 수준을 급속도로 향상시킴에 따라 가공식품의 발전으로 인해 식생활의 외식화 및 레저화의 변화를 보이게 된다.

이에 따라 외식산업은 영세업체와 중소기업의 형태로 난립하나 외식산업의 성장기로 들어서면서 패스트푸드, 패밀리 레스토랑, 커피숍, 호프점, 베이커리, 양념치킨 등의 업종이 크게 확대되었다. 1995년 GNP가 10000불로 경제가 거의 선진국의 생활수준에 이르자 외식산업의 경영형태가 프랜차이즈 시스템의 대기업 형태로 성장하면서 효율적인 경영방식에 따른 신상품의 연구와 개발이 요구되고 있다.

제6절 외식산업의 현황 및 전망

1 일반적 변화 추이

1) 20세기 외식시장의 패턴

지금까지 외식산업의 변화와 발전을 주도해 온 주체세력은 미국 · 유럽 · 아시아 등 국가에 관계없이 전후 세대에 태어난 베이비 붐 세대였다. 이들은 현재 40~50대의 중 · 장년층으로 변화와 발전의 역동적인 고객세대로서 어느 나라에 구분 없이 전체국민 인구구성비의 32~35%를 점유하는 거대 소비군을 형성해 왔다.

⊗ 한국의 식생활 변천과정

단계	연대별 구분		식문화의 특징
제1단계	고조선~삼국시대		· 주 · 부식 분리형의 식문화(주식 : 쌀 · 보리 · 조 등, 보식 : 장류 · 무짠지 · 장아찌 · 생선포 · 구이 등)
제2단계	통일신라~고려시대		· 숭불사상에 의한 다류, 한과류, 채소음식의 발달 · 고기숭상과 요리법 재현 · 일상식과 다른 제례 · 연회 등의 식문화제
제3단계	조선시대		· 유교사상을 근본으로 한 공동체의식 · 대가족제도와 식생활의 규범정착 · 김치의 발달과 상용 필수 식품화제 4단계
제4단계	일제시대	제1기 (1925년~해방 이전) 제2기 (해방 후~1960년대) 제3기 (1970년대)	· 식량부족과 빈곤으로 인한 식문화 침체 · 식품소비형태의 침체화 · 지속적인 기아 및 영양실조 상태 · 분식 장려운동과 서구식 식생활의 유입 · 경제발전과 핵가족화로 인한 식생활수준 향상 · 영양가와 맛의 추구
	현재	제4기(1980년대)	· 음식에 대한 가치관의 변화 · 식생활의 의식화 · 국제화 · 레저화 · 가공식품화 · 식생활의 서구화 · 건강식에 대한 관심고조, 다이어트식 증대

특히 이들에게는 대중적이며 남녀노소 할 것 없이 획일적인 대량생산과 대량소비에 의한 소비 패턴을 지향하면서 그들에게 가장 적합한 시스템을 보유한 패스트푸드나 패밀리레스토랑을 발전시킬 수 있었다. 과거 40년간(1960~1990년대)의 짧은 연륜에 걸쳐 비교적 고도성장 속에서 QSC를 토대로 보편적이고 통일적인 경영관리의 도구(tool)를 활용하여 운영함으로써 확대 일로의 시장침투전략으로 연평균 20~25%의 급성장을 할 수 있었다. 또 기업에 따라서는 이 기간 동안 기존점포와 신규점포를 합쳐서 연 40% 이상의 초고속 신장을 하는 기업도 많았다.

현재는 제2차 세계대전 전의 주로 농업 · 수산업 · 축산업 · 광업 중심의 지역 밀착경제가 붕괴되고 도시중심의 새로운 제조산업이 탄생되어 노동인구의 도시집중화 현상을 초래하면서 이들의 핵심으로 자리잡은 베이비 붐 세대(1950년 전후세대)가 경제 · 사회의 주축이 되었다.

이 당시의 외식산업 형태는 고객만족(customer satisfaction) 경영체제가 태동되어 경영시스템은 우선 대량생산된 제품을 염가로 판매함으로써 대량소비를 촉진시켰고 고객의 개성이나 특수성을 존중하기보다는 빠른 작업이 효율성과 경제성의 기준이 되었다. 어떻게 보면 탈 개성적 또는 모방적 소비시대였던 것이다.

햄버거로 대표되는 패스트푸드군의 맥도날드, 버거킹, 롯데리아와 패밀리 레스토랑 군으로 대표되는 데니스, 코코스, 스카이락, 베니건스 등의 외식체인이 20세기 외식산업의 꽃으로 성장할 수 있던 것은 이러한 사회 · 경제적 배경과 부합되었기 때문이다.

2) 21세기 외식시장의 패턴

20세기 외식산업의 환경변화는 세기 말이 가까워지면서 여러 부문에서 변화가 일어나고 있으며, 기존의 구도가 서서히 무너지는 조짐을 보이고 있다. 그 첫 번째 현상이 주고객 층의 변화현상에서 찾아볼 수가 있다. 20세기 과거의 핵심소비계층이었던 베이비 붐 세대의 2세들이 10~20대의 성년이 되면서 이들의 식생활 패턴이나 가치관이 기성세대와는 전혀 다른 양상을 보이고 있는 것이다. 또한 과학 및 의학의 발달과 건강 · 영양 · 기능 위주의 식품개발로 수명이 연장됨으로써 고령층 인구가 급증하고 있다. 베이비 붐 2세들의 특징 중에는 미시족이나 dink(double income no kid : 맞벌이 부부, 어린이 없는 가정)의 증가현상이 나타나고 있다. 이들은 자녀를 갖기보다는 자기개성을 중시하며 문화적인 생활을 즐기는(개성파적이면서 enjoy 추구) 생활을 영위하기 때문에 가족단란을 위한 외식은 찾아보기 어렵게 된다. 패스트푸드나 패밀리 레스토랑 산업이 장기적으로 보아 쇠퇴가능성을 시사하고 있는 것도 이런 인구 구조적인 측면에서 쉽게 예견할 수 있는 것이다.

최근 각국의 인구통계를 보면 미국의 경우 독신세대가 전체인구의 25%이며, 일본도 이와 유사한 수치를 보여 주고 있다. 더구나 자녀를 갖지 않은 세대는 양국 모두 50% 선을 육박하고 있다. 우리나라의 경우도 통계청이 발표한 최근 자료에 의하면 고3 학생이 77만, 중3 학생이 73만, 초등학교 6학년 학생이 61만으로, 특히 초등학교 6학년은 가족계획 세대의 시작 연도 출생자들이므로 그 이후의 출생세대는 인구증가율이 현저히 둔화되고 있다.

이 같은 인구감소 경향은 앞으로 외식시장 전체규모에 영향을 미치겠지만 그들의 부모세대와는 전혀 다른 개성화, 개인화, 탈 일상화, 탈 획일화를 주장하게 됨으로써 외식에 대한 니즈(needs)가 근본적으로 변화될 것으로 예측된다. 이러한 고객욕구의 변화는 미국의 전통적인 패밀리 레스토랑인 데니스, 빅보이, 쇼너스 등의 매출이 급격한 감소추세에 있으며 미국 외식산업의 대명사인 맥도날드의 매출감소에서도 찾아볼 수 있다. 이들은 20세기의 QSC라는 고전적인 경영의 컨셉을 거부하면서 새로운 컨셉을 추구하는 개방적인 신세대이기 때문에 고객개성을 중시하는 감성형, 진귀형, 에스닉, 절충형 등의 업종이나 업태를 발전시킬 수밖에 없다. 따라서 21세기의 외식산업은 형식이나 절차 등의 일관된 구조보다는 자기만족중심의 예술성이나 창의성에 의한 개념중심의 외식산업이 유망한 것으로 예견되고 있다.

2 외식산업의 현황

1) 미국의 외식산업

연도	현 황
1920년대	음식업의 태동기(요식업 형태) 레스토랑, 열차식, 호텔식, 카페테리아, 급식, 프랜차이즈 출현 한정된 장소에서만 고객 대상의 영업, 경영방식 등장
1930년대	외식산업의 태동기(음식점→외식산업) 로드사이드 레스토랑, 커피숍, 기내식 출현 도심과 리조트 중심, 생산자 지향
1940년대	외식산업의 전환기(발전기) 아이스크림, 도넛의 출현 개인판매 지향, 부분적인 합리화 지향

연도	현 황
1950년대	외식산업의 도약기(공업화기) 후라이드치킨, 호텔업, 병원급식, 햄버거, 피자 출현
1960년대	외식산업의 성장기(도약기) 스테이크, 로스트비프, 샌드위치, 게요리, 씨푸드, 패밀리레스토랑 출현 시스템화, 상장기업화, 대량판매지향, 기업흡수 및 합병
1970년대	외식산업의 성숙기(안정성장기) 2회의 오일쇼크로 대변혁, 신컨셉 및 신업태 출현 일본 등 해외진출, 소프트화, M&A, 업체별 경쟁심화
1980년대	외식산업의 성숙기(고도성숙기) 자본력에 의한 경쟁가속, 경영합리화, 내식과 외식 경쟁치열 RA강화(Online화), POS시스템, 컴퓨터화, 선불카드제 등 종합정보 Network
1990년대	외식산업의 성숙기(안정성숙기) 특화시장, 틈새시장 공략, 감성형, 에스닉요리, 테마컨셉 출현 창의적 아이디어 중시

2) 일본의 외식산업

연도	현 황
1940년대	요식업으로 전개(전후 요식업 부흥 주창) 우동, 초밥, 장어요리, 열차식, 구내식당 출현 교통관련지역 출점(열차 내, 역사 내), 일주중심지
1950년대	음식업의 태동기(기업화의 모색과 기반 조성기) 전통음식 중심, 패밀리형 레스토랑, 아이스크림 출현 교통관련지역, 일부 중심지로 점차 확대
1960년대	외식산업의 태동기(도약기반 조성) 프랜차이즈, 기업형 체인화 출현 음식점 자유화(자본 자유화 근간)
1970년대	외식산업의 성장기(도약발전기, 1978년 외식혁명) 외식의 대중화, 패스트푸드 전성기, 패밀리레스토랑 활성화 기술도입 러시, 레저화, 세계화, 외식기업의 성장화
1980년대(상)	외식산업의 성장기(저성장, 전환기) 업종 및 업태 다양화, 테이크아웃점, 카페바, 캐주얼레스토랑 프랜차이즈 가속화, 다점포 지향

연도	현 황
1980년대(하)	외식산업의 안정성장기(저성장, 안정기) 고감도화, 정보화, 과학화, 고도화 추구(RA시스템) 물류센터, 종합관리시스템 도입
1990년대	외식산업의 성숙기(침체기→회복기→안정기) 해외진출, 복합공동출정, 가격파괴, 업태전환 종합 생활기업 추구, 경영혁신, 규모경제 시현

3) 우리나라 외식산업의 현황

우리나라 외식산업의 산업화 과정은 1970년대 말에 일대 전환기를 맞이하게 되는데, 이는 1979년에 설립된 '롯데리아'에 의해서였다. 1979년 일본 롯데리아(주)와 한국 롯데리아간에 49:51의 합작으로 설립된 롯데리아는 급속한 점포확장과 독특한 판매형식으로 외식산업이 산업화 과정으로 진입하는 데 획기적인 계기를 마련하게 된다.

특히 우리의 외식문화는 1980년대에 들어서 신세대의 증가와 함께 급속히 발전해 1988년 서울올림픽을 계기로 도약기를 맞게 된다. 각 업종별로 정도 차이는 있지만 국내 외식시장 증가는 해외 외식브랜드의 국내 상륙과 함께 1980년대에 들어 치열한 외식산업 경쟁시기로 접어들게 되었다.

외식산업이 1980년대 후반을 기점으로 급격한 성장을 하게 된 배경에는 아시안게임과 올림픽게임을 유치함으로 서양 문물 특히, 음식업의 국내진출이 활발해지면서 과거 1970년대에 마련해둔 성장기반 위에서 국내경제가 빠른 속도로 성장하게 된 데에 주요 원인이 있다고 할 수 있다. 경제성장과 더불어 가처분 소득이 증가함에 따라 외식비 지출이 늘어나고, 외식동기가 강하게 작용되었다고 볼 수 있다. 또한 여성의 사회진출로 맞벌이 부부수의 증가는 가계잉여소득의 증대와 외식기회의 증가를 불러왔으며, 신세대들의 식생활 패턴이 서구화된 데에도 우리나라 외식산업이 급성장한 원인을 찾을 수 있다.

※ 한국 외식산업의 성장과정

<table>
<tr><th>연도</th><th>GNP</th><th>성장과정</th></tr>
<tr><td>1900년대</td><td>0</td><td>전통음식점 중심의 요식업 태동
식량자원 부족으로 침체(1945년 166점포)
식생활 및 식습관의 가내 주도형</td></tr>
<tr><td colspan="3">이문설렁탕(1907), 용금옥(1930), 곰보추어탕(1930), 한일관(1934), 조선옥(1937), 안동장(1940), 고려당(1945), 남포면옥(1948), 하동관(1948)</td></tr>
<tr><td>1960년대</td><td>$100~210</td><td>식생활의 궁핍 및 침체기(6.25전쟁 후)
밀가루 위주의 식생활 유입(미국 원조품)
분식의 확산 및 식생활의 개선문제 부상</td></tr>
<tr><td colspan="3">뉴욕제과(1967), 개인업소 및 노상잡상인 대량 출현</td></tr>
<tr><td>1970년대</td><td>$248~1,644</td><td>영세성 요식업의 우후죽순적 출현
경제개발 계획에 따른 식생활 향상
해외 브랜드 도입 및 프랜차이즈의 태동</td></tr>
<tr><td colspan="3">난다랑(1979. 7) : 국내 프랜차이즈의 효시, 가나안 제과(1976)
롯데리아(1979. 10) : 서구식 외식 시스템의 효시 및 시발점</td></tr>
<tr><td>1980년대
(전반)</td><td>$2,194~2,158</td><td>외식산업의 태동기(요식업→외식산업)
영세난립형 체인속출(햄버거, 국수, 치킨, 생맥주)
해외유명브랜드 진출의 가속화</td></tr>
<tr><td colspan="3">아메리카나(19850), 윈첼(1982), 다림방(1982), 짱구짱구(1982), 웬디스(1984), 피자헛(1984), KFC(1984), 장터국수(1984), 신라명과(1984), 하이델베르그(1984), 투모루타이거(1984)</td></tr>
<tr><td>1980년대
(후반)</td><td>$2,194~4,127</td><td>외식산업의 적응성장기(중소기업, 영세업체 난립)
식생활의 외식화, 레저화, 가공식품화 추세
패스트푸드 및 프랜차이즈 중심이 시장 선도
패밀리레스토랑, 커피숍, 호프점, 베이커리, 양념치킨 약진</td></tr>
<tr><td colspan="3">맥도날드(1986), 피자인(1988), 코코스(1988), 도토루(1989), 쟈뎅(1989), 나이스데이(1989), 크라운베이커리(1988), 만리장성(1986)</td></tr>
<tr><td>1990년대</td><td>$5,569~10,000</td><td>외식산업의 전환기(산업으로서의 정착 : 1995)
중 · 대기업의 신규 진출 러시 및 유명브랜드 도립
프랜차이즈의 급성장 및 도태, 시스템의 출현(외식근대화)</td></tr>
<tr><td colspan="3">시즐러(패밀리), 스카이락(패밀리), T.G.I. Friday' s, 베니건스, 토니로마스, 데니스, 마르쉐, 토마토 앤 오니언표 : 한국 외식산업의 성장과정</td></tr>
</table>

1997년 말 이후에는 우리경제가 IMF(국제통화기금)에 접어들면서 외식업계에도 침체현상이 일어났다. 시장분석과 경쟁력, 차별화를 가지지 못한 브랜드, 해외브랜드 로열티 지급과 초기 투자자금에 대한 금융부담 등 운영상의 악재로 고전을 겪었지만 로열티 조정, 공격적인 마케팅 등으로 경영환경 개선과 초기 미국에서 도입된 대형화에서 부동산과 노동시장 구조상 우리 실정에 가까운 콤팩트한 일본계 브랜드 도입으로 새로운 전환점을 맞았다. 급속한 양적인 성장에 비해 외식업 내부적으로는 경제 구조로 기인되는 외식업 관련자료 및 통계의 부족, 전문 인력 부족, 전문 교육 기관의 부재, 무분별한 해외브랜드 도입과 로열티 지급 등으로 경영관리상 문제점에 도달하게 되었다.

3 국내 외식산업의 문제점

1) 경영구조상의 문제점

(1) 경영 노하우 부족

외식산업은 단순히 음식을 제공하는 차원에서 고객의 욕구를 충족시키고 사회 · 문화적 가치를 부여하는 여가와 문화의 장으로 의미가 변해가고 있다. 더욱이 해외 다국적 외식업체가 밀려오고 대기업의 자본이 외식산업에 진출하면서 전통음식이 위축되는 상황에 직면하고 있다. 원가관리, 매뉴얼 개발, 메뉴변화 및 개발, 주변상권에 대한 주기적인 조사와 분석을 통한 대응능력 향상, 서비스 수준 향상, 경영주의 자질 향상, 탄력적인 가격전략, 효과적인 판촉 및 마케팅 전략 개발 등이 경영주가 해결해야 할 과제이다.

(2) 직업의식 결여

식당업이 3D업종으로 분류되면서 종사자 및 경영주의 직업의식이 확립되지 못한 상황에서 이직과 전업이 속출하고 있다. 외식업이 발전한 선진국에서는 전문직종으로 분류되면서 사회적으로 각광받고 있는데 직업의식이 결여되어 있는 현실은 외식업의 장래를 불투명하게 만든다.

(3) 전문인력 부족

외식산업에 대한 전문인력 부족현상은 산업기반의 미정립, 질적 수준 저하, 경영능력 부족의 문제를 야기하면서 연구와 개발 풍토가 정립되지 못해 전근대적인 경영환경에서 벗어나지 못하게 한다. 산학협동체계 구축과 대학에 식당경영관련학과를 신설하여 국내 실정에 맞는 외식경영기법을 개발해 나가야 한다.

(4) 법규 및 행정제도의 취약성

UR협상과 WTO체계의 출범으로 국경 없는 무한경쟁 체계 속에서 해외 유명브랜드의 국내 진출 가속과 신업종 및 업태 출현이 가속화되고 있다. 하지만 변화하는 사회, 경제환경에 대처할 수 있는 법규 및 행정제도로 개선되지 못하고 규제위주의 전근대적 제도가 지배하고 있다. 외식업이 대외경쟁력을 갖추고 사회, 경제에 기여할 수 있는 산업으로 정착되어 가려면 규제 일변도의 법규와 행정제도가 개선되어 활성화되고 현실에 맞게 합리적으로 운영되어야 한다.

(5) 유통업계 미흡

국내 외식산업은 아직 유통체계가 완전하게 이루어지지 못해 식자재의 공급이 원활히 이루어지지 못하고 있다. 이는 원가 상승을 야기하고 결국 음식가격에 영향을 미치는 사회문제를 낳게 된다.

(6) 점포확보상의 문제

점포임대차를 지배하는 부동산 관련법규는 임대인(건물주) 우선주의 차원에서 시행되고 있다. 임대료, 임대기간 등이 임차인에게 불리하게 적용되고 있어 점포를 확보하고도 시설환경 개선에 지속적인 투자를 할 수 없게 만든다. 임차인의 권리를 보호할 수 있는 제도가 마련되어야 한다.

(7) 공중 및 환경의식 결여

식당에서 발생하는 음식물 쓰레기는 막대한 자원낭비와 공중위생문제, 환경문제를 야기하고 있어 사회문제가 된다. 이에 효과적으로 대처할 수 있는 제도 정립과 의식개혁이 이루어져야 할 것이다.

2) 외식시장 환경변화에 따른 문제점

(1) 프랜차이즈화

프랜차이즈 계약은 종래의 법률에는 규정되지 않은 신종 계약으로서 이에 대한 법적 규제는 매우 추상적이고 미약할 수밖에 없다. 다만 약관규제법이 불공정한 약관의 무효를 선언하고 공정거래위원회가 이 법에 따라 시정명령을 할 수 있을 뿐이다. 가능한 거래 상대방의 제한을 금지하는 종래의 독점규제법은 새로이 출현한 프랜차이즈 계약에는 적합치 못한 부분이 있어 새로운 경쟁질서를 수립해 나가는 일도 필요하다. 또한 프랜차이즈 계약에 의한 피해 및 제3자(소비자, 거래처)의 피해를 방지하기 위해서는 프랜차이즈 본부의 등록제를 신설하여 사기행위를 미연에 방지해야 할 것이다.

따라서 프랜차이즈 산업을 육성하고 외식산업을 선진화시켜 나가기 위해서는 프랜차이즈 계약제도를 통제할 수 있는 법적 측면의 제도 장치가 있어야 한다.

(2) 국제화

시장개방에 따른 해외 외식브랜드의 국내 진출은 점차 늘어나는 추세에 있어 과다한 로열티 지출과 식습관의 서구화 경향이라는 바람직하지 못한 현상을 초래하고 있어 해외 브랜드의 도입에 적절히 대응해 나갈 수 있는 대책이 요구된다 하겠다.

따라서 외식업의 경쟁력 제고 차원뿐 아니라 전통음식 문화의 우수성을 널리 알리고 한국 음식의 세계화를 추진하기 위해 국내 외식기업의 해외진출을 적극 권장하고 이를 지원할 수 있는 제도를 통하여 한국형 외식산업 구축을 통한 해외시장 진출을 모색해야 할 것이다.

(3) 환경오염

외식업계가 해결해야 할 과제 중의 하나가 바로 음식물 쓰레기 문제이다. 음식물 쓰레기는 일반 생활쓰레기와는 달리 물기가 85% 정도를 차지하기 때문에 잘 타지 않으며 부패하기 쉽고 수거와 운반 도중에 악취를 풍기며 재활용되지 않는 특징을 갖고 있다.

(4) 소비자 행동의 다변화

소비자의 생활양식이 점점 세분화 · 다분화되어 가면서 개성이 강조되고 소비욕구 충족에 대한 기대가 커지고 있으며 소비자의 행동양식이 세대별로 다양화되고 있다. 따라서 앞으로의 외식업경영은 소비자의 욕구를 충족시킬 수 있는 마케팅 전략에 입각한 전략적 경영이 뒷받침되어야 한다.

(5) 외식산업의 정보화

외식산업이 정보화 사회에 능동적으로 대처하고 합리적 관리시스템을 마련하기 위해서 고도의 첨단산업 기술인 컴퓨터를 업무에 이용하여 메뉴의 컴퓨터 관리, 각종 데이터 관리, 판매분석, 원가분석, 고객관리, 인사관리 등의 업무를 컴퓨터 시스템화하여야 한다. 또한 합리화에 의한 규모이익이나 효율성 제고, 품질의 표준화를 위하여 중앙공급식 주방(Central Kitchen System)과 POS(Point of Sales)시스템을 도입함으로써 컴퓨터에 의한 경영전략을 수립해 나가야 된다.

4 국내 외식산업의 시장전망

현재 우리나라의 외식시장 성장률은 일본에 비해 약 10배 이상으로 증가하고 있으며, 전문가들도 외식산업에 대한 전망을 대단히 밝은 분야로 예견하고 있다. 이러한 전망은 통계청이 발표한 통계조사에서도 증명되고 있고, 대기업을 비롯한 많은 유통회사들이 직접 외식산업에 뛰어드는 현실이 이를 뒷받침해주고 있다. 아울러 외식산업에 대한 변화와 성장이 거듭될 것이라고 관련업계는 전망하고 있다. 그 이유는 식생활 패턴의 서구화와 핵가족화 내지는 독신자의 증가, 소득의 증대와 가계소비지출의 증대가 영향을 주기 때문이다. 이런 이유로 해서 외식산업에 참여하는 대기업이 늘고 있다는 것도 우리나라 외식산업의 전망을 밝게 하는 한 요인이다. 그러나 우리나라의 외식산업 구조상 현재 70% 이상은 한국 전통음식인 한식의 판매외형으로 볼 때 이 산업의 성장과 더불어 한식분야 역시 꾸준한 성장을 보여줄 것으로 전망된다. 패스트푸드나 패밀리 레스토랑이 전성기를 맞고 있는 일본의 외식산업 시장에서도 초밥 등 일본 전통음식 매출 외형이 총 시장점유율의 60%를 차지하고 있다는 점에서 이를 잘 입증해 주고 있다. 새로운 생활패턴을 가진 신세대를 위한 패스트푸드뿐만 아니라 기성세대를 포함한 폭넓은 고객층을 확보하고서 원래의 우리 입맛을 재발견해 보자는 전통음식의 개발도 충분한 가능성이 있는 사업임을 잘 증명해 주고 있는 것이다.

어쨌든 우리나라의 외식산업 시장의 앞날은 매우 밝은 것이 사실이다. 그러나 고객의 소득증대와 문화수준의 높은 성장, 그리고 청결과 서비스를 요구하는 현대인들에게 충분한 만족을 줄 수 있는 부단한 노력만이 성공을 좌우하게 될 것이다.

제7절 외식시장의 미래구도

1 역동적인 변화와 발전의 지향

외식산업은 전국 어디에서나 상존하고 있는 음식점의 집합명칭이다. 대부분 산재해 있는 음식점은 개인경영에 의한 소규모 형태를 지향하고 있으나 신규개업 및 폐업률은 격심하다. 시스템화된 중대기업의 사업전개는 전체에 비해 미약한 실정이지만, 항상 발전과 변화를 추구하는 업종이나 업태에 의해 주도되고 있는 것이 현실이다. 예컨대, 본질적인 기능으로서의 외식 서비스산업은 진화와 보조, 타 산업과의 변화적응 차원에서 부문별 체계화로 진행되면서 고유업종 특성에 맞게 다양한 변화를 창출해 가고 있다. 외식산업은 일상생활 전 영역으로 침투되고 있으며 업종방식에 이끌려 도시에서 농촌까지 전개하고 있을 뿐만 아니라, 21세기의 산업발전을 위한 역동성이 태동되고 있다. 이의 가설로 예상되는 전개방향이 수도권 전략, 국제화, 마케팅, 출점입지라는 측면에서 근본적인 검토가 요청되고, 이것이 지금부터의 역동적인 외식산업 미래구도의 출발점이라고 할 수 있다.

1) 수도권 전략

외식산업의 발전은 고객과 점포라는 한정된 공간을 통해 생산과 소비를 동시에 실현시키면서 가정 내의 내식과 가정 밖의 외식이 상호 보완관계로 연계되어 있다. 특히 도시 속의 식생활반경은 광범위하지만 경제발전과 소득증대를 바탕으로 한 발전의 역동성적 시발이자 현대인의 생활양식으로서, 음식점의 양적 및 질적인 집중도에서 찾아볼 수가 있다. 따라서 도시 속에서의 역동적인 외식의 미래구도를 전략차원에서 구체화할 수가 있는 것도 수도권이며, 선진기범의 최초 도입처이자 시장을 주도하면서 흐름을 파악하는 거점이 되기도 한다. 따라서 대부분의 외식산업은 수도권, 즉 대도시 중심으로부터 역동적으로 전개하는 것이 체인형 기업의 필수인 것이다.

2) 대규모화 및 국제화 전략

글로벌(global)화를 지향하고 있는 선진국은 수입개방을 통하여 민족 간의 유동이 활발화되고 있으며, 경쟁력 제고를 위해서 시야의 폭이 넓어지고 있을 뿐만 아니라, 세계 어디에서나 취향이 맞는 외식을 접하게 되고, 이러한 음식으로 인해 다국적 간의 교류가 심화되고 있다. 다시 말해서 도시생활 체험자의 생활감각은 식생활의 체험 없이도 쉽게 동화되고, 유동적인 감각에도 아무 어려움 없이 받아들이고 있다. 이러한 외식문화의 급속한 변화와 세계화 추이는 메뉴, 분위기, 입지, 서비스방식, 객층, 식재 등의 외식 전 영역에 있어 아직 미흡하지만 국제적인 진전을 이루어가고 있는 것이다. 따라서 대량화 · 대규모화 및 국제화를 너무도 쉽게 받아들이고 있는 것이 각국의 현실이지만, 나라별 상황과 식문화에 맞는 외식산업을 정착시켜가고 있다.

3) 마케팅의 대응

안정성숙기에 있는 미국 및 일본의 외식마케팅 전략은 업종 및 업태 특성에 맞게 이미 외식산업에 적용되어 전개되고 있다. 일본 주요업체의 전략은 여타 산업과의 변화적응력을 모토로 하여 고객만족 위주의 QSC, 점포수 확장, 프랜차이즈의 박차, 신업태 개발, 신제품 접목, 고정고객의 확보, 상권별 대응제품 활성화, 코스트다운 등으로 거품경제의 붕괴와 경기불황에 대응하면서 경영의 전략적 효율화를 추진하고 있다. 이는 메뉴, 서비스 분위기에 있어서 역동적인 고감도를 중시하면서 체질개선에 노력했으며, 과거의 수준 낮은 점포행태를 지향하고, 최근에는 본격적인 마케팅 센스를 업체별로 부각함으로써 점포의 감성화를 지향하고 있다.

4) 출점입지의 전략

외식산업의 특징 중 가장 기본이 되는 부분이 점포위치로 상권별 특수성을 감안한 업종진출은 점포의 실패를 최소화하게 된다. 특히 장기적인 안목에서의 입지전략은 출점지역의 진화와 발전뿐만 아니라 앞으로의 외식 미래구도를 구상하는데 심한 변화를 가져오게 된다. 이처럼 도시생활 영역의 진화와 도시생활자의 이동상의 흐름, 음식의 국제화 및 체험의 풍부화, 마케팅 발상의 다양화는 입지조건과 아울러 외식산업의 미래구도를 보다 객관화시키고 주체적인 견인차 역할을 해 가면서 21세기 역동적인 고감도 외식산업으로 변모해 가는 것이다. 따라서 각국의 출점전략은 거시안적인 발상에서 효율적인 입지를 개발하고 발전시켜 나가고 있다.

5) 프랜차이즈 시스템을 통한 다점포 추구

프랜차이즈 시스템의 제일주의는 다점포 전개로서 다업종 · 다업태주의라 해도 과언은 아니다. 다시 말해서 단일업태를 체인화에 의해 대량점포로 만드는 것이 최고의 경영 효율이며 또한 목표이기도 하다. 다종다양한 고객에게 다종다양한 서비스를 가치로 하여 고객만족적인 점포 연출을 위해서는 각양각색의 경험과 기술을 축적하지 않으면 안 된다. 동질성 · 공감대 · 소속감을 기초로 체인본부의 노하우 제공은 급격하게 증가 일로에 있지만, 대부분 자금 · 인재 · 경영 등 시스템 전반에 많은 문제점을 선진국에 있어서도 안고 있는 것이 사실이다. 보다 높은 레벨에서의 가맹사업은 체인본부의 통제와 조정에서 지원 · 협조방향으로 선회하고 있고, 동종 · 유사 · 타 업종과의 복잡 다양한 관계에 있지만 다채로운 연구개발과 노력을 업종특성에 맞게 전개시키면서 고객기호와 시대적인 요구에 맞는 니즈와 시장개척이 과학화 및 고도화와 더불어 태동되고 있다. 특히 식재산업과 연계된 체인시스템은 표준화 · 전문화 · 단순화를 전제로 도매상, 중개인, 산지 직구매, 자회사, 타사와의 네트워크를 형성하여 광역화되어 가고 있다. 하여튼 경영관리의 시스템화, 노하우, 공급체계, 식재의 가중도, 보관방법, 물류 등은 체인 경영관리에 있어 근본적인 문제이며, 인테리어, 주방, 설비와 더불어 기술혁신이 이루어지면서 원가절감, 타사와의 경쟁력 제고, 차별화, 식재개발, 생명 공학적인 연구 등 체인사업에 있어서도 경제적 효율성을 바탕으로 주도되고 있다.

체인경영에 있어서는 변혁의 담당자로서 전 부문에 걸쳐 인재개발뿐만 아니라 시스템화의 기술혁신화가 뒷받침되어야 하며, 외식체인사업은 고객 그리고 가맹점과 본부가 광역의 효율적인 네트워크가 형성될 때 발전할 수가 있다.

2 선진국의 추진 전략

외식은 복잡한 절차 없이 간편하게 이루어지면서 개인적인 양상에서 가족적인 집단의 형태로 변화되고 도심지향에서 교외지향, 레저화와 함께 전개되고 있다. 또한 다양한 신 형태의 점포가 출현되면서 식생활의 복잡 · 다양함을 메뉴얼화 · 과학화 · 시스템화 · 기술혁신화를 바탕으로 21세기 고감도를 향해 발전하고 있는 것이다.

1) 경영의 다양적 다각화

소비자의 다양한 요구에 대응하기 위해 호텔, 휴양지, 휴게소, 골프장, 리조트, 농장공원, 유통, 부동산 식재, 패션산업과 동시에 연계하여 출점하면서 종합 생활서비스 기업을 목표로 외식그룹화를 추진하거나 창출하고 있다.

2) 점포형태의 복합화

동일유사업종은 물론, 타 업종과 공동 출점하는 종합점포의 양상을 띠면서 계열화시키고 있으며, 전혀 다른 메뉴나 전통 민속메뉴를 선호하면서 상호보완적인 기호성 메뉴를 취급하는 혼합요리점이 태동되고 있다. 또 점포입지 확보의 어려움과 선택적인 신 수요창출을 위해 패셔너블하게 전개되고, 특히 스포츠웨어, 설비, 주방, 주유소, 슈퍼, 백화점업체와도 결합하여 전개되고 있다.

3) 시스템의 현대화

본사, 점포, 물류센터, 거래업체를 연결한 종합정보시스템의 구축과 점포 내 자동주문장치, 핸디터미날, 점포관리용 컴퓨터, POS로 구성된 RA에 주력하고 있으며, 카드제 활용이나 선불카드를 이용한 새로운 시스템의 실용화되고 인공지능(AI)의 연구나 각종 뉴미디어를 이용한 점포 장치를 추진하고 있다. 특히 합리화를 추구하는 센트럴 키친 시스템의 지역적인 설치 및 활용과 컴퓨터에 의한 경영전략의 수립, 메뉴의 컴퓨터관리, 컴퓨터에 의한 점포현장관리, 정수 · 폐수의 생명공학의 도입 등 전 부문에 있어 시스템화를 과학적인 합리화와 함께 추구하고 있다.

4) 식재조달의 경제성 전략

센트럴 키친에 의한 중앙집중식 식재, 가공품의 활용, 산지별 계약구매, 직접지도 · 감독 하의 재배 및 생산에 임하며, 물류센터를 효율적으로 활용을 하고 있다. 또한 대량구매 및 원가절감의 지속적인 연구개발로 물질위주의 경제성 제고를 가속화시키고 있으며, 세계적인 다각적 다국적기업으로서 원산지에서의 반가공과 기술이전에 의한 로열티 증대 등을 실현시키고 있다.

5) 인재의 육성강화

업체별 연수학교, 햄버거대학, 아카데미를 설치 · 운영하면서 전문인력을 양성

함과 동시에, 해외연수 기회를 과감히 이용하여 인재의 국제화 전략을 시도하면서 활성화시키고 있다.

3 한국의 미래 전략

1993년 국민 1인당 GNP $7,300은 외식혁명이 일어난 일본의 1978년도와 같이 외식혁명에 의한 전환기를 맞이하지 못한 가운데 고도성장을 보여 왔다. 그러나 그 와중에도 경기불황 및 정부의 과소비 억제와 투자심리 위축으로 재투자가 주춤했고, 1995년도에는 식품 중대기업을 중심으로 외식시장의 정비와 전환이 이루어지면서 자금력 · 조직력 · 전문성 및 노하우를 바탕으로 전개되는 업체와 다점포를 전개하는 업체중심으로 시장은 활성화되었다. 특히 유통, 패션, 부동산, 호텔에서도 외식과 연계하여 신규참여나 영업력 확대 측면에서 가속화되어 온 것이다. 1997년의 IMF는 국내 소비심리를 더욱더 위축시켰지만, 이후 외식그룹의 등장이 예고되었다. 뿐만 아니라 식품 · 유통 · 서비스산업과 연계된 종합생활 서비스 기업의 탄생도 낙관적이었고, 업종에 따라 라이프사이클의 단축도 예상되었지만, 상장기업의 속출로도 나타나게 되었다. 따라서 21세기의 외식산업은 창의적인 아이디어가 가미된 고감도 외식산업과 가치를 추구하는 차별화 업종에 의해 주도될 것으로 예측되며, 나아가 한국적인 외식문화가 정착될 것으로 기대되기 때문에 지금이 21세기 고감도 외식산업 전개를 위한 준비의 시기이며, 국내 외식산업도 전환을 위한 노력이 절실히 요청되고 있는 것이다.

외식산업은 서비스산업이자 성장산업이며, 미래지향적인 21세기 첨단산업이다. 아울러 식품 · 유통 · 서비스 산업의 최종 복합산물이며 종합예술성 첨단산업이기에 적응성장기에 있는 국내 외식산업은 지금부터 21세기를 향한 변화와 발전을 모색해야 할 시점에 있는 것이다. 이와 같은 상황을 고려할 때 우리나라의 외식산업도 21세기에는 선진국과 같은 외식그룹의 출현이 예상된다.

제8절 외식산업의 기능과 특성

1 외식산업의 기능

외식산업의 기능	메뉴상품 제공	메뉴아이템 제공 업종과 업태결정
	서비스 제공	인적서비스 물적 서비스
	편익 제공	정보 서비스 접근 편의성
	가치 제공	고객에 대한 가치 창출 무형적 매력
	입지 제공	사업방향 결정 점포의 성공 여부

(1) 메뉴상품의 제공

외식산업의 구성주체는 메뉴 아이템이며 객체는 인적서비스, 편익성의 제공, 분위기와 가치의 제공이다. 메뉴 아이템에 따라 업종과 업태가 결정되며 이를 상품의 주체라 할 수 있다. 여기에 기타 제반 서비스를 포함한 것을 광의의 상품이라고도 한다.

메뉴는 주로 식사와 음료 등으로 구성되며, 서비스 형식과 주방의 규모 및 설비가 메뉴에 따라 결정된다.

(2) 인적 · 물적 서비스의 제공

인적 서비스란 종업원으로부터 제공되는 접객 서비스를 의미하며 기능적인 숙련도와 부수적인 서비스로 구분된다. 기능적인 숙련도는 점포 내에서 상냥한 미소와 친절 등의 정성과 동작에 있다. 종업원은 고객중심의 서비스를 이루어내야 한다.

부수적인 서비스는 배달, 예약 그리고 주차 서비스 등이 있으며 이들 서비스는 종업원을 통해 대부분 이루어지므로 이것을 인적 서비스라 한다.

(3) 편익성 제공

가정 내에서의 식사가 어렵거나 식재구입이 어려울 때 혹은 직접업소를 방문하기 어려울 때 → 배달을 통한 편익제공

승용차 혹은 대중교통을 이용할 때 주차공간의 제공, 대중교통에 의한 쉽게 접근할 수 있는 접근성 → 입지 및 장소의 편리성을 제공

(4) 가치의 제공

고객이 좋은 분위기와 훌륭한 서비스 속에서 만족한 식사를 할 수 있는 곳일수록 그 가치는 증가할 것이다. 더불어 인적 및 물적 서비스, 편익성 그리고 분위기가 한데 어우러질 때 점포는 고객에 대한 가치를 창출하면서 무형적인 매력을 제공하는 곳이 될 것이다.

(5) 입지 의존적 기능

외식점포의 입지조건에 따라 사업의 방향이 결정되어지기 때문에 입지 의존적 기능은 매우 중요하다. 출점하고자 하는 입지는 점포의 승패 여부를 결정짓는 필수불가결한 요소임과 동시에 입지 그 자체가 외식마케팅 전략의 핵심이 된다. 입지는 고객 집객력의 원천이면서 수요창출의 원동력 구실을 하고 있기 때문에 유동인구 즉 통행량의 집결지인가 분산지인가를 정확하게 파악하는 기능을 수반해야 한다.

2 외식산업의 특성

(1) 높은 인적 의존도

외식산업과 서비스산업의 대표적인 한 부분으로서 1인당 매출액이 타 산업에 비하여 낮은 편이고 고객에 대한 서비스의 척도에 따라 성패가 좌우되는 만큼 인적 서비스의 의존도가 무엇보다 높은 산업이다. 일반적으로 제조 산업이 기술 자본 집약적인데 비하여 외식산업은 생산부문 자동화의 한계와 서비스 부문의 높은 인적 의존성이 필요한 노동집약적 산업이다.

(2) 생산, 판매, 소비의 동시성

외식산업은 일정한 유통경로 없이 상품의 구매를 위해서는 고객이 직접 일정 장소를 방문해야 하고 또한 음식이라는 상품도 일정 장소에서 판매됨과 동시에 최종적으로 소비된다. 최근에는 배달을 위주로 하는 외식업소들이 많이 생겨 생산과 판매가 동시적으로 이루어지지 않기도 하지만 대부분의 음식은 업소가 식자재를 구입하여 주방에서 조리된 후 곧바로 서비스를 통하여 고객에게 같은 장소에서 상품으로 판매되어 소비되는 것이 일반적이다.

(3) 시간적 제약과 수요예측의 불확실

외식업소에서 영업을 할 수 있는 시간은 한정되어 있다. 따라서 적절한 인력관리와 빈 시간 및 공간의 활용 등으로 여러 가지 운영의 어려움이 있다. 또한 사회, 정치적 변동, 각종 행사, 계절, 일기 등의 변화로 고객의 수를 예측하거나 식자재의 적정구입량을 결정하기 어렵다.

(4) 낮은 원자재 가격과 현금수익 창출의 용이성

외식산업의 원자재 가격은 타 산업의 원자재 가격보다 낮은 편으로 통상 식자재비는 매출액의 30~35% 정도를 평균으로 책정하고 있다. 한편 대부분의 고객이 상품 구매 시 현금으로 지불하는 경우가 많아 운영자금의 회전속도가 타 산업에 비하여 매우 빠른 편이다.

(5) 상품의 부패용이성

제조 산업에서는 원자재의 구매 및 저장, 그리고 완성된 상품의 장기간 보존이 가능하다. 그러나 외식산업의 식자재와 상품은 보존방법 및 기간이 까다롭고 짧아서 관리를 소홀하게 하면 부패의 위험성이 매우 높아 비용지출이 따르고 또한 부패한 식자재를 사용할 때 위생에 따른 문제도 발생한다.

(6) 높은 입지 의존성

외식업소에 고객이 스스로 찾아와 구매를 하고, 같은 장소에서 음식을 생산하고 판매하기 때문에 입지여건에 따라 영업실적이 크게 차이가 나는 입지에 대한 의존성이 높은 까닭에 외식사업을 흔히 입지사업이라 부르기도 한다.

(7) 신규참여 용이성과 영세성

외식산업은 타 산업에 비하여 적은 자본과 특별한 기술적 노하우 없이 누구나 쉽게 참여할 수 있는 사업이다. 그러나 투철한 사업정신 및 경영방법 미숙 그리고 대다수의 외식업소들이 영세하여 임대형식으로 운영을 하고 있기 때문에 안정성이 낮은 만큼 실패율이 비교적 높은 사업이기도 하다.

(8) 높은 이직률

얼마 전까지만 해도 외식산업이 3D업종으로 불리면서 근무하기 힘든 업종의 하나로 인식되어 취업하기를 꺼려하고 또한 기존 취업자들의 이직률도 타 산업에 비해 높은 편이었다. 그러나 자본력 있는 대기업들과 호텔들이 외식산업에 진출하기 시작하면서 외식산업에 대한 사회적 인식이 달라지고 있다. 그와 더불어 직원들의 임금과 복리후생 등이 개선됨에 따라 많은 고급인력들이 안정되고 장래성이 있으며, 전문 직종으로 인정받을 수 있는 직업으로 인정되면서 외식산업에서의 근무를 선호하고 있다. 그러나 업무의 특성상 타 산업에 비하여 이직률이 높은 편이다.

PART 2 외식산업의 전산관리

제1절 POS 전산 시스템의 개념

1 POS 전산 시스템의 정의

POS는 "Point Of Sales"의 약자로서 "판매시점 관리"를 의미한다.

POS 시스템이란 매장에서 발생하는 판매시점의 모든 정보를 실시간으로 수집, 처리하여, 각 부문별 정보를 종합분석, 평가할 수 있도록 도와주는 소프트웨어와 하드웨어를 말한다. 즉, 컴퓨터를 이용하여 각종 유통정보를 분석 활용하는 유통시스템이다. 유통업체 매장에서 판매와 동시에 품목, 가격, 수량 등 유통정보를 입력시켜 컴퓨터를 이용, 각종 자료를 분석, 활용할 수 있는 유통업계 전산시스템이다. 판매정보입력을 쉽게 하기 위해 상품 포장지에 고유 마크(var code)를 인쇄하거나 부착시켜 판독기(scanner)를 통과하면 해당 상품의 각종 정보가 자동적으로 메인 컴퓨터에 들어가게 된다. 유통업체는 이 정보를 활용해 수시로 매출동향을 파악하는 것은 물론 매출내역의 집계뿐 아니라, 고객이 선호하는 제품이나 서비스에 대한 선별적인 집계를 비롯한 매출 동향 파악, 재고 및 자재 관리, 각종 입출금 및 거래처 관리, 회원과 종업원 관리 등 경영자에게 필요한 다양한 정보를 제공하여, 매장

운영의 효율성을 향상시킬 뿐 아니라, 인건비, 자재비, Loss 감소 등 운전자금의 절감 효과를 제공한다. POS 시스템의 발달은 판매시점에서부터 정보의 즉각적인 피드백(feedback)에 의한 상품관리를 가능하게 한다.

2 POS 시스템의 기능

(1) 판매시점관리

좌석별 주문 및 계산 상황을 한눈에 파악할 수 있도록 프로그램 되어 있으며, 주문 및 계산 정보 등을 판매 시점 즉시 분석할 수 있는 판매시점 관리 시스템이다.

(2) 영업정보

인적 관리 및 물적 관리를 통해 의사결정에 도움이 되는 정보를 제공 받을 수 있는 프로그램이다.

(3) 종합정보

경영정보시스템과 연결하여 활용 가능한 프로그램이다.

(4) 본 · 지점 연계시스템

본 · 지점이 상호 연결하여 활용할 수 있는 프로그램이다.

3 POS 시스템의 특징

- **온라인 시스템** : 매장에서의 각종 거래 발생과 동시에 데이터를 서버에 입력하고 필요한 정보를 즉시 수록한다.
- **실시간 시스템** : 필요한 모든 데이터를 판매시점에서 실시간으로 파악하여 활용할 수 있다.
- **집중관리 시스템** : 여러 대의 POS 단말기를 운용하는 경우, 매장 POS 단말기의 가동 상태와 에러 및 정산상황 등을 메인서버에서 집중관리 할 수 있다.

❖ **거래정보 수집** : 현금, 신용카드, 미결, 취소, 할인 등 거래에 관한 모든 정보 및 각 상품별 정보파악이 가능하다.

금전등록기와 POS 시스템의 비교

구 분	기존(금전등록기)	POS 시스템
시스템 관리 형태	개별 처리	온라인/실시간 → 집중관리
데이터 관리 방법	전표를 모아 수작업 관리	발생 즉시 메인 서버에 자동 입력
점검방법	금전등록기 단위 점검	메인 서버로부터의 일괄 점검
상품분류 한계	제한 있음 (Function-Key의 개수)	제한 없음 (Data-Base 활용)
매상(매출)조회	영수증, 메모 등에 의한 수작업 집계	고객별 즉시 조회
오입력 가능성	매우 높음	매우 희박함
일보작성	영업일의 익일	정산 후 즉시
신용카드 승인	금전등록기 사용 후 별도 기기 처리	POS 기기에서 직접 처리
기능변경	불가능(기계적인 변경)	Program 수정만으로 가능
P. P.(Prepaid)	금전등록기 사용 후 별도 기기 처리	POS 자동처리(선택적 사용가능)
직불처리	금전등록기 사용 후 별도 기기 처리	POS 자동처리(선택적 사용가능)

4 POS 시스템의 도입목적

① 일반 PC를 이용한 각종 자료의 전산화로 필요한 자료의 신속조회가 가능하다.

② 전산화의 부수적 효과인 업무의 표준화를 통해 사내 정보의 표준화를 실현할 수 있다.

③ 전산화의 직접적인 효과로써 인력의 효율적인 배치를 위한 지식요구 업무의 전산화를 수행하여 단순 · 반복적인 업무로 변경시키고 또한 기록하는 시간을 최대한 절감할 수 있다.

④ 신속 · 정확한 전산의 특성으로 자료의 정확한 수집과 통계작성의 신속성으로 조회가 적시에 가능하도록 한다.

⑤ 경영자가 회사의 판매실적 및 의사결정에 필요한 정보 등의 신속조회가 가능하다.

⑥ 각 매장, 업장의 발주, 구매 및 재고관리를 본부에서 총괄 관리할 수 있다.

⑦ 각 매장, 업장마다 POS가 도입됨으로써 인력감소, 시간절약, 상품재고 적정화, 상품 라이프 사이클 및 판매 관리 등 점포 관리의 용이 및 안정성을 유지할 수 있다.

5 POS 시스템의 기대효과

(1) 매입매출업무 시스템의 기능

- 매입매출업무를 회계시스템에 직결시킴
- 판매업무의 통합과 재편성을 이룸
- 판매업무 환경 변화에 대응

(2) 통합업무시스템의 효과

- 조직의 수평화 추진(BPR가능)
- 비용절감(이중 입력 폐지, 간접업무 효율화)
- 업무처리속도 향상으로 판매리드타임 단축
- 회계시스템과 다른 시스템의 연결로 결산 목적 외에 경영상 의사결정에 유용한 비용정보 획득가능

(3) 기술적 측면

- Open Interface Architecture 제공으로 외부 시스템과의 통합이 용이
- 광범위한 자료 구축(Data Warehouse)을 이용하여 End User 측면에서 유연한 자료 활용 가능
- Smart Client Server 기술로 기존의 Network Resource의 활용을 극대화하여 불필요한 투자 요인 감소
- Parallel Processing을 이용하여, 다중 Node에 대한 동시 병렬 MRP 계획을 수행할 수 있으며 높은 수준의 처리 양과 신뢰성 확보

- Web POS는 어떠한 O/S(Window, NT, Linux, Unix, Dos…)와 상관없이 사업성 또는 업종용도에 따라 Device를 자유롭게 추가 또는 업그레이드 할 수 있는 잇점

6 POS 시스템 도입의 장점

- 매상등록시간이 단축되어 고객대기시간이 줄며 계산대의 수를 줄일 수 있다.
- 매입, 매출, 재고, 입출금 관리를 고객관리(회원카드)를 통하여 고객 만족도를 높일 수 있다.
- 바코드라벨에 의한 표준화된 업무로 인하여 상품가격의 투명성, 고객 신뢰도를 확보할 수 있다.
- POS 터미널의 도입에 의해 판매원 교육 및 훈련시간이 짧고 입력오류 방지, 단품 관리에 의해 잘 팔리는 상품과 잘 팔리지 않는 상품을 즉각 찾아낼 수 있다.
- 전자주문 시스템(Electronic Order System : EOS)과 연계하여 신속하고 적절한 구매를 할 수 있고 재고의 적정화, 물류관리의 합리화, 판촉 전략의 과학화 등을 가져올 수 있다.

제2절 POS 시스템의 도입배경과 발전

1 도입배경

1) 정보화 사회

인터넷 Infra의 발달로 인해 전 세계적으로 인터넷 보급률이 상승함에 따라 체계적인 정보를 누적하여 활용하는 정보화 사회로 발돋움하는 사회문화적 환경 변화가 잇달았다. 이에 따라 매장 운영의 전반을 아우르는 정보화된 경영 시스템을 필요로 하게 되었다.

POS 시스템은 이러한 추세에 발맞춰 기존의 수작업으로 일일이 장부에 기록하여 정리하던 방식을 전산화하여 인력에 의존한 고의성 업무를 배제시켰으며, 매출, 재고, 물류, 손익 등의 각종 자료를 축출하여 매장의 경영 성과를 개선하는데 활용할 수 있도록 해주었다.

2) 경쟁심화

IMF로 시작된 대규모 구조조정으로 인해 개인 창업자가 증가함에 따라 일반 도소매 및 서비스업의 매장이 점차 대형화, 전문화, 프랜차이즈화 되어가고 있다. 개인 창업자의 기하급수적인 증가로 경쟁이 점차 심화되면서 지역 상권 안에서 나만이 가지고 있을 수 있는 장점과 타매장과 비교하여 가질 수 있는 경쟁력이 필요하게 되었다. 이에 대한 대안 마련에 POS 시스템은 중요한 역할을 제공했다.

3) Loss 증가

과거에는 체계적인 재고 관리 시스템이 적용되어 있지 않아 종업원의 부정행위나 계산착오로 인한 거스름돈 과부족 등이 빈번히 발생했다. 또한 파손이나 분실 등의 손실 재고파악이 불가능했으며 수요를 예측하지 않은 발주로 인해 악성재고가 증가했을 뿐만 아니라 매장운영을 위한 운전자금을 감소시켜 자금 회전율을 저하시켰다.

POS 시스템의 도입은 지문이나 비밀번호 등을 활용한 사용자 보안 시스템을 통해 종업원의 실수를 방지하고, 수요예측, 재고관리 기능을 통해 유동 운전자금을 증가시켜 전반적인 매장 운영의 순익을 증대시켰다.

4) 외식 빈도 증가

주 5일 근무제로 인해 여가 시간이 늘어나고 맞벌이 부부가 증가함에 따라 저녁식사를 위한 외식업체 이용 빈도가 높아지고 있다. 이렇게 고객들의 방문이 잦아지

면서 고객들의 성향은 점차 운영에 직간접적인 영향을 주고 있으며 창업 후 매출의 증감을 좌우하는 열쇠라고 할 수 있다. 따라서 체계적인 고객관리가 요구된다.

체계적인 고객관리를 위한 POS 시스템은 할인이나 포인트 적립, 서비스메뉴 제공 등 다양한 형태의 차별화된 고객서비스 방안을 제공할 수 있게 하며, 최초 방문한 고객에 대한 데이터를 누적하여 재방문을 유도하거나 고객충성도를 높이기 위한 최선의 방안을 제공해 주었다.

5) 정확한 집계 시스템의 필요

그동안 자영업자들은 세금을 적게 내기 위해서 현금 매출 누락을 자행하였다. 정부에서는 이러한 사업자의 현금매출을 투명하게 관리하기 위해 현금영수증 제도를 실시하게 되었다. 이에 따라 소득 누락에 대한 조작은 불가능하게 되었으며 자영업자들은 매장 운영을 위한 세무 회계 시스템이 필요하게 되었다.

POS 시스템은 이러한 현금영수증 발생분에 대한 정확한 집계와 세무 처리용 보고서 작성 등의 업무를 편리하게 처리하는 역할을 도와준다. 또한 신용카드 사용에 따른 매입사별 집계와 신용카드 수수료에 대한 자동 계산이 가능하므로, 일일이 신용카드 결제계좌를 조회하지 않아도 신용카드 매출에 대한 관리 업무를 편하게 할 수 있게 되었다. 매장에서 신용카드 및 현금 영수증 계산 처리에 소요되는 시간도 기존 카드조회기를 사용하는 것에 비해 월등히 빠르기 때문에, 고객 집중시간 중 카운터에 손님이 몰리는 적체현상을 해소할 수 있다는 장점도 가지고 있다.

2 POS 시스템의 발전

1) ECR

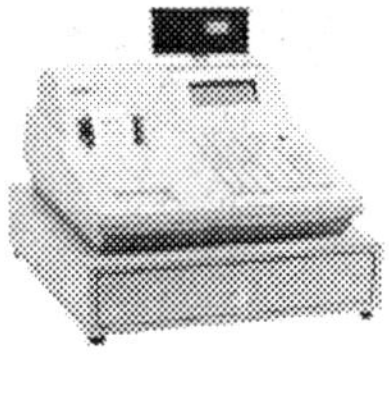

포스의 전신은 ECR부터 출발한다.

ECR이란 Electronic Cash Register로 전자식 금전 등록기를 뜻한다. 단순히 돈을 건네받고 거스름돈을 돌려

주는 소형금고의 역할을 한다. 1건마다 매출금액을 표시하여 고객에게 영수증을 발행하고 1건마다 매출금액과 1일의 매출액을 산출 기록하며, 상품별 매장별의 매출금액을 집계 기록하는 기능을 가진다.

2) Local POS

최초 POS 단말기 및 소프트웨어를 구매하여 이용하는 서비스를 의미한다. 매장에서 판매된 데이터를 서버로 전송하지 않고 모든 자료를 자체 POS에 저장하여 매장 내에서 매출 통계를 분석할 수 있도록 하는 서비스이다. 단독 매장 및 대형 매장에서 주로 사용한다.

3) Web Based POS

인터넷을 기반으로 하는 진보된 시스템으로 기존 POS의 역할이 현장에서 국한되는 반면 Web POS는 기존 POS의 역할을 수행하는 것은 물론 현장의 운영상황을 인터넷을 통해 언제 어디서나 실시간으로 확인 및 관리할 수 있으며, Web을 통한 시스템 유지관리 및 실시간 고객, 매출 등의 데이터 정보교환이 가능한 차세대 첨단 시스템이다.

4) ASP

ASP란 Application Service Provider로 응용서비스 제공자이다. 다시 말해 온라인 프로그램 임대서비스 사업자로 소프트웨어 기반의 서비스 및 솔루션을 중앙 데이터센터로부터 광역통신망을 통해 고객들에게 배포하고 관리하는 서비스 혹은 서비스를

제공하는 회사를 뜻한다. 값비싼 POS시스템을 직접 구입하지 않고도 일반적으로 인터넷 등의 네트워크를 통해 저렴한 비용으로 빌려 쓸 수 있는 서비스의 형태이다. 프랜차이즈 및 복수매장에서 주로 사용된다.

5) 그 외의 발전

스펙 측면에서는 키보드 입력 방식이 터치스크린으로 바뀌었고 듀얼모니터의 보급은 계산이 이뤄지는 짧은 시간에도 고객에게 효율적인 광고 메시지를 전달할 수 있게 되었다.

MSR(Magnetic Stripe Reader, 자기 카드 판독기)의 장착으로 별도의 카드 승인기 설치가 불필요해졌고 매출집계와 재고파악에 그치던 솔루션은 이제 고객관리, 수발주업무, 사원관리까지 가능할 정도로 업그레이드되었다.

국내에서 POS 시스템을 가장 먼저 채택한 것은 호텔 · 레저업계다. 글로벌 체인이 많은 이들 업계에서 온라인 포스의 사용은 필수적이었으며 1980년대 후반 들어 약진한 백화점과 편의점 등 유통 사업은 POS 시장의 본격적 점화를 예고했다.

1990년대 초부터 밀려들어온 KFC, 버거킹, 파파이스, 스카이락 등 외국산 수입 브랜드는 수백 곳에 달하는 매장에 본사에서 권장하는 사양의 포스를 설치하고 물류와 매출을 관리, 로열티 차지 지급의 근거를 확보했다.

중소형 업장에까지 포스 보급이 활기를 띠기 시작한 것은 1990년대 중반 이후 온라인이 대중화되고 유통 · 물류 코드를 체계화하기 위한 범정부 차원의 노력이 가시화되면서 중소형 매장에까지 포스의 필요성이 대두됐다.

IMF를 거치면서 추진된 세원 투명화 작업은 카드 사용을 꺼리던 외식업소에까지 포스 설치를 가속화시켰고 판도 재편이 이뤄진 유통시장에서는 중소규모의 백화점 대신 대형 할인점이 포스 산업의 첨병으로 등장, 이후 포스 업계는 연간 10~20%의 성장곡선을 그리게 됐다.

한편 포스의 대중화는 포스 가격을 90년대 초의 1/3 수준으로까지 떨어뜨렸다.

시장 규모에 비해 많은 사업자가 경쟁에 뛰어들고 중국산 저가 장비가 국내 시장에 유입되면서 소비자가가 낮아진 것이다. 최근에는 한국통신, 삼성전자 등의 대기업에서도 포스 시장에 진출하고 일부 카드업체에서는 카드단말기에 포스 터치를 입혀 가맹점에 무상으로 제공하는 등 가격 하락 요인은 더욱 심화되고 있는 실정이다.

유지 · 보수가 안정적으로 보장되는 포스 시스템의 경우 과거 몸체와 모니터, 영수증 프린터, 캐쉬 드로우, 주방 프린터, 소프트웨어로 구성된 1세트가 1천만 원을 호가했으나 현재는 200만~400만 원선의 소비자가격을 형성하고 있다.

3 POS 시스템 운영 담당자의 문제

① 경영자들의 컴퓨터에 대한 이해도가 부족하여 POS 시스템을 활용하는데 더욱더 적극적으로 이용할 수가 없다.

② 경영자가 유통정보를 매스컴을 통하여 얻거나 또는 유통정보의 획득에 소극적이다.

③ 경영자가 직원에 POS 시스템 활용에 대한 교육이 지속적이지 못하다.

④ POS 시스템 운영, 유지보수를 담당할 전문 인력이 부족하다.

⑤ POS 시스템 정보로 상품진열에 합리화가 부족하다.

제3절 POS 시스템의 구성요소

1 POS 시스템의 3가지 요소

① POS 단말기(Terminal) : 금전 등록기의 역할

② 미들웨어(Middleware) : POS 단말기에서 발생된 데이터를 메인 서버에 전달하는 통신 부문

③ 메인 서버(Main Server) : 전달된 데이터를 수집, 보관, 집계, 분석

주) 상기의 3요소가 POS 단말기에 집약될 수 있음.

POS 단말기란 종전의 금전등록기, 온라인 단말기와 PC의 기능을 복합한 것으로 기존의 금전등록기의 기능과 매출발생 데이터를 보관하며, 모든 데이터를 메인 서버에 송/수신하는 기능을 갖추어 매출 정보와 상품정보를 필요 시 즉시 조회할 수 있는 전용기기이다.

POS 시스템의 3가지 요소

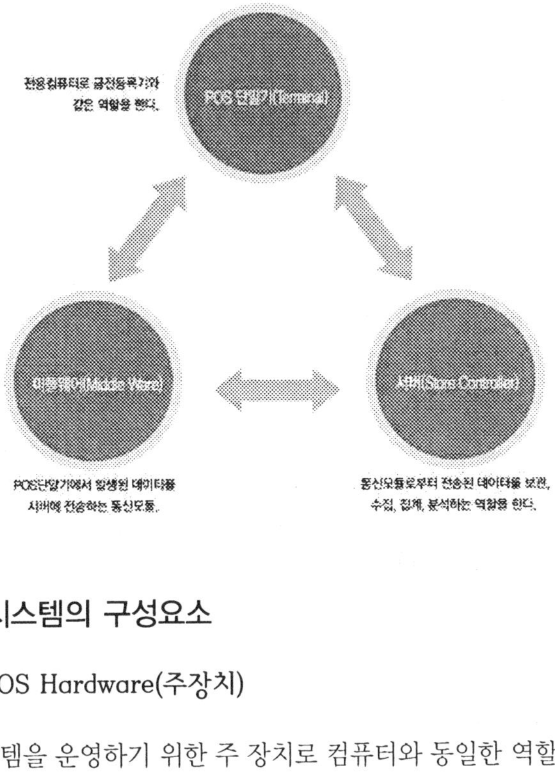

2 POS 시스템의 구성요소

1) Main POS Hardware(주장치)

- POS 시스템을 운영하기 위한 주 장치로 컴퓨터와 동일한 역할을 수행한다.

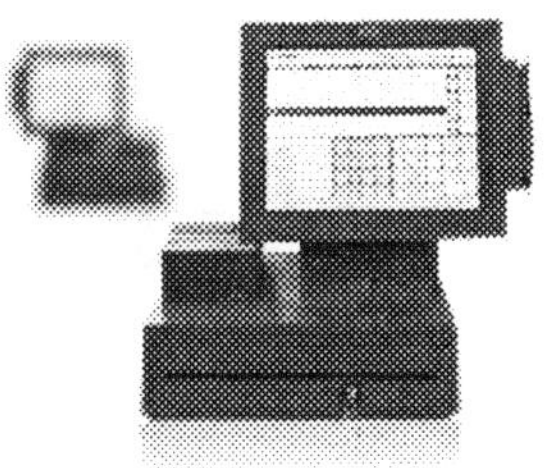

- 기본적으로 PC의 역할을 하는 컴퓨터본체와 터치스크린 모니터를 필요로 한다.
- 터치스크린 모니터를 주장치의 필수요소로 꼽을 수 있는데, 이는 바쁜 매장업무를 신속하게 처리할 수 있도록 한다.

• 컴퓨터본체와 터치스크린 모니터를 개별적으로 사용할 경우는 분리형 (Modular Type) POS, 하나로 통합되어 있는 제품을 사용할 경우는 일체형 (All-In-One Type) POS로 구분하며, 제조사에 따라 POS 전용장비와 일반 PC형 장비로 구분된다.

AUX POS Hardware(주문전용 POS)

- 실평수 50평 이상의 매장이나 복층형 매장에 적용되는 장비이며, 계산 기능 없이 주문만을 처리하도록 세팅하여 종업원의 동선을 줄일 수 있다.
- 주장치와 같이 터치스크린 모니터와 컴퓨터 본체, 주문용 프린터로 구성된다.

2) Cash Drawer(전자식 금고)

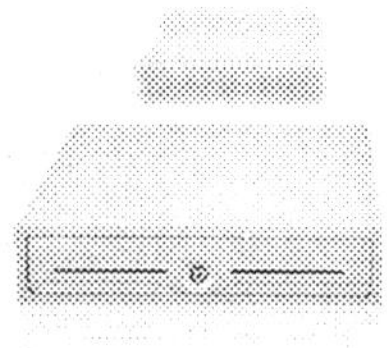

• POS Solution에서 현금의 입출이 발생할 경우 자동으로 개폐되도록 하는 금고이다.

• 여기서 전자식이라는 것은, POS System의 주 장치와 연결되어 주 장치에 설치된 POS 프로그램을 통해 개폐를 조절할 수 있기 때문이다.

• POS Main H/W(주장치)와 연결되거나, 영수증을 출력하는 Printer와 연결된다.

• 주문과 계산에 따른 현금과 신용카드 매출전표 등을 보관할 수 있는 금고이다.

• 보통 계산이 완료되면 자동으로 열리도록 세팅된다.

3) CDP(Customer Display Panel : 고객표시장치)

• 유통업 POS System에 주로 적용하며, 판매제품의 개별단가 또는 판매총액을 표시한다.

• 사용언어에 따라, 영문/한글용 제품이 구분되며, POS 전용 장비의 경우, POS Main H/W에 부착이 가능한 일체형으로 공급되기도 한다.

4) MCR(Magnetic Card Reader : MS 카드 리더)

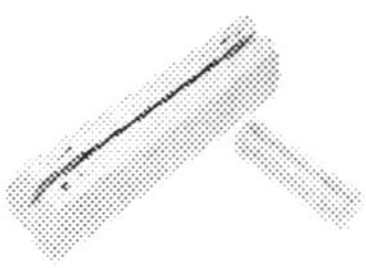

- 신용카드, 체크카드, 직불카드, 고객카드 등 마그네틱 카드를 사용하기 위해 필요하다.
- POS 전용장비의 경우 POS Main H/W에 부착 가능한 일체형으로 공급되며, 영수증 프린터와 일체형으로 장착할 수 있다.

- MCR의 사용은 대체로 인터넷을 이용하므로 신용카드, 고객카드, 현금영수증 카드 등의 승인/조회/취소 업무를 보다 빠르게 처리할 수 있다.

5) Barcode Scanner

- EAN Code 또는 CAN Code라고 하는 바코드를 사용하기 위해 부착한다.
- 보통 바코드가 자체 부착되어 있는 상품 판매를 주로 하는 유통업 매장(슈퍼, 마트 등)에 적용하며, 공산품 또는 농축수산물의 상품정보를 읽기위해 사용한다.

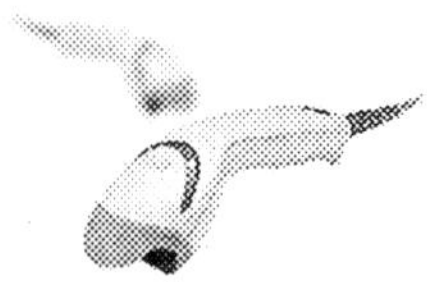

- 경우에 따라 고객카드, SKT/ KTF/ LGT 등의 핸드폰에 다운로드된 Mobile Card 적용 등을 위해 사용되는 경우도 있다.
- Barcode를 인식하는 방법에 따라 접촉식, 비접촉식으로 구분하며, 외향에 따라 주걱형(CCD), 권총형(Laser), 거치형, 매립형 등으로 구분되기도 한다.
- 거치형의 경우 계산대에 고정하여 사용하며, 매립형은 계산대에 매립하여 사용한다.

6) Thermal Printer

- 주문서, 계산서, 신용카드 전표, 현금영수증 전표, 각종 보고서 출력용으로 사용하는 프린터이다.

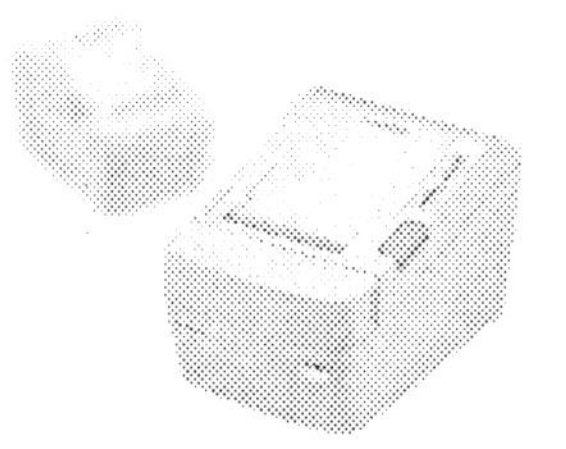

- 외식업의 경우 주로 영수증이나 고객주문서(흔히 'Bill지' 라고 하는 것), 일일정산보고서 등 간단한 보고서 출력을 위한 카운터용 프린터와 주방에 주문 상황을 실시간으로 전송해 주는 주방용 프린터로 구분한다.
- 주방 프린터의 경우, 신규 주문이 출력될 경우 소리로 주방 안에 근무하는 인원에게 알려주는 Alarm 기능을 가지고 있다.
- Fax기기에서 주로 사용하던 열전사 방식을 적용하므로, 별도의 소모품이 필요하지 않으며, Thermal 전용용지를 사용한다.
- 이와 같은 프린터의 메커니즘으로 Facsimile 등에 적용되는 감열방식을 많이 사용하는데, 장비의 가격이 다소 고가인 대신 유지비용이 저렴하고, 내구성이 뛰어나다는 장점을 가지고 있다.

7) 무선 주문장치

- 종업원이 이동하면서 고객의 좌석에서 주문을 직접 접수하는 경우 사용한다.
- 사용되는 방식으로는 적외선을 이용하는 RF 방식과 무선 네트워크를 이용하는 PDA + Wireless LAN 방식이 적용되며, 각각의 경우 무선 중계기와 무선 단말기로 구성된다.
- RF 방식의 경우, 도입 가격은 저렴하지만 유효 거리가 짧으므로, 중계기를 많이 사용해야 하는 단점이 있으며, PDA 방식은 다소 고가에 파손과 배터리 사용시간이 짧다는 단점이 있다.

3 POS 시스템 구성도

❀ 외식업 POS 시스템 구성도

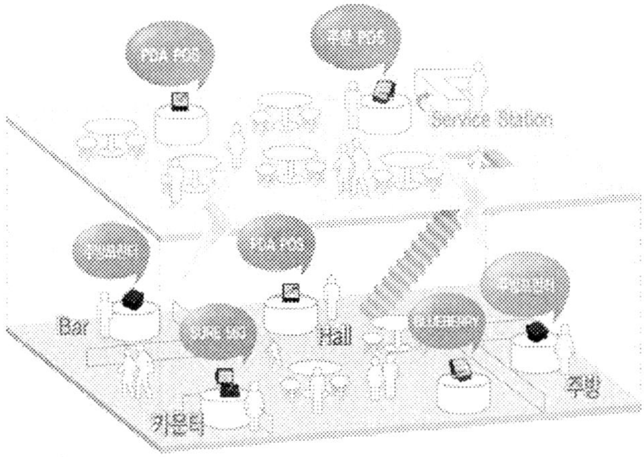

❀ 유통업 POS 시스템 구성도

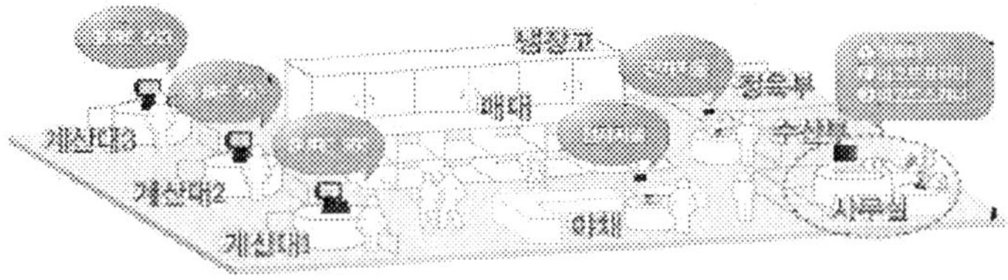

제4절 외식산업의 POS 전산 시스템 활용

1 외식산업 POS 시스템의 개념

외식업계의 이론적 틀이 변화하고 있다. 상품 · 고객 · 마케팅 등 여러 가지 면에서 변화가 시도되고 있는데, 상품은 고객군별로 차별화하고 있으며, 수동적인 마케팅 방식은 매우 적극적으로 변화하고 있다. 이처럼 많은 외식업체의 변화는 특히 대형 외식업체들이 선도하고 있으며, 여러 분야 중에서도 구매 · 회계 · 근태관리 · 고객관리 및 전사적 자원관리까지도 처리할 수 있는 POS라는 전산기술 시스템이라고 할 수 있다. 각 외식업계의 출점경쟁과 대형화 추세에 따른 매장의 규모가 커짐에 따른 당연한 요구지만 POS라는 전산 시스템이 통합으로 이어진다면 업무의 효율성 제고는 물론, 이를 통한 매출증대에도 큰 기대가 된다 할 수 있다.

외식산업 POS 전산 시스템이란 현재 대형 외식업체 중심의 POS를 시작으로 CRM(고객관계관리), ERP, 그룹웨어, 이메일 시스템 등 전산 시스템이라 일컬어지는 많은 소프트웨어 솔루션들이 끊임없이 개발되어 적용되고 있다. 이처럼 외식업체들이 기존보다 더욱 발전된 전산기술 시스템인 POS를 활발하게 운영하고 기술을 개발함으로써 수동적인 마케팅방식을 더욱 적극적으로 바꾸어 나갈 전망이다. POS 시스템이란 판매시점 정보관리 시스템의 뜻으로, 실시간 주문접수와 계산, 일일 · 월별 판매내역을 파악하고 관리할 수 있는 시스템이다. 즉 전자식 금전등록기, 가격독취장치, 신용카드의 자동판별장치 등을 컴퓨터에 연결 · 동작시켜 상품을 관리하는 전산 시스템으로 체인방식의 소매업 · 서비스업에서 활용되고 있는데, 패밀리 레스토랑과 페스트푸드점 · 주류점 · 일식점 · 피자점 등 많은 외식업체에서 사용되고 있다. 음식점의 경우, 기존의 POS 전산 시스템의 기능 외에도 본사에서 거미망처럼 펼쳐진 전산망을 따라 현장의 최종사용자도 충분히 활용할 수 있는 시스템으로 발전된 자동발주 시스템은 물론, 최적적정재고의 유지까지 가능하다는 것이다.

또한 시간대별 · 메뉴별의 매상관리가 편리해지고, 판매의 분석은 회계방식처럼 기재된 음식대금을 계산하여 합계하는 방식과는 달리 전표번호를 입력하는 것만으로도 자동적으로 집계된다. 그 결과 시간도 단축되고, 레지스터 종사원이 상품단가를 알지 못하더라도 완료되므로 회계종사원이 숙련자일 필요성이 없어진다는 이점이 있다. 재료의 구입 시에도 불필요한 재고를 없애고, 손실을 감소시키며, 카드 · 수표 · 제휴카드 · 전자화폐 등의 각종 결제 및 조회를 실시간으로 파악할 수 있으며, 매장을 방문한 고객의 특성 및 마케팅목적에 따른 과학적 고객관리가 가능하게 되고, 각종 영업 및 경영정보 등을 실시간으로 조회할 수 있는 기능이 개발되었다.

2 외식업체 POS 전산 시스템의 도입효과

1) 경영정보 시스템의 구축

① 체크아웃 생산성 향상

② 전표누락이 불가능하므로 투명한 영업현황 파악가능

③ 고객 서비스 향상

④ 점포 내 경영효율화

⑤ 비인기 메뉴의 취급중단 및 재고감소

⑥ 적정판매가격 설정

⑦ 판매주기 및 기간 적정화로 적정재고 유지

⑧ 보충발주 간소화

⑨ 판매 메뉴현황 파악으로 메뉴개발 효과적

⑩ 매장 직원의 동선을 줄여 작업능률 증대

2) 점포에 미치는 효과

① 업무처리의 신속화

② 캐셔 교육시간의 단축

③ 전표누락 불가능

④ 가격변동 효율적 대처

⑤ 효율적인 인력관리

⑥ 각종 전표 및 영수증 자동발행 가능

⑦ 유효자금의 효율적 이용 및 재고 자동파악

⑧ 일 매출 마감시간의 획기적 감소

3) 소비자에게 미치는 영향

① 체크아웃 시 대기시간 단축

② 메뉴가 명기된 영수증으로 신뢰성 제고

4) 거래에 미치는 영향

① 매입수량 및 납품가격 통제

② 인기 메뉴관리 가능

③ 반품감소

3 식음료 관리를 위한 하드웨어 시스템

1) POS 하드웨어 구성요소

POS는 현금등록기와 함께 대개 주문 기입과 현금계산 기능을 모두 할 수 있으며, 호텔업장의 회계원은 음식 서비스의 제공과 룸서비스의 주문 수주자가 된다.

룸서비스의 주문을 배달하기 전에 룸서비스 종업원은 회계원에게 가서 영수증을 받아서 주문을 배달한 뒤 룸서비스 종업원은 시스템으로 영수증을 입력하기 위해 등록기를 사용하는 회계원에게 영수증을 제출한다.

2) 전산화된 고객 체크

여러 자동화 시스템은 사전에 고객정보를 입수하여 사용하고 있고, 그것들이 매뉴얼 고객관리 시스템에 사용되는 것처럼 연속적으로 고객관리에 번호를 매기며, 명령을 입력하기 전에 근무자들은 그들의 신원확인번호와 고객관리의 직렬번호를 입력하여 시스템에 있는 고객관리를 열게 된다. 고객관리가 열리면 명령은 관리지역에서 떨어져 있는 프린터에 연결되고 교체된다.

3) POS 소프트웨어

POS 소프트웨어 프로그램은 내부 시스템 운용을 조정하는 것뿐만 아니라 파일들을 유지시키고 관리를 위한 보고서도 만드는 기능이 있다.

4) 자동화된 음료제어 시스템

자동음료 시스템은 규제된 음료 실행과 결합되어 많은 시간이 걸리는 경영 직무를 줄일 수 있으며 많은 시스템과 함께 음료는 모든 판매를 기록한 고객관리 프린터에 연결될 수 있게 준비하며 관리기술에서 몇몇 체제들은 음료를 배분하기 전에 프린터의 고객관리에 입력하도록 명령한다.

대부분의 설비는 자동화된 설비를 통해 모든 판매를 자동으로 기록하는 카운터 금전등록기에 연결된다.

4 식음료 관리를 위한 소프트웨어 시스템

1) 조리법 관리

조리법 관리 응용프로그램은 다음에 제시된 세 가지 자동화된 업장관리 시스템이 중요한 파일을 수행한다.

첫째, 원자재 관리 파일.

둘째, 표준 조리법 관리 파일.

셋째, 메뉴 품목관리 파일.

세 가지 기본파일을 중심으로 효과적인 기능을 수행하기 위해 파일에 들어 있는 데이터를 활용한다.

2) 메뉴 품목관리 파일

매일 업장 운영에 관한 중요한 데이터가 포함되어 있는 고도의 Ecr/POS는 파일들을 전송하거나 저장할 수 있다.

Ecr/POS는 업장관리 시스템에 있는 관리 응용프로그램을 이용하여 조리법 관리 응용프로그램에서 전송된 데이터를 가지고 Ecr/POS 파일들에서 전송되는 데이터를 흡수하여 정보를 생성한다.

3) 메뉴 관리

메뉴 엔지니어링은 현재와 미래 메뉴가격, 계획, 목차에 관한 결정을 평가하는데 이용되는 메뉴 관리를 보고하며 이런 보고는 관리자가 단순히 모니터의 비용 비율이 아니라 이익에 기여할 수 있는 메뉴의 많은 자금에 초점을 맞춘다.

메뉴 엔지니어링은 메뉴 혼용의 분석과 기여 이윤 데이터의 상호작용으로 시작 경쟁하는 메뉴 상품들은 높거나 낮게 품목화된다.

4) 자동시스템 경영보고서

자동화된 업장은 특별한 형태로 접근하여 읽고 기록할 수 있도록 프로그램되어 있으며, 자동화된 업장에 의해 작성된 보고서는 전형적 POS에 의해 작성된 것과 유사하다.

보고서는 판매, 재고목록 취급법, 없어진 물건, 직원의 생산과 기타 사항 등을 포함한다.

일지는 POS에 의해 사용되는 것보다 큰 형식을 제공하고 재무제표와 상세한 회계보고가 프로그램되어 있으며, 복잡한 자동화 시스템은 보고서를 나누어 제공한다.

5 외식업체 POS 전산 시스템의 대상 분야

컴퓨터와 정보통신의 발전은 외식업소의 경영에도 영향을 주고 있다. 메뉴전산화 시스템이나 주방전산화 관리 시스템이 보급되면서 업소경영의 효율성을 증대시키고, 과학적이고 계량적인 관리 시스템이 가능해졌다. 이에 따라 업소 측에서는 원가절감, 인건비 절감, 신속한 서비스 증대와 효율적인 관리체계 확립으로 고객지향적인 경영 마인드를 구축할 수 있게 되었다. 일본이나 미국의 경우 하이테크 장비들을 이용하여 주문에서 마감에 이르기까지 대부분의 업무를 자동화하여 효율적인 운영은 물론, 대외적인 경쟁력을 제고시키고 있다. 우리나라의 컴퓨터산업 원년이 1983년이라고 보면, 외식업계 만큼은 다른 분야에 비하여 매우 전산화율의 전도가 낙후되었다고 볼 수 있다. 그러나 현재 대형 외식업체들을 중심으로 POS를 시작으로 한 각종 전산시스템이 개발되어 적용되고 있어 향후 전산기술 시스템을 갖춘 대고객 서비스를 위해 발 빠르게 움직이고 있는 외식업체들이 내부정보화의 기반다지기에 총력을 기울일 것으로 보인다.

외식업체의 전산화 대상 분야는 다음과 같이 구분될 수 있으며, 앞으로 많은 분야에서 발전할 것이다.

첫째, 프론트 오피스로 고객으로부터 주문을 받고, 주방으로 주방전표를 넘겨주며, 고객이 나갈 때 계산을 하여 주는 업무가 주종인 식당 내에서 이루어지는 업무를 뜻한다.

둘째, 백오피스(back office)는 고객을 직접 접하여야 하는 업무와는 별개로 식당운영을 보다 합리적으로 운영하기 위하여 후방에서 관리하여야 하는 각종 업무를 의미한다. 예를 들면, 매상에 대한 각종 분석업무 또는 회계 · 급여업무 등이 이에 속한다.

홀 업무의 전산화는 주로 종사원과 밀접한 관계가 있는 업무이며, 통상 다음과 같다.

① 고객으로부터 주고받은 내역을 컴퓨터에 입력한다.

② 컴퓨터에 입력된 정보는 즉각 주방에 연결된 주방 프린터로 출력된다. 따라서 종사원이 주방전표를 가지고 왔다 갔다 하는 번거로움이 없어진다.

③ 고객이 식사를 마치고 계산하는 경우, 모든 계산은 컴퓨터가 처리해 준다.

홀 업무의 전산화 효과는 다음과 같다.

① 종사원이 주문내역을 주방으로 전달하기 위하여 소리를 지르거나 왔다 갔다 할 필요가 없어 보다 조용한 분위기의 식당 연출이 가능하다.

② 체크아웃 시 계산이 신속 · 정확하여 러시아워 때 고객이 계산을 위하여 기다려야 하는 시간이 단축된다.

③ 컴퓨터가 계산하므로 신뢰성이 높아지고, 잘못된 계산으로 인한 고객과의 마찰이 없어진다.

프론트 필드는 어느 업소나 다 해당되지만, 백 필드의 전산화는 업소의 환경에 따라 범위가 달라진다. 이 중에 공통적으로 필요하다고 판단되는 매상분석에 대하여 검토하여야 한다.

메뉴별 매상분석, 시간대별 · 일자별 · 월별 매상분석, 좌석별 매상분석, 할인금액과 무상제공 금액분석, 현금매상 · 외상매상분석 등과 같은 각종 분석을 하기 위해서는 통상 수작업인 경우 1일 마감 시 1~2시간 정도는 족히 걸리므로 대개의 경우 현금시재 확인하는 정도로 끝나게 마련이다. 그러나 보다 합리적이고 과학적인 경영을 위해서는 상기와 같은 분석정도는 기본이 되어야 하며, 이외에도 식자재관리 등 다양한 업무가 전산화될 수 있는데, 이 경우의 효과는 다음과 같다.

① 메뉴별 매상분석을 통하여 식재준비에 참고할 수 있으므로 식재의 낭비를 최소화할 수 있다.

② 시간대별 · 일별 · 요일별 · 매상분석을 통하여 아르바이트생 고용 등 합리적인 인원 관리가 가능해진다.

③ 좌석별 매상분석을 통하여 실내 좌석배치 등의 참고자료가 될 수 있다.

④ 식자재 재고관리가 자동화되므로 남아 있는 식자재관리가 용이해진다.

⑤ 자금의 시재파악이 자동화되므로 이에 따른 종사원과 고용주간의 불신이 없어지고 상호 신뢰성이 회복되어 활기찬 분위기가 연출된다.

제5절 POS 시스템 설치 현황

1 미국의 현황

2001년 매출액을 기준으로 미국의 소매업체별 POS 공급동향을 살펴보면, 다양한 소매업자들, 대부분의 고급백화점, 대형할인점, 슈퍼스토어에 공급됐고, 약 26% 가량이 식료 잡화점, 슈퍼마켓 등에 공급됐다. 대부분의 매출이 핵심 POS기술들에 의한 기존 POS시스템의 대체와 셀프 체크아웃과 같은 새로운 기술들의 적용에 의해 일어났다.

특히 self check-out은 크로거와 같은 대형 슈퍼마켓 체인과 월마트나 k마트와 같은 대형 할인점들에 의해 주도적으로 도입되고 있다.

2 국내의 POS 시스템 현황

(1) 연도별 현황 - 2001

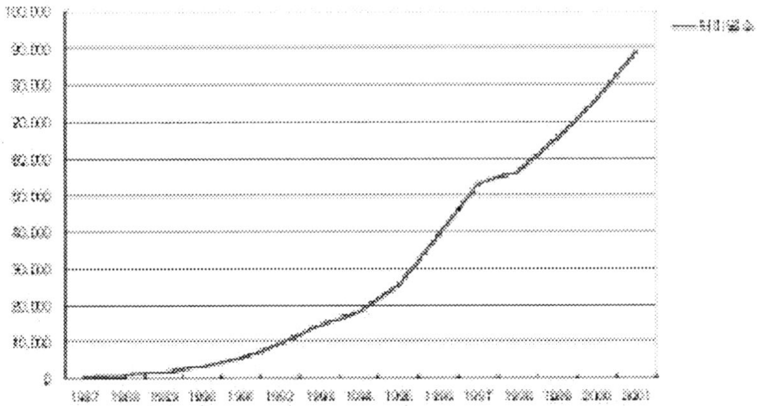

연도	점포수	터미널수	연도	점포수	터미널수
1987	6	469	1995	8,101	25,183
1988	14	927	1996	11,670	39,146
1989	83	1,594	1997	14,905	52,813
1990	230	3,163	1998	16,015	56,192
1991	825	5,451	1999	18,016	65,282
1992	3,071	9,477	2000	21,544	75,907
1993	5,015	14,425	2001	25,129	88,662
1994	6,381	18,134			

1987년에 6개 점포에 469개의 터미널이 설치되면서 시작된 POS 시스템 시장은 해마다 높은 성장세를 나타내면서 1993년에 처음으로 1만대 이상의 터미널이 설치되었고, 최근에는 해마다 1만대 이상의 신규 수요가 창출되었으며, 2002년에는 전년대비 19.7% 증가한 1만7천460대의 신규터미널이 설치되어 총 10만6천122대의 POS 터미널이 설치되어 있는 것으로 추정된다.

(2) 업태별 현황

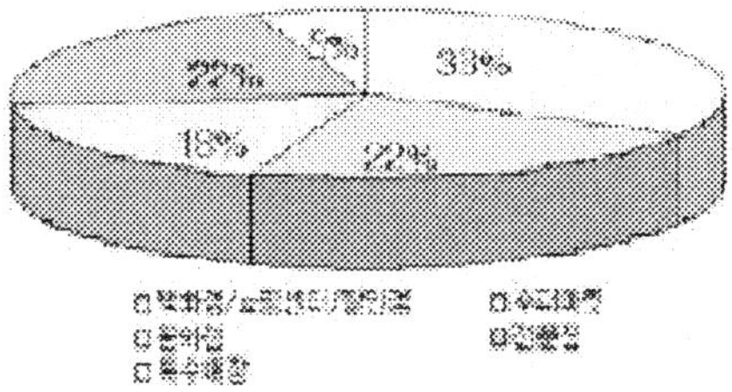

업태	점포수	터미널수
백화점		
쇼핑센터	1,343	29,442
할인점		
슈퍼마켓	6,730	19,461
편의점	6,128	15,579
전문점	10,367	19,624
특수매장	561	4,556
합 계	25,129	88,662

POS 시스템 설치현황을 소매 업태별로 분석해 보면 백화점, 쇼핑센터, 할인점 등 대형 유통업체가 1천343개 점포에 총 2만9천442대의 터미널이 설치되어 33%로 가장 많은 점유율을 차지하고 있고, 슈퍼마켓이 6천730개 점포에 1만9천461대로 22%를 차지하고 있으며, 편의점이 6천128개 점포에 1만5천579대로 18%를 점유하고 있다.

대형 유통업체는 점포수는 상대적으로 적지만 규모가 커 POS 시스템 업체들의 마케팅 표적이 되고 있다. 그 동안은 대형 유통업체를 중심으로 고가의 POS 시스템이 사실상 시장을 주도해 왔으나 2003년 들어 고가모델은 판매가 주춤한 반면, 슈퍼마켓 등 중소 유통점포에 필요한 저가 모델의 수요는 급증하고 있는 상황이다.

현재 고가형 모델은 대형 백화점과 할인점을 중심으로 90% 이상의 설치비율을 보이는 반면, 중소형 유통점은 아직 보급률이 10%를 겨우 넘어서는 수준이다. 그러나 프랜차이즈와 음식점 등 소자본 창업이 급증하고 시스템 설치를 꺼렸던 중소형 유통점포가 대형 할인점에 대응하기 위해 POS 단말기 도입을 서두르고 있어 저가 모델의 수요 급증 현상이 나타나고 있다. 최근 2년간 연간 15% 이상의 성장을 보일 수 있었던 가장 큰 요인 중 하나도 바로 중소형 점포용 저가 POS 시스템이 시장의 주력부문으로 자리잡아가고 있기 때문이다.

(3) 주요기종별 설치 현황 (업체별)

2002년 조사에 따르면 국내에서 POS시스템 시장에 참여하고 있는 업태들은 한국IBM, 한국후지쯔, 한국NCR, 일본NEC 등과 같은 다국적 기업을 비롯하여 벨크리텍, 아이티웰, SDT정보기술, 피엔씨월드 등과 같은 수십 개의 국내 및 대만 업태들이 경쟁하고 있다. 그러나 시장의 상당부분을 해외 다국적 기업들이 점유하고 있는 상황이다.

2002년 말 수량을 기준으로 한 국내 POS 시스템 시장의 점유율을 보면, 한국IBM이 33%로 1위를 차지하고 있고, 국내업태인 벨크리텍이 18%로 2위를 차지하고 있으며, 한국후지쯔가 13%로 3위를 차지하고 있다. 그리고 나머지 38%의 시장을 수십 개의 업태가 나누어 가지고 있다.

(4) 고가모델 판매 주춤, 저가모델 수요 급증

1993년 신세계가 E-마트를 개설하면서 시작된 할인점은 1996년에 외국계 할인점들이 대거 들어서면서 할인점 시장의 규모가 대폭 증가하게 되었고 이는 POS 업계에게는 새로운 신규 수요창출로 이어져 POS 업계의 터미널 설치대수도 크게 증가하였다.

할인점 뿐 아니라 백화점, 대형 슈퍼마켓 등에서도 POS 시스템을 적극 활용하고 있으며 금융권과 대기업들이 주 5일 근무제를 도입하면서 레저산업과 외식산업이 크게 활성화됨에 따라 외식업, 의류전문점, 서점, 음반산업 등 전문점과 호텔, 리조트와 같은 특수매장에 있어서의 POS 시스템 보급도 활발해지고 있다.

우리생활 주변에서 흔히 볼 수 있는 편의점 역시 POS 시스템의 주요한 수요처라고 할 수 있다. 2002년도 자료에서의 편의점 시장은 패미리마트(30.3%), GS25(조사 당시 LG25)(22.7%), 세븐일레븐(22.9%), 미니스톱(13.6%), 바이더웨이(10.8%) 등 대략 5개의 편의점이 시장을 장악하고 있는 것으로 조사되었다.

PART 3 외식업의 CRM 시스템

제1절 고객관계관리(CRM)

1 CRM(Customer Relationship Management)의 탄생배경 및 정의

기업들은 불특정 다수의 대중을 향한 광고가 더 이상 기대치만큼 효과가 없다는 것을 깨달았고, 진열대에 수많은 상품들을 진열해놓고 고객들이 구매하기를 기다려 매출을 올리기에는 어렵다는 현실을 깨달았다. 경쟁사들의 다양한 상품 못지않게 서비스의 질도 향상되어 고객들은 조금만 불만족스러운 대접을 받아도 언제든지 경쟁사의 상품을 선택하게 된다. 이러한 현실은 조사결과에도 나왔듯이 '회사 수익의 65%는 만족을 얻는 고객을 통해서 이루어진다.', '신규고객 획득 소요비용은 기존고객에게 베푸는 서비스 비용의 약 5배가 든다.', '상위 20%에 해당되는 고객 1인의 매출이 나머지 80%에 해당되는 고객 16명의 매출과 비슷하다.', '대개의 회사들은 매년 약 15%~20%의 고객을 잃는다.', '고객 유지율이 몇 %만 증가해도 25%~100%까지 이윤을 증가시킬 수 있다.'와 같은 수치화된 연구결과 발표로도 쉽게 알 수 있다.

이러한 배경에서 기업 경쟁의 선두를 달리고자 하는 기업들은 기존 패러다임을 바꾸기 시작하였다. 관심을 거리의 불특정한 모든 고객들로부터 자사 고객들에게 옮기기 시작하였다. 그리하여 과연 우리 회사와 거래하는 고객들은 누구이며 자주

오는 사람들은 누구이고, 많은 물건을 구매하는 사람들은 누구인가 그리고 우리 회사를 떠난 고객들의 특성은 무엇인가에 대한 질문을 스스로 하게 되었다. 불특정 다수를 대상으로 하는 획일화된 광고보다는 충성 고객의 특성과 필요에 맞는 메시지를 전달하여 보다 더 고객과 친밀한 관계를 유지하여 평생고객으로 유도해야 되겠다는 전략도 세우게 되었다. 기업은 과거 고객과의 관계 속에서 기업 내에 축적된 대용량의 데이터를 통해 해결책을 찾으려고 할 것이다.

고객 관계 관리로 대표되는 최근의 고객 중심적 마케팅 패러다임들은 이전에 지배적이었던 마케팅 사상과는 조금은 다른 입장을 취하고 있다. 이와 같은 새로운 고객 중심주의가 확산되고 있는 것은 마케팅 환경이 크게 달라져 가고 있음에 이유가 있다.

기존 고객의 유지가 신규 고객을 확보하는 것에 비해 월등히 채산성이 높다는 것은 연구 결과에도 나와있다. 물론 새로운 고객의 확보가 전혀 불필요한 것이라 할 수는 없겠지만 고객의 이탈을 막는 것이 가장 중요한 마케팅 과제가 된다는 것을 알 수 있다. 상식적으로 고객을 유지하기 위해서는 고객을 만족시켜야 할 것이다. 그러나 기업은 고객만족을 높이려고 노력하기는 하지만 고객 만족을 극대화시키는 것을 목표로 삼지는 않는다. 고객을 유지할 수 있는 수준 즉, 단지 경쟁사보다 상대적으로 높은 수준만큼 고객을 만족시키는 것으로 충분한 것이다.

고객만족을 높이기 위해 가격이나 서비스 등 고객의 만족을 좌우하는 요소들에 더 투자할수록 고객과의 거래로부터 얻을 수 있는 전체 이익이 감소하기 때문이다. 이 때문에 기업들은 고객 가치를 높이고 그들의 만족도를 높이는 것과 채산성을 유지하는 것, 이 두 가지 목표 간의 적정한 배합점을 찾기 위해 고심하게 된다.

그러나 오늘날의 시장에서는 치열한 경쟁 덕분에 고객들은 많은 기회를 가지고 있고, 기업이 고객을 위해서 최선을 다한다고 해도 고객이 만족해 한다는 보장은 없다. 결국 기업들은 매우 복잡하고 어려운 의사결정을 내려야 한다.

CRM의 정의는 현재 고객들과 잠재적인 고객들로부터 얻을 수 있는 가치의 총합에서 높은 점유율을 얻기 위한 통합된 전략적 접근 또는 한 조직이 조직과 고객

간의 관계와 고객의 회사에 대한 수익성을 극대화하기 위하여 그 고객에 대하여 종합적인 관점을 취하는 것으로 설명할 수 있다. 국내에서와 마찬가지로 전 세계적으로 CRM은 관심을 모으고 있지만 서로 다른 정의들이 많아 개념상의 혼란을 주는 경우가 많은 것 같다. CRM은 고객이라는 대상을 관리의 핵심 주제로 하는 업무 전체를 범위로 한다. 이익 또는 가치를 고객과의 장기적인 관계를 통해 획득하려는 입장을 취한다. 그리고 궁극적으로 고객의 충성도를 높임으로써 이익을 확보하고자 한다. 수익성 없는 고객주의나 단기적인 수익성만을 강조하는 고객 무시주의는 CRM과는 배치되는 사고이다.

CRM은 장기적인 가치를 극대화하는 것을 목표로 한다. 또 CRM은 고객과 기업이 합리적인 혜택을 주고받는 과정에서 상호의 이익을 극대화하는 곳을 목표로 한다. 기업과 고객 모두를 만족시키기 위해 CRM은 고객과 고객관련 업무에 대한 정밀한 측정을 시도하여 이를 정교하게 분석하려고 한다. 많은 마케팅 담당자들이 자신들은 시장을 잘 안다고 생각하기 쉽지만 그들이 아는 것은 자신이 경험한 것과 그것으로부터 유추한 시장의 아주 작은 측면들일 뿐이다.

결국 지속적인 측정과 분석을 바탕으로 새로운 결정을 내릴 수밖에 없다. 다음의 표를 보면 고객관리의 변화 과정을 알 수 있을 것이다.

※ 고객관리의 변화과정

	판매 (1970년대)	CS (1980년대)	DBM (1990년대)	CRM (1990년대 후반)
신 고객 관점	수동적 구매자	선택적 구매자	개성화, 다양화됨 구매자	능동적 파트너
고객과의 관계	전체시장에 일방적 공급(배급)	고객만족도(CSI) 측정, 일방적 관계	그룹화된 고객과의 일방적 관계	개별 고객과 쌍향 의사소통
고객 관리	단순 영업 위주	영업과 판매 위주 서비스	IT 기술팀 위주	전사적 관리

* CS = Customer Satisfaction
* DBM = Database Marketing
* CRM = Customer Relationship Management

2 CRM 시장 정의

CRM 시장은 어플리케이션 시장과 서비스 시장으로 구분된다.

CRM 어플리케이션 시장은 CRM 시스템 구축에 활용되는 소프트웨어 및 패키지를 포함하며, 기능에 따라 CRM 실행 어플리케이션과 CRM 분석 어플리케이션으로 구분된다. CRM 실행 어플리케이션은 기업의 고객관련 비즈니스 프로세스의 중심을 이루는 판매, 마케팅, 서비스를 프론트 오피스(Front Office) 측면에서 지원하며, CRM 분석 어플리케이션은 백 오피스(Back Office) 측면에서 고객의 세분화, 요구사항 분석 등 고객정보 분석 기능을 제공한다.

CRM 서비스 시장은 CRM 시스템 구축 및 관리를 위해 제공되는 다양한 서비스를 포함한다. 시스템 구축 서비스로 컨설팅, 시스템 통합, 교육 서비스가 있으며, 시스템 관리 서비스로 IT관리, 비즈니스 프로세스 관리, 소프트웨어 관리(Software Management Service ; SWMS), 하드웨어 관리(Hardware Management Service ; HWMS) 서비스가 있다.

3 CRM 시장환경 및 주요동향

1) CRM 시장환경

(1) CRM 시장 발전주기

1990년대 후반 기업들이 고객관리의 중요성을 인식하여 CRM 시스템을 본격적으로 도입하기 시작하고, 데이터웨어하우스, 네트워크, 어플리케이션 등 관련기술의 발전에 따라 CRM 시장은 빠른 속도로 형성되기 시작하였으며, 많은 벤더들이 시장에 진입하였다. 특히 기업들이 정보인프라를 제공하는 ERP(Enterprise Resource Planning) 시스템의 구축을 완료하고, 정보기술이 제공하는 다양한 전략적인 기회를 활용함에 따라 고객 측면에서 최적의 솔루션을 제공하는 CRM의 시장은 빠른 속도로 성장하였다. 시장 발전주기 측면에서 1999년까지 시장형성 및 시장활성화 단계를 거친 CRM 시장은 2000년 기대의 최고점을 지났으며, 작년부터 CRM의 도입에 따른 ROI(Return on Investment)가 나타남에 따라 안정화 단계에 도입하여 지속적인 성장을 나타내고 있다. 특히 CRM은 경기침체에도 불구하고 기업들이 CRM 시스템 구축을 기반으로 기업 비즈니스 프로세스를 개선하려 함에 따라 최근에도 높은 성장을 나타내었다. 앞으로도 CRM시장은 기업들이 CRM을 이동통신 단말기, 인터넷 등의 새로운 채널에 도입함에 따라 지속적으로 확대될 것으로 전망된다.

※ CRM 시장의 발전주기

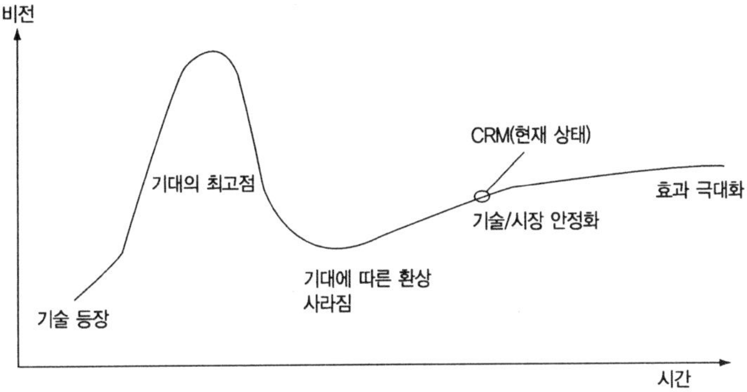

(2) CRM 시장구성

CRM 시장에 참여하고 있는 벤더는 어플리케이션 벤더와 서비스 벤더로 구분된다. CRM 어플리케이션 벤더는 솔루션의 초점에 따라 콜센터를 중심으로 솔루션을 개발한 벤더와 ERP를 중심으로 솔루션을 개발한 벤더로 분류된다. 콜센터를 중심으로 솔루션을 제공하는 주요 벤더로 Siebel이 있으며, ERP를 중심으로 솔루션을 제공하는 주요 벤더로 SAP, Oracle 등이 있다. 또한 CRM 시장의 틈새시장 벤더로 Xchange, Primus와 같이 인터넷이라는 단일 채널로 솔루션을 제공하는 e-CRM(electronic-CRM) 벤더와 E.piphany, SAS와 같이 고객정보 분석 기능에 초점을 맞추어 기능을 제공하는 a-CRM(analytic-CRM) 벤더가 있다.

CRM 서비스 벤더는 제공 서비스에 따라 시스템 통합 벤더, 컨설팅 벤더, 아웃소싱 벤더, 솔루션 보유 벤더, 마케팅 벤더, 틈새시장 벤더로 구분된다. Computer

Sciences 등 시스템 통합 벤더는 CRM 어플리케이션의 구축 및 통합 관련 솔루션을 제공하며, Accenture, Deloitte 등 컨설팅 벤더는 시스템 구축 과정에 있어 비즈니스 측면에 대한 컨설팅 서비스를 제공하며, EDS, Convergys 등 아웃소싱 벤더는 시스템 관리 측면의 서비스를 제공하며, Siebel, SAP등 솔루션 보유 벤더는 자사의 솔루션에 대한 서비스를 제공한다. 또한 최근에는 고객 마케팅 측면에 강점을 나타내는 MRM, Epsilon 등 순수 마케팅 벤더들과 CRM의 특정 분야에 초점을 맞추어 기능을 제공하는 Akibia, Zomba 등 틈새시장 벤더들이 CRM 서비스 시장에 진입하고 있다.

2) CRM 시장 주요동향

(1) 산업별 CRM 시장동향

CRM의 목적은 궁극적으로 고객의 충성도를 향상시키고 수익을 증가시키는 데에 있는 반면, 기업의 전략을 비즈니스 프로세스 측면에서 지원하는 시스템이기 때문에 산업의 특성에 따라 활용 측면에서 차이가 있다. 예컨대 통신산업의 기업은 일반적으로 가입자 확보에 초점을 맞추며, 공공기관은 사회 기반을 안정시키고 해당 국민의 만족도를 극대화하는 데에 초점을 둘 것이다.

현재 CRM 시장은 금융산업, 통신산업, 유통산업이 주도하고 있다. 금융산업은 외부환경 측면에서 금융기관의 세계화, 내부환경 측면에서 온라인 서비스와 할인서비스의 증가에 따라 CRM에 대한 수요가 증가하고 있으며, 통신산업은 규제완화에 따른 신규 벤더 증가, 기업 간 인수합병, 경쟁 심화에 따라 수요가 증가하고 있다. 유통산업은 기존의 오프라인 벤더들이 온라인으로 진출함에 따라 CRM 관련 수요가 지속적으로 증가하고 있다.

❁ 산업별 CRM 시장동향

금융산업	금융산업의 세계화, Gramm-Leach-Biley 금융법의 재정에 따라 경쟁이 심화되고 있음. 기업의 인프라 효율 향상 및 고객 만족도 극대화를 위해 CRM을 적극적으로 도입하고 있음. 서비스 개선 측면에서 고객의 대기시간 단축, 답변 자동화를 위해 콜센터, 사업개발을 위해 캠페인 관리기능을 활용하고 있으며 온라인 부분의 기능을 강화하기 위해 e-CRM을 도입하고 있음.
통신산업	규제완화에 따른 신규 벤더 증가 및 기업 간 인수합병에 따라 신규 정보시스템에 대한 수요가 증가하고 있음. CRM 단일 솔루션보다는 통합 솔루션에 대한 수요가 증가하고 있음. 기업의 ROI 증대를 위해 인터넷 셀프 서비스(Self-service), 온라인 구매, 온라인 주문관리 관련 기능을 활용하며, 고객확보 및 고객만족 극대화를 위해 캠페인 관리 및 고객분석 기능을 활용함.
유통산업	기존의 오프라인 벤더들의 온라인 산업 진출, 닷컴 기업의 활용 증대에 따라 수요가 지속적으로 증가할 것으로 예측됨. 수익성 확보를 위해 고객가치 증대에 초점을 맞추어 전략을 제시하고 있으며, 이에 따라 고객 세분화 등 고객정보의 분석 관련 기능을 활용하고 있으며, 판매의 효율성 증대, 서비스의 향상을 위해 판매 자동화, 온라인 관리 기능을 활용함.
제조산업	패러다임의 대량 생산에서 대량 커스터미제이션(CUSTOMIZATION)으로 이동, 제품 차별화의 필요성 증가에 따라 수요가 증가하고 있는 반면, 비즈니스 프로세스의 복잡성, ROI 측정의 어려움 등은 시장성장의 장애 요소로 작용하고 있음. 고객에 대한 정확한 이해를 위해 고객접점 통합 기능을 활용하고 있으며, 수요계획을 위해 고객정보분석 관련기능을 활용함.
공공산업	정부의 정보 인프라 구축에 따라 e-government 관련 시스템의 수요가 증가하고 있음. 대국민 서비스의 향상, 공공기관의 효율성 증대, 비용절감 측면에서 수요가 증가하고 있는 반면, 정보의 보수성이 장애 요소로 작용하고 있음. 캠페인 관리 고객접점 통합 기능이 활용되고 있음.
교육산업	재단, 정부, 동문회, 학부모, 학생 등 다양한 이해관계자가 존재하고 있어 이해관계자의 만족도 향상을 위해 CRM을 도입하고 있음. 또한 학생 유치 경쟁, e-learning 시장의 성장이 동인요소로 작용하고 있음. 캠페인 관리, 웹 포탈, 셀프-서비스 기능이 활용되고 있음.

4 CRM 시장 전망

1) 해외 CRM 시장 전망

(1) 해외 시장 연46% 급속 성장

CRM 시장에 대한 관심이 폭발하면서 주요 IT 벤더들이 너도나도 CRM의 리더임을 자처하고 시장 선점을 위한 마케팅에 총력을 기울이고 있다. 한편 글로벌 리더들의 대다수가 CRM을 이미 도입하거나 도입 추진 중인 상태에 있다.

IT시장조사 전문기관인 AMR리서치는 2000년 CRM 시장규모가 54억 달러에 달할 것으로 보고 앞으로 2003년까지 연평균 성장률 46%로 급속히 성장할 것으로 전망한다.

이러한 고속성장 시나리오를 뒷받침하는 주요 요인으로는 전 산업분야에 일고 있는 "Customer centricity"의 수용과 웹기반 CRM에 대한 관심고조 그리고 선도기업들의 기존 ERP 및 DW시스템에 대한 투자가치 극대화와 경쟁력 강화방안 모색 등이 있다.

(2) 세계 CRM 시장 전망

해외 IT시장조사 전문기관들이 다양한 CRM 시장 전망치를 내놓고 있다.

Gartner와 AMR리서치가 특히 매우 낙관적인 시장 전망을 하고 있는데, Gartner의 경우 2000년 세계 CRM 시장규모가 130억 달러이며 2004년에는 무려 400억 달러에 달할 것이라고 예상하고 있다.

AMR리서치는 CRM 시장이 2000년 54억 달러에서 2003년에는 168억 달러 규모로 성장할 것으로 전망하고 있다. 한편 IDC는 1999년 세계 CRM 시장이 33억 달러였다고 보고하고 앞으로 연평균 약 30%로 성장하여 2004년에는 총 121억 달러 규모에 이를 것으로 보고 있다.

(3)고속성장 시나리오

이와 같은 성장 전망의 근거로는

첫째, 기업들이 디지털 시대의 격변하는 시장상황과 변덕스러운 고객요구사항에 대응하여 경쟁력과 차별화를 제고하기 위해 CRM 솔루션에 관심을 집중하기 시작했다. 산업 전반에 걸쳐서 제품-시장 주기의 가속화, 매스커스터마이제이션 및 실시간 가격제의 압력 등, 판매와 마케팅 분야에 가중되는 문제들을 해결하기 위해서 CRM을 적극 검토하고 도입 추진 중에 있다.

둘째로, IT를 기업 인프라로만 보던 시각이 대폭 달라져 전략의 일환으로 보기 시작한 점도 CRM 시장을 낙관적으로 바라보게 하는 근거다. 기업의 매출대비 IT 투자도 크게 향상될 전망인데, Gartner의 2000년 IT투자와 인력플랜 서베이에 의하면 2000년도 IT투자 예산은 5.02%로 1998년의 2.9%를 훨씬 넘는 수치이다. Gartner는 2005년까지 미국기업의 경우 매출의 10% 이상을 IT에 투자할 것이며, 유럽기업은 약 7.5% 정도를 할애할 것이라고 예측하고 있다.

셋째, 가장 주목되는 요인으로 인터넷의 성장과 e-CRM의 확산을 들 수 있다. 인터넷을 기반으로 한 비즈니스환경 변화에 대응하여 보다 인터랙티브하고 고객 개개인에 초점을 맞춘 고객관리의 필요성이 대두되고 있다. IDC는 '2000~2004 CRM 시장전망과 분석리포트' 에서 인터넷에 의한 글로벌 대변동이 기업들로 하여금 사업전략과 고객관계에 대해 심층적으로 재검토하는 계기를 마련했다고 보고했다. IDC는 이렇게 쇄신된 CRM에 대한 관심이 1999년 CRM 시장매출이 71%나 증가되는데 크게 기여했다고 평가했다.

넷째, 글로벌 상위기업들이 기존의 ERP와 DW 등에 대한 기 투자 가치를 극대화하고 경쟁력을 강화하기 위해 CRM 전개에 총력을 기울이고 있다.

IT시장조사기관인 메타그룹에서 최근 글로벌 상위 300대 기업들을 대상으로 한 CRM 투자에 관한 조사에서 대상기업의 75%가 내년부터 본격적인 투자확대를 할 것이라고 대답했다. 한편, CRM 시장성장을 지역적으로 살펴보면, 전체 시장 중에서 북미지역이 차지하는 비율이 압도적으로 많은데 IDC에 의하면 1999년에 이 지역이 전체의 약 70%이상을 차지했다.

북미지역의 성장률은 향후 다소 약화되어 2004년경에는 64% 정도를 점할 것으로 보인다. CRM 시장은 현재 매우 세분화되어 있고 치열한 경쟁구도를 갖고 있다. IDC는 글로벌상위 5대 기업을 제외하고는 어느 기업도 2% 이상의 시장점유율을 넘기 어려울 것으로 관측하고 있다.

AMR리서치의 1999년 CRM 시장점유율 데이터에 의하면 Siebel, Oracle, Clarify/Nortel 그리고 Vantive/PeopleSoft가 전체매출의 40%를 차지했다.

세계 시장 전망 ※CRM 세계시장 규모는 1998년 23억불, 2000년 54억불, 2003년 168억불로 연평균 성장률(CAGR)이 49%에 달할 것으로 전망됨 (AMR Research, 1999년)

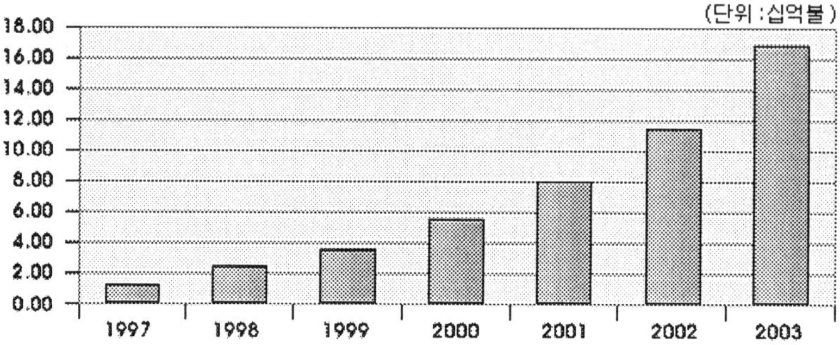

2) 국내 시장 전망

올해 대부분의 증권사 · 은행 등 금융업계를 비롯한 통신 · 유통업계에서는 자사의 전산화 프로젝트 1순위로 CRM 구축을 꼽고 있다. 이 유행은 전통적인 오프라인 기업뿐만이 아닌 온라인 기업들도 eCRM이라는 영역으로 이를 도입하려고 사력을 다하고 있다.

이에 따라 올해 국내 CRM 시장은 2750억 원 이상에 달할 것이라는 게 일반적인 전망으로 이 시장에는 소프트웨어(SW)업체를 비롯해 중대형시스템 · 시스템통합(SI) · 전자상거래 솔루션 업체들이 이 물결에 가세하고 있다. 올해 CRM 구축의 특징은 금융 · 통신 · 유통을 필두로 의료 · 운송 · 공공 부문의 구축열기가 이어질 것이라는 점이다. 상반기에는 데이터웨어하우징(DW)이냐 기업자원관리(ERP)냐 하는 분석 CRM과 운영 CRM과의 논쟁이 더욱 격렬해지면서 백엔드 진영과 프런트엔드 진영과의 싸움이 더욱 가속화할 전망이다.

한편 중반기를 기점으로 백엔드 솔루션 업체의 프런트엔드 업체 확보하기가 두드러지며 합종연횡 또는 인수 · 합병 물결도 거세질 전망이다. 하반기에는 선두 백엔드 솔루션 업체와 선두 프런트엔드 솔루션 업체와의 적극적 의미의 공조가 이뤄질 것으로 예상된다. 이에 따라 CRM 마스터 플랜을 가진 10위권 이내의 대형업체들의 영향력은 더욱 거세질 전망이다.

5 CRM의 기대효과

CRM을 도입하고자 하는 회사는 반드시 다음과 같은 질문을 던져 봐야 한다. '우리 회사가 CRM을 도입하면 무엇이 좋아지는가?' 일부 회사에서는 산업의 특성이나 자사의 상황에 따라 CRM에서 별 효과를 기대하기 어려운 경우도 있으나, 대부분의 기업들은 다음과 같이 대답할 수 있을 것이다. '먼저 지금 하고 있는 사업의 수익성이 좋아지고, 장기적으로 다른 종류의 사업을 전개하는 데에도 도움이 된다.'

즉, 기존 사업 측면에서는 e-비즈니스 혁명으로 인해 가속화된 가격 경쟁의 구도를 벗어나 고객과 우호적 관계를 구축함으로써, 장기적 관점에서 수익을 확보할 수 있다. 또 신규 사업 측면에서는 고객과의 관계와 고객에 대한 지식을 기반으로 한 사업 다각화가 가능하다. 기존의 사업 다각화는 대부분 기술적 연관성 혹은 생산 공정상의 연관성을 바탕으로 한 것이었다. 그러나 고객과 우호적인 관계를 구축하면 완전히 새로운 방향으로 다각화하는 것도 가능하다.

CRM의 기대 효과는 기존 사업의 성과 향상과 신규 사업의 진출시의 유리함으로 나누어 볼 수 있다.

CRM 2가지 궁극적 기대 효과

기존사업의 성과 향상	• 본질적인 기대 효과 • 인터넷으로 인해 촉발된 가격 경쟁의 구도를 벗어나, 고객과 우호적 관계를 구축함으로써 장기적 관점에서 수익을 확보
신규 사업 진출의 플랫폼으로 활용	• 제품지식이 아닌 고객에 대한 지식(고객의 행동 양식, 니즈, 라이프사이클 등에 관한 지식)과 고객과의 관계를 통한 사업 다각화가 가능 • Yahoo, Lycos가 기존 사업영역에서 쇼핑몰 등으로 다각화하는 것이 대표적인 사례 • 프라이스라인은 비행기표 역경매 사업에서 호텔예약, 자동차 판매 사업 등으로 다각화하고 있음

1) 기존 사업의 수익 향상

CRM을 통한 장기적 관점의 기존 사업성과 향상은 매출증대와 비용 감소에 의해 달성된다. 매출 증대는 다시 고객수 증대와 고객 생애 가치 제고로 나누어 볼 수 있고, 비용 감소는 고객 확보 감소와 유지비용 감소로 나누어 볼 수 있다.

(1) 고객 수 증대

고객 수 증대는 바로 CRM의 고객 확보 활동에 의해 달성 가능하다. 즉, 잠재적 고객에 대해 일대일로 접근하여 신규 고객화함으로써 고객 수를 증대시킬 수 있다. 이때 외부의 잠재 고객 데이터베이스를 직접 취득하는 것은 법적으로 금지되어 있기 때문에 잠재 고객 데이터베이스를 보유한 기업과의 제휴를 통한 고객 확보가 현실적으로 가능한 대안일 것이다.

한편, 기존 고객의 권유를 통한 신규 고객 확보도 생각해 볼 수 있다. 신규 고객을 추천하는 기존 고객에게 특별한 보상을 한다면 신규 고객 확보가 보다 용이해질 수 있다. 또 이렇게 하지 않더라도, 자사에 대해 로열티가 높은 고객이라면 주위 사람들에게 자사 상품을 권유할 가능성이 높을 것이다. 즉, 효과적인 기존 고객 관리는 신규 고객 확보로 이어질 수 있다.

또한 고객 수를 늘리기 위해서는 적극적으로 고객을 확보하는 활동도 필요하지만, 기존의 고객을 잃지 않고 잘 관리하는 활동도 중요하다.

장기적 관점에서 기존 사업의 성과를 높이기 위해서는 고객수 증대, 고객 생애 가치 증대, 고객 확보/우지 비용 감소라는 다양한 차원에서 CRM의 상과를 필요로 한다.

⊛ 기존 사업에서 CRM 도입의 기대 효과

<table>
<tr><td rowspan="4">기존
사업의
성과 향상</td><td rowspan="2">매출 증대</td><td>고객수 증대</td><td>• 외부 DB를 통한 확보
• 기존 고객의 권유를 통한 확보</td><td>신규 고객 창출</td></tr>
<tr><td>고객 생애
가치 제고</td><td>• 고객의 거래 건수 X
• 고객의 거래 단가(매출액/거래 건수) X
• 고객의 거래 기간</td><td>주요타깃
고객의 로얄티
및 매출 증대</td></tr>
<tr><td rowspan="2">Cost감축</td><td>고객 확보
비용 감소</td><td>• 수익 창출의 패러다임을 고객의 양적 증대에서 지적 성장으로 전환</td><td rowspan="2">매출 대비
마케팅 비용의
감축</td></tr>
<tr><td>고객 유지
비용 감소</td><td>• 수익성 낮은 고객의 유지 비용을 절감함으로써 매출액 당 유지비용 절감</td></tr>
</table>

(2) 고객 생애 가치(LTV)제고

기존 사업의 성과 향상에 가장 큰 영향을 미치는 것은 고객의 생애 가치(LTV : Life Time Value)다. 먼저 고객 생애 가치가 무엇인지에 대해서 살펴보자.

① 고객 생애 가치의 개념

고객 생애 가치라는 것은 고객 한 사람이 죽을 때까지 자사의 상품만을 구매한다고 했을 때의 매출액 혹은 이익을 의미한다. 원래 고객 생애 가치는 비용을 차감한 순이익적인 개념이나, 계산의 편의상 매출액으로 대신하기도 한다. 예를 들어 '차차차' 라는 30세의 엔지니어가 A자동차 회사의 소형차를 구입했다. 30세의 엔지니어라는 인적 특성을 지닌 고객은 79세까지 평균 5년에 한 번 차를 사고 평균 구매 단가는 1500만 원 이라고 가정해 보자. 그렇다면 차차차 씨는 30세부터 79세까지 10번 차를 살 것이고 총 구매액은 1억5천만 원이 된다. A자동차 회사가 차차차 씨를 타사에 빼앗기지 않고 계속 고객으로 유지시킨다면 A자동차 회사는 차차차 씨로부터 총 1억5천만 원의 매출을 올릴 수 있다. 이것이 바로 차차차 씨의 생애 가치이다.

또 생애 가치 계산에는 추천(referral)을 통한 타인의 매출을 반영하기도 한다. 예를 들어 차차차 씨가 친구들에게 A자동차 회사의 차가 좋다고 구매를 권유하는 경우, 이것도 차차차 씨의 생애 가치에 반영되어야 정확한 생애 가치가 계산될 수 있다. 그러나 추천을 통한 매출 발생은 추정하기 쉽지 않기 때문에 실제로는 반영하기 어려운 경우도 많다.

어쨌든 생애 가치가 큰 산업에서는 고객 한 사람을 잃은 때의 기회 비용이 매우 크다. 자동차 회사의 경우 특정 고객 한 사람을 잃을 때, 1억 이상의 매출이 날아가는 셈이다. 따라서 고객 1인당 생애 가치가 큰 산업에서는 고객과의 관계 관리가 다른 산업보다 더 중요하게 된다. 그렇다면 고객의 생애 가치를 높이기 위해서는 구체적으로 어떤 활동이 필요한가?

② 고객 생애 가치 제고를 위한 방법

첫째, 고객의 거래 건수를 늘리기 위해서 교차 판매 활동이 필요하다. 교차 판매는 고객이 기존에 구매한 품목 이외의 새로운 상품을 구매하도록 유도하는 활동이다. 따라서 교차 판매가 성공하게 되면, 고객은 자사의 상품 구매 빈도가 높아지게 된다. 예를 들어 자사의 인터넷 사이트 혹은 오프라인 매장에서 비누 같은 생활용품만 구입하던 고객에게 야채 같은 식품도 구매하게 하면 고객 1인당 생애 가치는 늘어날 것이다.

둘째, 거래 단가를 높이기 위한 추가 판매 활동이 필요하다. 추가 판매는 특정 카테고리 내에서 상품 구매액을 늘리도록 유도하는 활동이다. 예를 들어 5000원짜리 돈가스를 즐겨 먹는 고객에게 3만 원짜리 스테이크를 먹게 하면, 레스토랑 입장에서 고객 1인당 생애 가치는 늘어날 것이다.

셋째, 거래 기간을 늘리기 위해서 고객 유지 활동이 필요하다. 예를 들어 1년에 자사상품을 100만 원어치 구매하는 고객이 있다면, 이 고객의 거리 기간을 1년 늘릴수록 고객 1인당 생애 가치는 100만 원씩 늘어나는 것이다.

고객 1인당 LTV를 높이기 위해서는 교차판매, 추가판매, 고객 유지의 3가지 핵심 활동이 필요하다.

⊗ LTV 제고를 위한 핵심적 활동

LTV 증대	• 고객의 거래건수 (거래건수/고객 수)	교차 판매	• 고객이 기존의 구매하던 상품과는 다른 새로운 종류의 상품을 판매
	• 고객의 거래 단가 (매출액/거래건수)	추가 판매	• 고객이 기존에 구매하던 상품과 같은 종류의 고가상품을 판매
	• 고객의 거래 기간	고객 유지	• 고객이 타사 고객으로 전환되지 않고 계속해서 자사 고객으로 유지되도록 함

③ 고객 확보 비용 감소

CRM을 실행하게 되면 고객 확보 비용이 감소하는 이유는 3가지이다.

먼저, CRM은 수익 창출의 패러다임을 고객의 양적 증대가 아니라 질적 성장으로 본다. 따라서 과다한 경품이나 광고를 통해서 신구 고객을 확보하려는 움직임에 제동이 걸리게 되며, 그에 소요되는 비용도 감소하게 된다.

다음으로 신규 고객을 확보한다고 하더라도, CRM은 e-메일이나 제휴 마케팅과 같은 방법을 이용하여 고객에게 일대일로 접근하게 되므로, 불특정 다수를 대상으로 광고하는 것에 비해 고객 1명을 확보하는 데 소요되는 비용이 줄어들게 된다. 물론 이는 일대일 마케팅이 효율적으로 실행되었을 때의 얘기다. 목표 고객 선정이나 고객별 니즈 대응이 적합지 않을 경우 일대일 마케팅은 매스마케팅에 비해 비효율적일 수도 있다.

마지막으로 잠재 고객 데이터를 분석해 우량 고객이 될 만한 성향을 지닌 잠재 고객을 찾아낼 수 있는 경우, 엉뚱한 고객에게 접근할 때 발생할 수 있는 마케팅자원의 낭비를 예방할 수 있다.

④ 고객 유지 비용 감소

CRM은 모든 고객이 평등하지 않다는 생각에서 출발한다. 따라서 돈이 되거나 될 가능성이 있는 고객에게는 더 많은 혜택을, 그렇지 않은 고객에게는 적은 혜택을 주게 된다. 그 결과 수익성이 낮은 고객의 유지 비용을 절감하게 됨으로써 매출액당 유지 비용이 낮아지게 된다.

6 CRM 시스템의 구성 요소

CRM의 구성요소는 크게 기업의 여러 가지 데이터를 분석하는 Analytical CRM과 기업의 마케팅, 영업, 서비스 활동을 지원하는 Front-end application 영역인 Operational CRM 및 CPI 솔루션을 근간으로 하는 고객과의 접점관리를 지원하는 Collaborative CRM으로 구성되어 있다.

1) Analytical CRM

고객의 데이터웨어하우스를 이용하여 사업전략을 달성시킬 수 있는 기회를 포착하는 것을 지원하는 시스템으로 CRM의 기본이 된다. 기존의 데이터웨어하우스 프로젝트는 고객데이터의 통합만 강조되어 데이터의 구체적인 활용 방안에 대해서는 미흡한 점이 있어 분석결과에 대한 실행에 있어서 지원이 부족하였다.

진정한 CRM이 달성되기 위해서는 단순한 고객데이터의 분석, 추출에서 벗어나 분석된 정보의 영업/마케팅/서비스 측면에서 활용이 가능토록 하여야 하며, 고객접점에서 입수된 정보가 원활하게 데이터웨어하우스로 전달되도록 해야 한다. 고객 데이터의 과학적인 분석을 위하여 데이터 마이닝 기술이 매우 중요한 이슈로 부각될 수 있으며, CRM의 다른 구성요소들과 밀접하게 연관되는 closed-loop이 구성되어야 한다.

2) Operational CRM

CRM 구성 요소 중 가장 중요한 부분으로 CRM의 실행 측면을 지원하는 시스템이다. 기존의 ERP시스템이 조직의 내부관리 효율화를 담당하는 시스템(back-end)임에 비해 Operational CRM은 조직의 전방위 업무를 지원하는 시스템(front-end)이다.

주요 기능은 고객 데이터웨어하우스를 통하여 계획된 마케팅/영업/서비스에 대한 아이디어를 구체화하여 사업전략에 활용하는 방안으로써 계획/실행/평가를 지원하는 것이다. 예를 들어 고객 데이터웨어하우스를 활용하여 추출된 마케팅 캠페인에 대한 아이디어를 이용하여 마케팅 담당자는 전사차원의 마케팅 캠페인 계획을 세우고 실행시키며, 실행된 결과에 대한 평가 작업을 수행할 수 있도록 한다.

3) Collaborative CRM

고객접점에 대한 원활한 정보의 교환으로 고객 정보의 수집을 축적하고, 서비스 및 세일즈 활동에 Feed-back 함으로써 고객 만족 및 매출을 극대화하는 것으로 CTI가 대표적이다. 다음 표에서는 CRM의 각각의 구성요소의 기능에 관하여 명확히 나타내고 있다.

CRM 시스템의 각 구성요소의 기능

CRM Application	Operational CRM	• 고객과의 직접적인 대면접촉을 지원하는 Application • 영업사원활동 지원, 설문조사 등
	Analytical CRM	• Operational(업무계) 분야에서 생성된 데이터 분석(OLAP, Mining 등) • DataWarehouse 기반 DSS(의사결정지원)에 사용
	Collaborative CRM	• 고객과 기업 간의 상호작용을 위한 다양한 고객 접점 채널 • CTI, e-MAIL, UMS 등

7 국내 · 외 CRM 도입 현황

선진기업들은 CRM 시스템을 구축하는데 있어서 물선 및 서비스를 판매하거나 고객요구를 수용하는 차원을 넘어서 개별고객의 문제를 실시간 내지 사전에 해결하는 단계로 발전을 하고 인터넷의 도입으로 고객과의 커뮤니케이션과 문제해결의 빈도 및 속도가 획기적으로 개선되어가고 있다. CRM은 현재 미국과 유럽에서 커다란 이슈로 부상하여 CEO들이 CRM 프로젝트의 실행을 직접 독려하고 모니터링을 하고 있다.

85% 이상의 기업들이 CRM 기술과 방법에 대하여 인지하고 있고 그 중 43%의 기업이 현대 CRM을 실행하고 있거나 계획 중이다.

미국의 조사기관인 IDC에 의하면 평균 310만 달러를 CRM 프로젝트에 투자하였고, 31%의 기업은 CRM 활동에 500만 달러 이상을 투입할 예정이다. 선진기업들은 CRM을 통해 한 차원 높은 '고객관계'를 정립하여 발전된 도약을 시도하고 있는 실정인데 마이크로소프트와 컴팩은 CRM을 모두 사업라인에 적용하기로 결정하고 예전방식의 콜센터와 고객서비스 형태를 최신의 CRM 체제로 전환하고 있다. 신용카드업계 후발 주자인 캐피탈원은 CRM을 기반으로 하여 teaser rate(이자율이 변동하는 카드)와 balance transfer option(기존 카드의 잔고를 신형 카드에 옮길 수 있는 옵션)을 도입한 결과로 업계 10위권으로 도약하였다.

국내 시장을 보면 CRM을 도입하는 국내기업들이 빠르게 증가하고 있다. 98년부터 외국계 컨설팅회사가 CRM 패키지르 fvksao하면서 필요성을 인식하기 시작하여 98년 340억 원 → 99년 997억 원 → 2000년 4/1분기 766억 원으로 국내 CRM패키지 시장이 급성장을 하고 있다.(한국소프트웨어산업협회) 일반 소비자를 대상으로 하지 않는 포항제철이나 엘지정보통신 등이 기업고객을 목표로 CRM을 구축할 정도로 주요 기업들이 CRM에 관심을 보이면서 관련 시장이 급속히 성장하고 있는 설정이다.

다음 표는 산업 부문별 CRM 매출현황이고 분석한 내용이다.

- CRM 구축에 대한 수요가 가장 많은 사업영역은 금융부문인 것으로 나타났으며, 다음으로는 통신, 제조, 무역 · 유통, 인터넷서비스업 順인 것으로 파악되었다. 반면에 CRM 수요가 가장 적은 분야는 레저 · 오락 · 관광산업인 것으로 나타났다.
- 1999년을 기준으로 볼 때, 금융부문이 전체의 41%인 41,693백만원, 통신부문이 23.8%인 23,731백만원, 제조부문이 12.2%인 12,160백만원, 무역 · 유통부문이 9.8%인 9,840백만원, 인터넷서비스업이 3.1%인 3,110백만원의 시장규모를 차지하는 것으로 나타났다.
- 인터넷 벤처기업의 창업 열풍으로 인해 전자상거래나 포털사이트 업체들의 고객관계관리에 대한 수요가 폭발적으로 증가할 전망이며, off-line기업의 on-line화의 추세에 따라 산업전반에 e-CRM에 대한 관심이 고조되고 있다.

※ 사업 부문별 CRM 매출현황

	EC/포털	통신	금융	교육	공공행정	레저/오락/관광	무역/유통	제조	건설/교통	전력/가스	기타	합계
'98	620	9,500	15,004	-	1,100	-	2,200	4,550	700	-	300	33,974
'99	3,110	23,731	41,693	20	2,200	-	9,840	12,160	1,000	2,300	3,600	99,654
2000 1/4분기	5,111	13,130	28,550	3,600	1,435	1,500	7,600	10,910	800	-	3,900	76,536

자료 : 한국소프트웨어산업협회(단위 : 백만원)

이와 같이 전 업계를 통하여 CRM 도입이 확산되고 있고 높은 증가세를 보이며 점점 더 많은 투자를 하고 있는 상황에서 한국은 CRM 시스템 구축에 성공한 업체가 그리 많지 않다.

고객 데이터를 뒤져 보면 취미, 특기, 직업, 결혼기념일 등 빈칸이 대부분이다. 주소는 청구서 낼 때 꼭 필요하고, 전화번호는 서비스 팀에서 연락을 할 때 필요하다는 것이다. 그러나 취미데이터를 필요로 하는 부서가 없고 또한 이 데이터를 위한 업무프로세스가 전혀 갖추어져 있지 않다면 이 데이터는 전혀 필요 없는 것이다. 이와 같은 것을 고려하여 우리의 고객에게 맞고 편리성을 제공해 줄 수 있는 고객관점의 CRM을 해야 하며 회사 관점에서는 한국고객을 분석하고 분류하여 targeting하고 마케팅하여, cross sell & upsell 등을 해야 한다.

8 CRM 시스템 구축 방법

1) CRM 시스템의 구축 단계

시스템을 도입하거나 개발하려는 외국기업 및 국내기업, 그리고 솔루션업체들을 대상으로 한 현재 CRM 시스템의 구축단계는 다음과 같다.

(1) 현황의 평가

기존에 보유하고 있는 사내 · 외 자료를 바탕으로 개괄적인 수준의 환경분석을 실시하고 CRM 타당성에 대한 검토를 수행한다. 구체적인 작업으로는 고객들의 요구사항을 평가하고, 경쟁이나 동종 업종의 상황에 대한 추이를 파악하고, 기업의 내부적인 환경 업무 및 조직 등에 대한 자료를 분석한다.

그 외에도 거시적인 외부환경 중 기업 또는 고객에게 영향을 크게 미칠 수 있는 사항들에 대한 평가를 실시한다.

(2) CRM 전략계획 수립

앞 단계에서 파악된 기업과 고객의 현재 상황을 바탕으로 바람직한 고객관리를 위한 목표와 이를 달성할 수 있는 방안을 수립한다. CRM 전략은 자사의 특성을 고려할 때 CRM의 어떤 부분에 상대적으로 중점을 둠으로써 보다 효과적이고 효율적인 고객 관리가 가능해질 것인가를 분명히 하는 역할을 하며 예산이나 인원 등 자사의 여건을 고려하여 장기적으로 어떻게 CRM을 발전시켜 나갈 것인가를 제시하는 단계이다.

(3) 정보시스템의 구축 단계

앞 단계에서 결정된 정보 시스템의 진화 계획에 의하여 OLTP, OLAP 등을 지원하는 정보시스템에 대한 상세한 요구사항을 정의하고 이를 설계 및 구축하는 단계이다.

(4) 고객분석 및 기획

이 단계에서는 통합된 데이터베이스 내에 구축된 고객의 데이터를 분석하여 고객의 집단 또는 개별고객이 가지고 있는 특성과 일반적인 경향을 파악하여 고객과의 관계를 효과적, 효율적으로 강화할 수 있도록 하는 전술적이고 단기적인 실제의 고객관리 활동을 설계하는 단계이다. 고객에 대한 분석에는 고객의 신용도나, 이탈 가능성, LTV(Life Time Value) 등의 산정이나 유사한 유형의 고객들을 묶어 전체 고객을 세분화하는 등의 내용이 포함된다. 전술 기획에서는 실행할 고객 관리 프로그램에 대한 예산, 일정, 주제 등 세부 사항을 기획하고, 그 프로그램에 포함될 개별적인 고객의 목록을 결정한다.

(5) CRM 프로그램의 실행

이 단계에서는 DM이나 텔레마케팅, 직접반응 프로모션 또는 이벤트의 개최 등을 통하여 고객의 이탈저지나 구매촉진 등 실질적으로 고객과의 관계를 관리하는 활동이 전개된다.

(6) 결과 평가 및 개선방안의 도출

실행된 CRM의 전술 프로그램에 대한 고객들의 반응률이나 ROL(투자수익률)을 분석하고 실행과정에 노출된 문제점의 원인을 파악하여 개선방안을 도출하는 단계이다.

※ 일반적인 CRM 시스템 구축 단계

Long Term Cycle	현황평가	• 고객요구평가 • 시장환경평가 • 내부환경평가 • 외부환경평가	–
	CRM 전략계획 수립	• SWOT 분석 • 목표수립 • CSF 분석 • 업무프로세스 분석 • 문제점 분석 • 업무실행계획 수립	–
Long Term Cycle	CRM 정보시스템 구축	• 데이터추출 및 정제 • 데이터 웨어하우스 구축 • OLAP 환경 구축 • 데이터마이닝 환경 구축 • CTI 구축	–

<table>
<tr><td rowspan="3">Short Term Cycle</td><td>고객분석
및 CRM 전술기획</td><td>• 신용도 산정
• 이탈가능성 산정
• LTV 산정
• 고객 세분화
• 전술 프로그램 기획
• 대상 고객결정</td><td rowspan="3">Ananlytical Area(Data Mining/OLAP)</td></tr>
<tr><td>CRM 프로그램 실행</td><td>• 다이렉트 메일
• 텔레 마케팅
• 직접반응 프로모션
• 이벤트
• 캠페인
• 반응률 분석</td></tr>
<tr><td>결과평가 및
개선방안 도출</td><td>• ROI 분석
• 문제점 분석
• 개선방안도출</td></tr>
</table>

2) 시스템 구축 시 고려사항

기존의 CRM 시스템의 구축에 있어서 고려해야 할 문제점과 보안 방법은 다음과 같다.

① 선진국의 경우 CRM 업체가 계약을 할 때 시스템을 구축하면 달성 가능한 구체적인 효과를 제시하고, 달성 정도에 따라 프로젝트 금액을 산정하기도 하므로 구축의 목표를 명확히 해야 한다.

② CRM을 올바르게 구축하기 위해서는 실제의 업무 지식이 매우 필요하므로 시스템 도입의 주체를 영업, 서비스, 마케팅 담당자들로 해야 한다.

③ 시스템의 운영과 관리를 총괄할 담당 부서를 선정해야 하는데 영업 및 서비스 활동과 관련하여 회사 전체 입장에서 조율할 수 있는 마케팅 부서가 총괄 부서가 되는 것이 바람직하다.

④ 데이터수집에 너무 많은 시간이 소요되면 데이터가 진부화될 우려가 높아지므로 초기에 너무 많은 데이터를 축적할 필요는 없으며 데이터의 활용 방안

을 미리 세워두어야 한다.

⑤ CRM은 일회성 DBM이 아니라 지속적, 과학적인 지원활동이므로 전 영역에 걸친 시스템의 Closed-Loop이 형성되어야 한다.

⑥ 구축하기 전에 고객의 데이터를 어떻게 입수할 것인가에 대한 계획이 사전에 세워져야 한다.

⑦ CRM의 효과를 극대화하기 위해서는 고객 데이터의 전사적인 공유가 필요하다. 특히 CTI의 경우 아웃소싱을 하는 경우가 많으므로 수집된 고객의 정보를 어떻게 전 직원이 공유할 수 있는지에 대한 방안을 미리 세워야 한다. 영업의사 결정 및 실행이 신속하게 이루어져야 하므로 비 전산인인 마케팅 담당자가 쉽게 시스템을 운영할 수 있도록 확장성 및 유연성이 있어야 한다.

⑧ 진부한 데이터를 활용하여 CRM 활동을 추진하면 비용이 많이 소요되고 마케팅의 효과가 떨어지므로 고객의 데이터를 어떻게 최신 정보로 유지할 수 있을 것인가에 대한 방안이 있어야 한다.

⑨ 적합한 Business Rule을 도출하기 위하여 여러 채널로부터 입수된 고객의 데이터를 정제하는 표준 절차가 수립되어야 한다.

⑩ 모바일 컴퓨팅을 Off-line으로 사용할 경우 데이터의 동기화 방안이 검토되어져야 하는데 Host와 영업 및 서비스 담당자의 Mobile Tool(PDA, PALM) 간에 데이터전송 및 이송이 쉽게 이루어져 전사적으로 동일한 데이터를 이용하여 영업 및 서비스 활동이 추진될 수 있도록 하여야 한다.

3) 주요 CRM 프로젝트 구축현황 (계약기준)

※ 주요 CRM 프로젝트 구축현황 (단위 : 백만원)

회 사 명	CRM 프로젝트	금 액	구축기간	발주기관
삼성SDS	삼성전자 CRM	3,600	진행 중	삼성전자
	한국산업은행 CRM	2,000	2000년 완료	한국산업은행
현대정보기술	현대백화점 CRM System 1차	1,100	'99.8~'00.1	현대백화점
	현대백화점 CRM System 2차	1,100	'00.4~'00'9	현대백화점
SK C&C	법인영업시스템	2,345	'99.7~'00.1	SK Telecom
한국유니시스	하나은행 CRMS	3,600	'97.2~'98.6	하나은행
위세아이텍	옥션 CRM	220	'00.2~'00.7	옥션
엠피씨	고객센터 시스템 (Web 기반)	1,300	'99.05~'99.12	모토로라
단암데이터시스템	국제화재 CRM	2,700	'99.12~'00.8	국제화재

자료 : 한국소프트산업협회

✤ CRM 도입에 가장 큰 관심을 보이는 업종 가운데 하나가 포털 서비스사로 인터넷 경매 전문업체인 옥션이 위세아이텍 등을 통해 CRM 구축을 완료한 상태이며, 다음커뮤니케이션 · 네띠앙 · 라이코스 등도 솔루션 도입을 적극적으로 고려하고 있는 것으로 알려졌다.

✤ 금융권에선 국민카드가 DB마케팅 기반의 CRM을 구축하기로 했으며, 주택은행도 오는 11월 말까지 60여억 원을 투입, 인터넷뱅킹 시스템을 전면 개편하면서 CRM을 구축할 계획으로 알려졌다.

9 CRM 구축/실행의 걸림돌

지금까지 국내에서 꽤 많은 수의 CRM 프로젝트들이 실행되었지만, 가시적 성과를 내고 있는 것은 별로 없다. CRM의 선진국이라는 미국의 경우를 보더라도 마케팅 프로그램 차원이 아닌 기업 전체 차원에서 CRM이 큰 성과를 내고 있는 사례가 많지 않다.

왜 소문난 잔치에 먹을 것이 없는 것일까? 지금까지 그 이유를 알아보기로 하겠다. CRM의 문제점을 전략적 걸림돌과 전술적 걸림돌로 나눠서 찾아보도록 하자.

1) CRM의 전략적 걸림돌

흔히 CRM의 문제점으로 부실한 데이터의 문제, IT 시스템의 문제 등을 들곤 한다. 그러나 그보다 더 큰 문제는 CRM에 대한 명확한 개념이 없어서 CRM 구현의 밑그림(output image)을 제대로 그릴 수 없다는 데 있다.

(1) CRM에 대한 지나친 기대

CRM은 실체에 비해 너무 지나치게 소문이 난 경향이 있다. 실제에 비해 다소 과장되는 것은 CRM뿐만 아니라 모든 종류의 혁신 활동에 공통되는 경향이다.

1990년대 중반 리엔지니어링, 다운사이징이 유행했던 때를 생각해 보자. 그 당시 마이클 해머가 리엔지니어링을 통한 세 자리 수(수백 퍼센트)의 생산성 향상을 이야기할 때, 모두들 머리가 멍해지는 충격을 받았다. 그러나 실상 그와 같이 드라마틱한 생산성 향상을 가져온 사례는 흔치 않다. 혁신 기법을 주장하는 컨설팅 회사나 시스템 고급업체는 그 효과를 과장하기 마련이다.

CRM도 마찬가지이다. 기대가 크면 실망도 큰 법이다. CRM을 통해 경영 성과를 향상시키기 위해서는 먼저 CRM에 대해 가능한 수준의 성과를 기대해야 한다.

(2) 자사에 적합하지 않은 CRM

CRM을 통해 자사가 얻을 수 있는 것이 무엇인지를 명확히 하지 않으면, CRM은 실패하기 쉽다. 아무리 좋은 혁신 기법이라고 해도 자사의 상황에 적합하게 실행되지 않으면 의미가 없다.

그런데 자사에 적합한 CRM을 찾기 위해서는 먼저 CRM의 실체에 대해 명확한 이해가 필요하다.

(3) CRM의 실체에 관한 오해

수많은 CRM 관련 컨설팅 혹은 시스템 공급업체들을 면밀히 살펴보면 이들의 주장이 조금씩, 때로는 상당히 다르다는 것을 발견할 수 있다. CRM 전략, 고객분석 시스템, 고객 접점 관리 시스템, 고객 데이터베이스 등 CRM을 구성하는 여러 가지 요소 중 어느 것에 초점을 맞추고 있는가는 업체에 따라서 다르다. 즉 똑같이 CRM이라는 용어를 이야기하지만, 업체마다 CRM에 대해 상이한 개념을 갖고 있는 것이다.

(4) CRM에 관한 다양한 주장

여러 업체들이 자사의 상품으로 내세우는 CRM의 유형은 여러 가지 차원에서 구분할 수 있겠으나, 필자의 CRM 프로젝트 수행 경험에 비추어 보면 전략 중심 CRM, 데이터베이스 중심 CRM, 고객 접점 관리 중심 CRM, 개인화 중심 CRM 등으로 CRM에 관한 다양한 시각을 나누어 볼 수 있다.

CRM을 추진하는데 있어서 가장 중요한 전략적 장애요인인 CRM을 구성하는 다양한 개념과 자사에 필요한 CRM의 포인트를 명확히 이해하지 못하는 것이다.

CRM에 관한 다양한 시각

전략중심 CRM	CRM의 성공을 위해서는 고객에 대한 이해와 자사의 상황에 대한 전략적 분석이 있어야 한다.
데이터베이스 중심 CRM	CRM의 기본이 되는 방대한 데이터베이스를 갖추는 것이 무엇보다도 우선되어야 한다.
분석(데이터 마이닝) 중심 CRM	고객 데이터베이스를 구축하는 것이 능사가 아니라, 분석을 잘해야 한다.
고객 접점 관리 중심 CRM	효과적인 정보 시스템(모빌 컴퓨팅, 콜센터, 고객 관리 자동화 등)을 통해 고객과의 접점 관리를 효율화해야 한다.
개인화 중심 CRM	CRM의 핵심은 제품, 서비스 또는 부가적 혜택을 개인의 특성에 맞게 개인화시키는 데 있다.

자료 : e-비즈니스 모델에 맞는 eCRM, p.186

2) CRM의 전술적 걸림돌

많은 기업의 CRM 프로젝트에서 종종 부딪히게 되는 3가지 요인에 대해 살펴보자.

(1) 고객 데이터의 문제

CRM이 본격화되기 이전의 데이터베이스 마케팅(DBM) 시절부터 기업은 고객 데이터에 대한 굶주림에 시달렸다. 또 데이터가 있더라도 상해버린 데이터이거나 껍데기뿐인 데이터인 경우도 많았다.

CRM이나 DBM은 고객 데이터를 바탕으로 하는 활동인데, 그 기본이 되는 고객 데이터가 부실하다는 것은 아주 중요한 문제이다. 여기서 데이터가 부실하다는 것은 몇 가지로 나누어 생각해 볼 수 있다.

✣ 데이터의 부재

온라인에서 전개되는 eCRM에서는 고객의 데이터가 전혀 없는 경우를 생각할 수 없다. 그러나 오프라인에서의 CRM에서는 이런 경우가 아주 흔하다. 고객의 인적 정보가 전혀 없는 경우는 다시 두 가지 경우로 나누어 볼 수 있다.

• 잠재 고객의 데이터 부재

먼저 잠재 고객의 정보를 전혀 얻지 못하는 경우가 있다.

제휴를 통해서 제3의 기업이 보유하고 있는 데이터를 직접 이용하는 것 또한 불법이다. 이런 이유로 신규 고객 확보를 위한 잠재 고객 데이터는 현실적으로 수집하기 매우 어렵다.

• 기존 고객의 데이터 부재

또, 현재 자사의 고객임에도 불구하고 고객의 인적 정보를 얻을 수 없는 경우가 있다. 이는 고객과의 영업 접점에서 고객의 신원(ID)이 관리되지 않는 경우다. 금융 기관에서는 금융 실명제 때문에 어쩔 수 없이 실명으로 거래하지만, 그 밖의 오프라인 거래에서 고객은 대부분 익명으로 거래하기 때문이다. 단, 고객이 자기 명의의 신용카드를 이용하는 경우 실명으로 거래하게 된다. 그러나 자사의 신용 카드

가맹점의 입장에 있을 때는 신용 카드 고객의 신원을 알 수 없다.

이처럼 금융 기관이 아닌 경우, 멤버십 카드나 제휴 신용 카드를 사용하지 않는 고객은 자사 고객임에도 불구하고 고객 데이터를 확보할 수 없다. 이와 같이 고객 데이터 수집의 어려움 때문에 가전 등 제조업체들은 판매 후에 발생하는 접촉, 즉 고객의 문의/상담, 사후 서비스 등을 최대한 활용해서 고객 데이터를 수집하고 있다.

(2) 영양실조 데이터

인적 정보가 아주 부족한 경우다. 기업이 보유한 고객 데이터는 고객의 이름, 주소만 있는 경우도 있고, 고객의 주민등록번호와 전화번호만 있는 경우도 있으며, 고객의 주민번호와 판매 이력은 있으나 취미나 소득과 같은 심층적 인적 정보는 없는 경우 등이 있다. 오프라인에서 수집된 고객 데이터는 말할 것도 없고, 온라인에서 수집된 데이터도 공란투석이거나 엉터리 정보가 채워진 경우가 많다.

효과적인 고객 분석을 위해서는 인적 정보와 거래 정보라는 2개의 축에 풍부한 데이터들이 담겨 있어야 한다. 그러나 실상은 2개의 축 모두 특히 인적 정보는 매우 부실한 경우가 많다. 고객의 라이프스타일을 파악할 수 있게 해주는 직업, 소득, 취미 등의 데이터는 없거나, 있더라도 매우 신뢰성이 낮은 경우가 대부분이다. 그래서 라이프스타일은 다른 변수를 통해서 추측할 수밖에 없다.

(3) 상해 버린 데이터

데이터의 문제 중 하나는 갱신이 잘 안 된다는 점이다. 몇 년 전에 작성한 고객 신청서에 적혀 있는 인적 데이터가 아직도 그대로인 경우가 많다.

특히, 우리나라는 매년 전체 인구의 20~30% 정도가 이사를 한다. 이처럼 이동이 잦기 때문에 오래된 주소 및 전화번호의 신뢰성은 매우 낮은 형편이다.

(4) 엉터리 데이터

고객으로부터 들어오는 데이터는 이런저런 이유로 오류를 담고 있다.

먼저, 고객 신원 확인과정에서 오류에 대해선 앞에서 언급하였다. 복수 ID의 문제, 쿠키의 문제 등이 그것이다. 이러한 문제는 오프라인에서도 발생한다. 고객의 신원 확인이 가능한 멤버십 카드나 신용 카드를 여러 사람이 공동으로 이용하는 것이 그 사례이다.

(5) 데이터 불법 확보의 유혹

고객 데이터의 수집이 이렇게 어렵다 보니 외부에서 수집한 데이터를 이용하고 싶은 유혹에 빠지게 된다. 그러나 외부에서 데이터를 매입하는 것은 불법이다. 돈을 주지 않고 데이터를 불러오더라도 마찬가지로 불법이다.

이처럼 외부로부터 데이터를 수집하는 것도 쉽지 않다. 억지로 외부 데이터를 이용하려고 하면 고객정보 문제가 발생한다. 그런데 고객정보 보호와 관련된 문제는 외부에서 고객 데이터를 가져올 때뿐만 아니라, 자사의 보유고객 정보를 외부에 유출할 때도 발생한다.

(6) 고객정보 보호 문제

인터넷이 개인의 삶에 깊숙이 파고들고 IT기술이 발전함에 따라 개인 신상 정보의 보호 문제가 점점 더 중요시되고 있다.

그렇다면 개인 신상정보 유출 문제가 발생하지 않도록 예방하기 위해서는 어떻게 해야 하는가?

첫째, 개인 정보에 관한 기업의 정책을 공표해야 한다.

둘째, 고객에게 본인의 정보를 열람하고 수정할 권리를 부여해야 한다.

셋째, 정보를 어디에 이용했는지, 그 결과를 고객에게 밝혀야 한다.

3) CRM 분석/실행 시스템의 문제

CRM은 IT시스템을 바탕으로 한다. 따라서 제대로 된 시스템이 없으면 CRM이 잘 이루어질 수 없다는 것은 자명하다. 그렇다면 CRM 시스템에는 어떤 문제가 흔히 발생하는가?

(1) 자사 상황에 적합하지 않은 시스템

가장 중요한 문제이다. 이 문제는 외부의 패키지는 도입하는 경우 흔히 발생한다. 특히 상황 적합성의 문제는 분석 시스템보다 실행 시스템에서 더 심각할 수 있다. 분석 시스템은 기존에 존재하지 않았던 시스템을 기존 시스템에 추가되는 부분도 있지만 기존 운영계 시스템을 대체하는 부분도 있다. 따라서 분석 시스템이 상황에 적합하지 않는 경우에는 활용을 안 하면 그만이지만, 실행 시스템이 상황에 적합하지 않은 경우에는 고객 관리 활동이 오히려 혼란에 빠지고 결과적으로 고객 관리의 질적 수준이 낮아질 수도 있다.

(2) 비용/효과가 불균형적인 시스템

돼지 목에 걸린 진주 목걸이처럼 비용 효율성이 없는 시스템도 있다. 사업 규모가 작은데도 비싼 시스템을 갖춘다거나, CRM에 그다지 적합하지 않은 업종인데도 다양한 종류의 CRM 시스템을 갖추는 것은 바람직하지 못하다. 다른 투자와 마찬가지로 CRM 시스템에 대한 투자에도 균형감이 필요하다.

(3) 타 시스템과의 연계성이 낮은 시스템

CRM은 다양한 하위 시스템으로 구성된다. CRM 하위 시스템들 간의 연계성이 낮거나, 거래 처리 시스템 등 기존 IT 시스템과의 연계성이 낮으면 기대했던 효과를 충분히 거두기 어렵다.

(4) 성능이 낮은 시스템

보통 시스템의 문제라고 하면 가장 먼저 떠오르는 것이 바로 성능이다. 오래된 하드웨어는 느리고, 오래된 소프트웨어는 필요한 기능이 없는 경우가 많다. 이와 같은 성능 문제는 분명히 중요한 문제이며, 또 누구나 알고 있는 문제다.

10 Relationship Marketing

마케팅은 고객을 창조하고 유지함으로서 기업의 존속과 장기적인 기업 목표달성에 기여한다. 즉 마케팅은 수익성 있는 고객을 찾고 유지하고 육성하는 과학이자 기술이다. 그러므로 기업이 어떻게 수익성 있는 고객을 찾고, 유지하고 육성할 수 있을지가 중요한 문제가 된다. 고객의 창조는 기존 제품들과 매우 다른 혁신제품을 개발함으로서 새로운 제품시장을 창조하거나, 기존 제품 시장에서 경쟁제품과 대비하여 차별적 우위성을 확보함으로서 가능하다. 기업이 표적시장에서 고객을 확보하기 위한 다른 방법은 기존의 고객을 유지하여 자사의 고객으로 남아 있도록 하는 것이다. 더욱이 기존의 고객을 유지하는 것은 기업이 지금까지 현재의 고객을 확보하는 데 많은 돈을 투자했고, 경쟁업체는 이러한 고객을 빼앗으려 하고 있기 때문에 경쟁이 치열한 시장에서 더욱 중요해진다. 구매자가 서비스에 대해 단순하게 생각하거나 시장환경이 불확실한 시장에서 한 명의 고객을 잃는 것은 단지 그 고객에게 다시 상품을 팔 수 있는 기회를 잃었다는 것만을 의미하지는 않는다. 즉, 기업은 그 고객이 평생 구매했을 경우 얻을 미래의 이익을 잃는 것이다.

기존고객을 계속 유지하기 위해서는 기존고객과의 우호적 관계를 계속적으로 유지함으로서 자사의 고객으로 남아 있도록 하는 관계마케팅이 필요하다. 특히, 고객이 의료서비스, 법률서비스 등과 같이 조언과 도움을 얻으려고 하는 경우 고객과의 관계가 특히 중요하므로 서비스 제공자는 자사의 고객을 지속적으로 유지하기 위해 관계마케팅이 필수적이다.

관계마케팅(Relationship Marketing)은 기업의 이해관계자들-고객, 유통업자, 공급자-과의 장기적인 선호와 사업관계를 유지하기 위하여 지속적이고 만족스러운 관계를 구축하기 위한 마케팅 활동이다. 초기의 관계마케팅의 개념은 공급자-구매자의 관계만을 관계마케팅의 범위로 한정하였으나, 1990년대 이후 관계의 범위가 보다 확장되고 발전되어 기업의 이해관계자들에 대한 관계로 관계마케팅의 범위가 확장되었다.

관계마케팅의 목적은 신규고객을 유치하고 기존고객을 유지하며 고객과의 관계를 제고하는 것이다.

이러한 관계마케팅의 목적을 달성하기 위해서는 신규고객을 유치하는 단계와 기존고객을 유지하며 충성도가 높은 고객으로 육성하기 위한 단계로 구분하여 접근하여야 한다. 예를 들어 신규고객을 유치하기 위해서 인센티브로서 멤버쉽제도를 실시하는 것과 우량고객을 유지하고 제고하기 위해서 실시하는 우량고객 프로그램은 활용목적이 상이하다. 고객 유치단계에서는 생애가치가 높은 장래성 있는 고객들을 대상으로 해야 하며 고객유지 및 육성단계에서는 고객육성 단계에 따라 신규고객, 재 구매고객, 단골고객, 옹호고객, 멤버고객, 동반고객, 공동부분 소유고객의 순서로 우량고객과의 관계를 제고하여야 한다(Kotler 2000). 이러한 관계마케팅은 고객을 파악하는 것이 필수적인데, 고객을 파악하여 단계별 고객관리를 하게끔 해주는 수단이 고객에 대한 데이터 베이스 마케팅이다.

또한 앞서 언급하였듯이 CRM(Customer Relationship Management)은 고객의 충성도를 확보하고 이를 유지하기 위한 과정으로서 통합DB, 데이터Warehouse를 구축함으로서 현재고객과 잠재고객에 대한 자료를 수집하여 쓸모 있고 가치 있는 마케팅 정보로 변환하고 고객행동을 분석, 예측하기 위하여 데이터마이닝 기법을 통해 고객의 행동 확률을 고객개인별로 점수화하고 고객점수를 바탕으로 고객세분화, 유지 및 이탈 방지 프로그램을 계획함으로서 고객/그룹별로 효과적이고 효율적인 마케팅 프로그램과 전략을 개발하여 이를 검증, 구현, 측정 및 수정하는 일련의 전략적 관리과정이다. 따라서 지금까지의 관계마케팅, 데이터베이스 마케팅, CRM의 관계를 요약하자면, 고객지향경영 혹은 고객만족 철학 하에서 고객과의 관계를 중시하는 마케팅 활동이 관계마케팅이며 이를 실현하는 수단이 데이터베이스 마케팅이고 데이터베이스 마케팅을 전사적인 관점에서 접근하는 것이 CRM이라고 할 수 있다

11 1 : 1 마케팅

One to One 마케팅이란 CC(Customer-Company) 관계의 전 기간에 걸쳐 고객 한 사람 한 사람을 대상으로 한 비즈니스를 하기 위해 정보기술을 사용하는 마케팅 활동이라고 할 수 있다. 즉 IIT(Interactive Imformation Technology) 시대에 서로 다른 고객에게 서로 다른 대응을 하는 것을 의미한다.

1:1 마케팅은 고객들은 모두 다르다는 관점에서 어떤 면에서는 동일한 속성을 가지고 있다고 생각하기 때문에 고객의 다른 특성을 고려한 바탕에서 동일한 속성

에 대한 마케팅 활동을 한다. 반면 기존의 마케팅에서는 동일속성이 있는 고객은 모두 같다고 생각하고 똑같이 취급한다.

예를 들어 어떤 고객이 실생활에서는 모험을 싫어하지만 놀이기구를 타는 것만을 좋아한다면 일대일 마케팅에서는 안전한 놀이기구, 재미있는 놀이기구를 강조한다. 반면 기존의 마케팅에서는 놀이기구에 대한 고객의 선호만을 고려하기 때문에 놀이기구의 특징이나 차별성만을 강조하게 된다.

1:1 마케팅은 고객관계관리(CRM)가 더욱더 정교해지고 진보하게 되면 달성될 수 있다. 즉 1:1 마케팅에서도 고객식별, 고객쉐어, 평생가치, customerzation 등의 고객자산을 높이는 방법이 중요하다. 고객접점에서 얻어진 정보를 데이터 베이스화하여 데이터웨어하우스에 구축하고 데이터 마이닝 기법을 통해 고객관계관리를 하게 되면 특정 목표고객에 대한 대응이 가능해지고 이를 세분시장 단위가 아닌 고객 하나하나에 적용하는 것이 일대일 마케팅이다. 특히 인터넷의 활성화에 따라 고객정보를 더욱 손쉽게 얻을 수 있게 됨에 따라 일대일 마케팅이 가능해 질 수 있는 것이다. 물론 예전부터 단골에 대한 관리가 있었다. 예를 들어 백화점의 점원들은 고객의 인적사항 등을 자신의 수첩에 적어 관리하였다. 그러나 그것은 점원의 데이터이지 기업의 것은 아니다. 점원이 그만두면 고객도 함께 사라진다. 자동차 판매왕, 보험 판매 여왕 등도 마찬가지이다. 따라서 CRM이나 일대일 마케팅이 어느 정도의 수준에 도달하면 정보를 창출하고 공유하는 지식경영 시스템으로서의 기능도 할 수 있게 된다.

제2절 외식업의 CRM 도입에 관한 분석

1 고객 유형에 따른 세분화

고객 세분화 작업은 고객의 기호, 행동 및 경제적인 잠재가치(customer profitability 또는 customer value)를 기반으로 수행되어야 하는데, 이런 고객의 수익성은 마케팅, 영업 및 서비스 부문에 기업의 자원 할당하는 의사결정 문제의 주요 기준으로 작용한다. 고객의 경제적인 가치를 기반으로 고객 세분화 작업을 수행하는 것은 기업에게 많은 수익을 제공하는 고객과 낮은 가치를 지닌 고객 사이의 차이를 평가하고 이 고객들을 차별성 있게 관리해야 함을 의미한다.

(1) 정보기술을 활용한 고객 정보의 전사적 공유(Institutional Memory)

한 고객이 기업과 접촉하는 순간, 기업 내의 모든 구성원들은 고객과의 과거 상호작용 이력, 의사결정 현안들 및 현존 영업기회 등의 정보를 동일한 수준으로 일관성 있게 인지하고 있어야 한다. 이것은 고객이 두 번째 방문 시 최초의 방문 시점의 요구사항을 반복하지 않게끔 하여야 한다는 것이다.

고객이 기업과 접촉하는 시점에 고객이 지금까지 해 왔던 모든 것을 알고 있어야 한다. 결국 고객관계의 본질은 전사적인 관점에서 다루어야 하는 것으로 해석할 수 있다.

(2) 고객과 협업(Collaboration)

고객이 요구하는 상품 및 서비스를 단순히 제공하는 것에 그치지 않고, 제품 구상 및 설계를 포함한 제품 개발 전과정에 걸쳐 고객의 의견을 반영한다.

Collaboration은 제품 구상, 설계 및 그 결과물의 제공에 이르기까지 고객을 참여시키는 것이다. 고객은 그들의 요구사항이 더 많이 받아들여질수록 충성도 또한 높아질 것이다. 반대로 고객 입장에서 볼 때 타 기업보다 많은 투자를 할수록 다른 기업으로 이동하기 어렵게 된다는 의미로 해석될 수 있다.

(3) 효과적인 고객별 채널 관리(Touch-point Alignment)

고객들은 기업이 제공하는 다양한 채널들을 통하여 비즈니스를 수행한다. 이러한 다양한 채널들은 고객의 요구 및 기업 관점에서 평가된 고객가치에 따라 고객별로 제공되어야 하며 고객에 대한 정보가 채널간에 일관성 있게 유지되어야 한다.

기업들은 일관된 서비스, 다양한 채널 확보, 채널간 통합 등을 원하고 있다. 효과적인 채널 관리 정렬, 조정은 고객의 선호도를 고려함과 동시에 채널에 대한 비용대비수의 분석 cost benefit analysis을 적용한 다음, 각 채널을 고객별로 적절히 배치하여 고객과 비즈니스 활동을 하는 것을 의미한다.

(4) 리마인드 서비스

리마인드 서비스란, 고객의 과거 구매이력이나 속성으로부터 향후 행동을 예측하거나 기념일 등을 사전에 등록하도록 유도하여 그 시기가 가까워 오면, 이메일, 전화, DM 등으로 이 사실을 알려주고 상품이나 서비스에 대한 구매를 촉진하는 서비스이다. 예를 들어 추석이나 성수기에 선물을 구매한 경우, 그 기록을 이용하여 다시 성수기가 도래하면 '머지않아 연말이 다가옵니다. 지난번 선물을 보내드린 분들에게 이번에도 선물을 보내시겠습니까?' 등의 질문을 할 수 있다. 과거 구매이력을 참조하여 선물할 만한 상품들을 모아 후보리스트를 제공해주면 고객은 그 정보를 참고로 하여 보내는 상품을 결정할 수 있다.

여기서의 포인트는 고객에게 불쾌감을 주지 않으면서 필요한 고객데이터를 수집하고, 접근할 수 있는가 하는 점이다. 이를 위해 회원관리의 구조와 퍼스널 라이즈 서비스를 위한 기능이 시스템으로 구축되어 있어야 한다.

2 기존 고객 유지 전략

고객의 확보와 유지는 비즈니스에 있어 가장 기본적인 일이라 할 수 있다. 이를 통해 기업과 고객과의 관계가 형성되는 것이다. 고객이 무엇을 언제 어떤 방식으로 기업으로 제공받기를 원하고 그와 관련된 문제를 얼마나 신속하게 해결할 수 있으며 미래에는 어떠한 것을 원할지를 예측해야 하는 관계가 존재하는 것이다. 따라서 고객확보, 철저한 고객관리, 고객 유지를 위한 가치 제공, 개인화, 고객 데이터 이용 등과 같은 전략적 과제가 기업에게 요구된다. 바로 가치에 어떠한 문제점이 있는 파악할 수 있다.

고객에게 지속적인 가치를 제공하고 그들의 요구를 만족시키고 무엇을 언제 어디서 원하는지를 아는 것은 오늘날과 같이 급변하고 경쟁이 심한 상황에 더욱 요구되는 일이라고 하겠다.

하나의 기업이 망하면 그 기업의 고객이 누리는 경쟁업체는 지체 없이 달려든다. 이러한 현실에서 고객을 유지하는 일은 특히 어렵다고 하겠다. 따라서 고객의 로열티를 확보하고 유지하기 위해서는 항상 고객에 대해 분석하고 끊임없는 활동과 투자가 이루어지고 끈끈한 관심을 가져야 하는 것이다. 단기적 눈앞의 이익을 위해 고객의 로열티를 무시하는 사업은 엄청난 대가를 치러야하는 위험에 빠질 수 있다는 것을 잊어서는 안 된다. 고객의 중요성을 제일 중요시하고 고객의 로열티에 집중한 기업이 결국에는 승자가 되는 것이다.

3 CRM의 방향제시

나를 풍요롭게 해주고 내가 기대하는 것을 이루어지도록 만들어 주는 대상을 "고객"이라고 볼 때, 그 대상은 나의 부모, 형제, 친구로부터 내가 속한 사회, 학교, 국가, 지구에 이르기까지 광범위하다. 심지어는 컴퓨터, 핸드폰, TV 등 나를 풍요롭게 해줄 가능성을 지닌 내 주위의 모든 곳이 나의 고객이라고 믿는다. 고객이 기업을 버리면 기업은 존재할 수 없듯이, 내 주위의 이러한 대상들이 날 버린다면 나도 그 존재 가치를 잃을 수 있다고 생각한다.

CRM의 기본은 "목표설정-고객분석-전략수립-행동"이다. 예를 들어 내가 컴퓨터를 마스터하기 위해서는(목표) 컴퓨터 매뉴얼과 관련서적(정보)을 읽어야한다. 틈만 나면 컴퓨터 전문가에게 가서 물어보고(분석) 그리고 정보를 바탕으로 컴퓨터를 어떤 용도로 사용할 것인가를 결정한다(전략). 컴퓨터의 모든 환경을 나에게 맞도록 재구축한다(행동). 그러면 컴퓨터는 내가 원하는 데이터를 가지고 쉽게 할 수 있게 된다.

CRM을 도입한다는 것은 고객이 주인이 되는 비즈니스로의 변화를 뜻한다. 상품과 서비스, 공급방식까지 고객이 정할 수 있는 체계로 변화해야만 한다. 고객이 과연 주인인가 하는 것에 따라 CRM시스템의 성패가 결정된다.

고객이 원하는 모든 일을 고객 스스로 할 수 있는 셀프 서비스 기능이 있어야 한다. 또한 일하는 방식까지도 고객이 정할 수 있어야 한다.

고객의 업무가 한번에 처리될 수 있는 원스톱서비스로 처리되어야 한다. 기업이나 기관으로 가야만 수행할 수 있는 업무까지도 한번에 처리할 수 있어야 한다. 고객이 일하는 가장 편리한 시간에 일할 수 있어야 하며 언제 일할 것인가는 고객이 정할 수 있어야 하므로 24시간 365일 서비스가 이루어져야 한다.

고객이 원하는 곳에서 일할 수 있어야 하며 고객이 한 곳에 머무르지 않고 이동 중이라 하더라도 일을 수행하는데 불편함이 없어야 한다. 그리고 특정 고객의 고유한 특성을 이해하고 특정 고객별로 맞춤서비스를 제공하여야 하는 원투 원 서비스가 이루어져야 한다.

즉, 고객의 필요 및 선호도를 미리 감지하여 이에 가장 적합한 상품이나 서비스를 제시할 수 있어야 한다.

우리나라 외식산업이 급속하게 발전하게 된 요인 및 배경은 경제, 사회, 문화 등 여러 면이 있다.

그 중에서도 특히, 경제적 발전이 외식산업의 발전에 가장 큰 영향을 미쳤다. 경제발전과 더불어 소득수준의 향상에 따라 사람들의 외식활동은 이제껏 맛보지 못했던 새로운 분위기와 맛, 서비스에 대한 질적인 욕구가 자연스럽게 높아지게 되었다. 또한 사회·문화적으로 핵가족화에 따른 식생활패턴의 변화와 자가 승용차 증대로 사람들의 이동성이 용이해졌다.

외식업에서는 고객만족을 위해 다양한 행사를 하고 있다.

특별한 날에 가면 사진을 찍어주거나 또는 무료로 음료를 준거나 하는 행사를 하며, 인터넷의 확산으로 통신을 통해 그 음식점의 메뉴와 가격을 알 수 있고 또한 이벤트 행사 등을 하면 고객의 만족을 시키기 위해 노력한다.

제휴카드나 포인트 카드의 포인트 점수 혹은 할인도 또한 사람들을 음식점에 가게 하는 이유 중의 하나이다. 패밀리 레스토랑은 점심시간을 겨냥해 런치세트나

990세트 등 보다 저렴한 가격에 음식을 접할 수 있게 하고 있다.

그러나 보다 다양한 가격대와 음식의 양을 조절할 수 있는 음식점이 많이 있어야 할 것이다. 그리고 가장 중요한 점은 고객과 종업원의 관계로 항상 서비스 마인드를 가지고 고객을 대해야 한다.

PART 4 POS 성공사례

1 7-Eleven의 POS 시스템 도입 사례

1) 도입배경

(1) 고객 쇼핑 행태 정밀 분석이 주효

일본 최대 편의점 업체인 세븐일레븐재팬은 10년이 넘는 장기 불황 속에서도 매년 지속적으로 점포수를 늘려 왔을 만큼 성장의 역사를 자랑하고 있다.

2003년 8월31일 도쿄 오오타구 등에 총 13개의 점포를 새롭게 신설함으로 써, 세븐일레븐은 약 29년 만에 점포수가 1만 2개를 넘어섰다. 한 국가에서 1만개의 편의점을 거느린 것은 일본이 유일하다.

1991년 미국의 세븐일레븐 프랜차이즈를 인수한 세븐일레븐재팬은 이후 비 약적인 성장을 지속해 현재 전 세계에 1만 5,000여 개의 점포를 전개하고 있으며, 과거 23년간 연속해서 매출과 순익이 증가하는 경이적인 기록을 세우고 있다.

이러한 성장이 가능했던 비결은 과연 무엇일까. 특히 헤이세이(平成) 불황으로 일컬어지는 지난 10여 년간의 장기 불황에도 불구하고 성장을 거듭할 수 있었던 이유는 무엇일까.

(2) 위성 이용한 제품 추적 시스템

한마디로 요약하기는 어렵지만 그 비결은 세븐일레븐의 모기업이었던 미국의 사우트랜드사의 미국식 편의점을, 장시간 영업의 편리성과 상품의 질로 승부하는 일본 적 경영 스타일로 바꾼데 있다. 또한 정보기술에 기반을 둔 고객 지향적 전략도 주효했다고 할 수 있다.

특히 지난 1997년 11월, 제5차 종합 시스템 도입이 세븐일레븐 성장의 결정적인 견인차가 됐다. 이 시스템은 위성통신을 이용한 화상과 음성 시스템으로 고객이 어느 정도 구색을 맞춰 상품을 구매하는가를 분석해 그 다음날 히트 상품을 개발해 내는 방식이다. 즉 고객이 누구이고 그들의 욕구가 무엇인지를 파악해 고도 의 제품 추적 시스템을 개발한 것이다.

또한 세븐일레븐은 고객의 인구통계학적 특성에 대처하기 위해 신선도에 기반을 둔 소매전략을 구사했다. 각 점포의 직원들은 구매가 이루어질 때마다 성별과 나이가 같은 고객정보를 입력했다. 따라서 회사에서는 누가 무엇을 어디에서 하루 중 언제 구매하는지를 파악해 고객취향을 분석했다.

본사 직원 역시 고객이 많이 찾지만 점포 재고에는 없는 제품들에 대한 정보를 입력한다. 이러한 정보를 취합해 일본의 개별 특수회사에서나 제조하는 제품들까지 편의점 상품으로 등록, 점포마다 고객취향에 맞게 제품구색을 갖추는 것이 가능하게 했다.

이 정보 시스템은 재고 모니터링과 같은 기타 목적에도 이용된다. 저스트인타임(Just-in-time) 방식을 구현해 최저의 재고수준을 유지한다. 그러나 각각의 점포별로 고객 취향을 알고 있기 때문에 재고가 바닥나는 일은 거의 찾아보기 어렵다.

게다가 대부분 점포들이 판매 제품들의 신속 원활한 배달이 가능하도록 유통시스템을 갖추고 있으므로 재고를 많이 쌓아둘 필요가 더더욱 없다.

이 외에도 위성을 통한 정보 시스템을 이용해 유통센터와 제조업체에 주문서 발송, 각 점포의 재고품목 결정, 각 제품에 대해 필요한 선반공간의 결정, 종업원의 실적관리(우수자 포상) 등이 가능하다.

싱싱하고 따뜻한 식품을 편의점에서 흔히 파는 일본에서는 품질이 매우 중요하다. 특히 많은 수의 일본인 근로자와 학생들이 편의점에서 자신들의 점심거리를 구입하기 때문에 세븐일레븐도 도시락을 가장 중요한 전략상품으로 간주하고 있다.

도시락은 막대한 수익뿐만 아니라, 고객 충성도(customer loyalty) 및 브랜드 이미지까지 창출한다. 도시락 상자는 하루에 3번 각 점포로 배달되며, 배달 시간에 따라 적색과 녹색으로 구분 표시돼 있다.

세븐일레븐은 높은 수준의 품질을 유지하기 위해 200여 명으로 이루어진 품질검사팀이 정기적으로 세븐일레븐 점포들을 방문한다. 경우에 따라서는 회사의 사장도 점포에 들러 품질을 살펴본다. 품질관리 데이터는 본사의 컴퓨터 의사결정 지원 시스템에 의해 끊임없이 수집, 분석되며 엄격한 품질기준을 통과하지 못한 제품은 매장에서 즉시 사라진다.

(3) 부진 점포 폐쇄는 과감하게

세븐일레븐재팬은 정보 시스템의 발 빠른 도입으로 광범위한 시장정보를 얻을 수 있었다. 또한 제한된 공간에서도 매출을 극대화하고 재고수준도 최적화할 수 있었다. 더욱이 고객의 욕구를 정확히 알고 있었기 때문에 공급업자와도 유리한 가격과 고품질을 요구하기에 수월했다.

세븐일레븐은 적시 주문 시스템을 지원하는 공급업자들과도 매우 긴밀한 관계를 유지하고 있다. 대형 슈퍼마켓이 최소유지상품단위(Stock Keeping Unit : 매장에서 상품을 관리하는 최소단위)를 10만 개 이상 유지하고 있는 반면, 세븐일레븐 재팬의 매장은 단지 3,000개만을 유지할 수 있다.

이는 매장 평균면적이 1,200평방 피트이기 때문이다. 따라서 어떠한 항목이 진열대 위에서 교체되어야 하는지, 재고부족과 과대재고를 방지하기 위해서는 항목별로 몇 차례나 주문을 해야 하는지에 대한 의사결정이 매우 중요하다고 볼 수 있다.

세븐일레븐재팬은 여기에 그치지 않고 앞으로의 소비패턴 변화를 주시하면서 새로운 전략을 세워 추진하고 있다. 국내 인건비 증가, 산업공동화, 인구의 고령화 등에 대비한 획기적인 원가 절감을 시도하는 구조를 구축하려는 것이다.

그 일례로 2005년 3월 회계연도까지 1,000개의 신규 점포를 증설하고 300개 점포를 폐쇄하는 '스크랩 앤 빌드(Scrap & Build)' 방식을 도입, 추진중이다. 이미 각 점포들은 살아남기 위한 경쟁을 시작했다. 폐쇄되지 않기 위한 생존전략은 전사적 접근에 의한 전략도 중요하지만, 각 점포의 고객 만족 서비스도 중요하다는 결론이다.

2) 전략 수립(일본 7-eleven)

(1) 고객과 제품 공급

- 7-Eleven 고객의 48%는 편의점 500미터 이내에, 63%는 1,000미터 이내에 거주한다.
- 일반적인 고객은 1달에 7-Eleven 편의점에 13~14번 방문하며, 매번 평균 600~700엔을 지출하는데 5~6분이 소요된다.
- 고객의 64%는 남성이며, 57%가 10~29세 사이의 연령이다.
- 1997년 판매 ① 드링크, 라면, 빵, 스낵과 같은 가공식품(32.5%), ② 라이스볼, 도시락, 햄버거와 같은 패스트 푸드(31.7%), ③ 우유나 낙농제품과 같은 프래쉬 푸드(12.5%), ④ 잡지나 여성 스타킹과 같은 비식품 품목(24.3%)이다.

(2) Dominant Opening

- 7-Eleven은 방대한 고객을 창출시킬 수 있는 특정한 지역에 점포를 집중 각 점포의 판매 지역은 각 점포의 500미터 반경 이내이다.
- 이것의 궁극적인 목표는 중첩을 최소화 하는 범위 내에서 특정적인 지역을 담당 하는 것이다.
- 오사카나 고베에는 점포가 하나도 없는 것에 반해, 토쿄나 요코하마, 시타마 같은 도시에는 거의 3,000개 이상의 점포들이 집중하고 있다.
- Dominant Opening 전략의 주된 목적은 유통의 효율을 극대화하고 경쟁을 최소화 하기 위한 것이다.

• 이 전략은 소비자들로 하여금 특정 지역에 있어서 SEJ의 인지도를 높이는데 기여 하고 있다.

• 결과적으로 7-Eleven 점포는 일본의 47개의 현 중 25개에 집중되어 있다.

(3) 차별화된 상품전략

• 상권의 특성에 맞게 선택된 3,000여 개 아이템 상품으로 고객을 맞이하고 있다.

-매주 새로운 신상품을 도입하여 항상 신선한 매력이 넘치는 점포로 만들어 감.

-팀 머천다이징(Team Merchandising)을 통한 고객 니즈에 맞는 상품 신속 개발

• 제조사, 물류사 등의 협력업체와 팀을 이루어 편의점 특성에 맞는 신상품을 지속적으로 개발하였다.

3) POS 시스템의 운영

(1) 구성 요소

• ST(Scanner Terminal) : 상품 바코드 인식 판매 품목 검사신선도 관리진열 위치 확인한다.

• POS 출납기 : 화면을 통해 각종 정보, 메시지를 제공한다. 투입된 판매정보는 SC(스토어 컴퓨터)로 분석, 확인하고 본부로 전송한다.

• SC(Store Computer) : 점포 내 시스템 CONTROL STATION. 단품의 데이터가 리얼타임으로 갱신. 위성통신을 통해 정보를 동화상이나 정지 화상으로 제공, 검증기록을 음성과 수기문자로 축적가능 및 재확인 용이.

• 호스트컴퓨터 : 네트워크 정보를 수집, 처리하며 정보를 가공하고 각 단말기기에 피드백을 수행한다.

• 제조업체거래처 : 수주생산분류배송의 흐름을 시스템화하여 거래처는 종합 패키지 시스템을 운용, 상품을 효율적으로 생산 납품한다.

• 지구사무소(district office) : 가맹점에 대한 컨설팅 서비스를 중심으로 지구별 정보를 제공하고 점포에 대한 회계 부기 서비스를 최첨단 시스템으로 실시한다.

• 본부 : 점포 운영과 판매 촉진을 지원하고 정보를 집적, 관리 분석한다.

• 공동 배송 센터 : 거래처나 물류업자의 생산성을 향상시키고 가맹점의 효율화를 위해 상품의 신선도 향상, 적시 납품을 실현할 수 있도록 한다.(온도대별로 일괄하여 품질 관리하는 체제)

• OFC 노트북 : OFC를 전원이 휴대하고 있으며 발주마감 2시간 후에 보내지는 발주상황, 점포마다의 단품 POS 정보, 상품정보 등을 그 자리에서 확인하여 각 점포로 어드바이스, 서포트를 가능하게 한다.

⊛ 정보시스템 흐름도

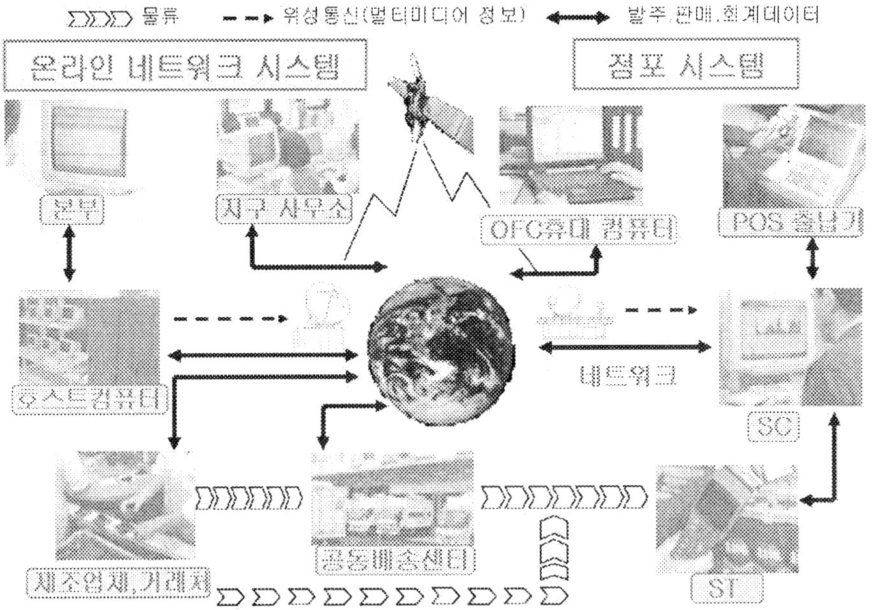

(2) 단품 관리

고객 중심의 시장에서 고객은 자신이 원하지 않는 상품은 절대 구매하지 않는다. 그러므로 고객이 원할 때, 원하는 상품을, 원하는 서비스로, 사기 쉽고 보기 쉽고 꺼내기 쉬운 매장으로 만들어 가는 것, 이것이 소위 생활자 주도형 시대에서 유통담당자들이 취해야 할 행동이다.

고객에 대한 정보나 도움 없이는 사업이 성공적으로 이루어질 수 없다. 결국 고객이라는 불특정한 소비자, 정확히는 그들의 니즈(NEEDS)와 경쟁을 한다고 볼 수 있다. 이러한 때에 가장 필요한 것이 바로 단품 관리이다. 단품 관리의 의미는 무엇이 팔리고 무엇이 팔리지 않는지, 또 그 이유는 무엇인지를 알아내는 것이다. 이를 위해서는 지금 현장에서 무엇이 팔리고 있고 무엇이 팔리지 않는지를 주도면밀하게 관찰하여 분석하는 작업이 필요하다. 또한 여기서 중요한 것은 '왜 팔렸는가', '왜 팔리지 않았는가'를 추상적이 아닌 구체적으로 즉 단품별로 분석해야 한다는 것이다.

단품 관리에 대한 결과를 피드백시키기 위해서는 반드시 가설을 세워서 검정해야 한다. 이때의 가설은 추측이어서는 안 된다. 추측은 주관적이지만 가설은 객관적이다. 왜냐하면 가설은 나타난 수치 즉 데이터를 근거로 하고 있기 때문이다. 그러므로 단품 관리는 POS 시스템이 없으면 불가능한 것이다.

아래는 단품 관리 과정의 4단계를 요약한 것이다.

① 현상 분석 : 매장파악(위치, 영업부문)
고객파악(구매 계층과 구매 시기)
상품파악(빨리 팔리는 품목, 천천히 팔리는 품목)
전시방법파악(고객의 편이, 경쟁, 판매 현황)

② 가설 수립 : 고객의 니즈에 맞는 상품인가?
날씨, 휴일, 이벤트 등에 영향을 받는 품목인가?
품목을 추가, 제거할 경우 판매에 영향이 있을 것인가?
전시방법 변경이 판매에 영향을 줄 것인가?
본사, 현장 자문 정보

③ 실 행 : 발주 수량 결정(발주는 매장에서 가장 중요한 업무)

④ 검 정 : 판매량과 반품량은 얼마인가?
재고부족으로 인해 판매기회를 상실한 적이 있는가?
날씨나 특별행사로 인한 판매 영향이 있는가?
성과를 거둔 부분과 실패한 부분은 어디인가?

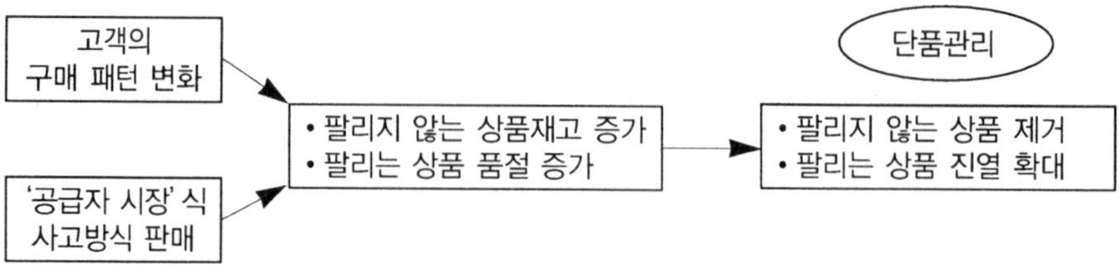

(3) 구체적 운영

① 현재의 정보 시스템의 특징

• 점포 정보시스템의 중앙부는 점포 컴퓨터(Store Computer : SC) 또는 터미널컴퓨터, POS 등록기, 그래픽 PC(또는 GOT : Graphic Order Terminal), 전자 주문 시스템(Electric Order System : EOS) 그리고 ISDN으로 구성

② 정보 통합과 피드백 순환 고리

• 등록기를 통해 수집된 제품 판매에 대한 정보는 ISDN을 통해 본사로 전송
• 추가로 점원은 고객의 성과 추정되는 나이를 보조 판매 데이터로 입력한다.
• 평균적으로 1,000명의 고객들이 각 점포에 매일 방문하며, 6백만 명 이상의 고객 데이터가 본사로 매일 전송
• 각 점포에서 수집된 POS 데이터는 SC(Store Computer) 시스템을 통해 처리된다. SC는 점포 관리자와 본사로 하여금 POS 데이터를 동시에 업데이트하고 분석이 가능
• 점포 관리자는 실시간 정보를 웹사이트에서 그래픽 PC를 통해 얻을 수 있음
• 개별 항목에 대한 시간대별 판매 추세
• 폐품(scrap) 추세 분석
• 개별 항목에 대한 재고 수준 추세 분석
• 개별 항목의 품절 랭킹
• 신제품 판매 추세
• 고객 프로필에 따른 시간별 판매

③ 실시간 피드백 순환과정

• POS 데이터와 주문 데이터는 실시간 기반의 ISDN을 통해 본사로 전송
• 본사에서는 POS 데이터를 처리하고 주문정보를 제조업체, 도매상, 유통업체에 전송
• 처리된 POS 데이터들은 다시 제조업체와 각 점포에 대한 카운슬링을 담당하는 900명 이상이 넘는 운영 현장 상담가들(Operation Field Counselors : OFC)에게 피드백
• 정보가 점포에서 본사와 제조업체로 그리고 제품은 업체에서 점포로 흐르게 됨
• 세부적인 데이터 분석은 재고관리, 점포 레이아웃 변화, 상품화 그리고 신제품 개발을 위한 의사결정을 지원

④ 상품화

• SEJ는 모든 제품에 대해 판매 추세에 대한 자료를 보유하고 그 제품을 유지시킬 것인지 포기할 것인지 결정
• 신제품은 1주 혹은 2주간 판매의 피크에 달하였다가 쇠퇴
• 점포당 판매 추세가 특정한 수준까지 쇠퇴하면 그 제품은 추천목록에서 삭제
• 제품의 수명주기는 시간이 지날수록 단축되고 신제품이 출시되고 사라지는 주기가 더욱 빨라지고 있다.

⑤ 신제품 개발

• 신제품 개발에 있어서 제조업체를 지원하기 위한 POS 데이터를 분석하는데 있어서 상당한 전문적 기술을 개발
• 이것은 미래의 추세와 요구를 예측하고 미래의 소비자 욕구를 프로젝트화할 수 있는 능력을 포함
• 많은 제조업체들은 신제품 개발에 관한 정보를 SEJ에 의존하고 있으며, SEJ 또한 신제품을 위한 제안을 POS 데이터에 기반한 제조업체들에게 제공(예, 1990년대 초반 조리 프래시 누들(half-prepared fresh noodles) 판매가 일반 라면의 판매를 초과하자 이러한 fresh noodle에 대한 추세를 따라잡아

SEJ는 fresh noodle이라는 새로운 카테고리를 Nisshin이라는 제조업체와 공동으로 개발)

⑥ 주간 사이클

- 매주 월요일 스즈키 회장은 주간 비즈니스 회의에 참석하여 지난주의 점포 성과를 리뷰하고, 오후에는 금주의 전략을 개발
- 이 회의의 결론은 화요일 도쿄의 본사에 비행기를 타고 온 운영 현장 상담가들(Operation field counselors : OFC)에게 브리핑
- 화요일 오후에는 지역 미팅이 열리게 되고 지역적인 전술을 개발(날씨나 온도, TV 광고의 효과, 이벤트, 고객 취향 추세와 같은 지역적인 특징들이 분석과 전술개발에 수집)
- 화요일 저녁에 그들은 다시 그들의 지역으로 되돌아감

⑦ 운영 현장 상담가(Operation field counselors : OFC)

- SEJ의 정보 피드백 순환에 있어서 아주 중요한 역할을 한다.
- 8개 정도의 점포를 담당하고 있는 그들은 적어도 한 주에 2번 점포를 방문하여 본사에서 개발된 메시지를 전달
- 금주에 추천된 전술을 실행하는데 도움을 주고 있음
- 또한 현장에서 정보를 수집하고 화요일 관리자들의 회의에서 구역 담당자(district manager)를 위한 주간보고를 준비
- 구역 담당자는 보통 10여 명의 OFC들의 보고를 받고, 7~8명의 구역 담당자들은 다시 지역 담당자(zone manager)에게 보고

⑧ 주문 처리 과정

- SEJ는 주문 프로세스의 속도를 높이기 위해서 전자주문 시스템(Electronic Order System : EOS)을 도입
- 점포 관리자는 곤돌라(gondola : 진열대)를 걸어다니면서 주문 품목을 입력
- 관리자들은 주문하는 동안 재고 수준과 판매 추세를 체크

- 다시 EOS를 SC(Store Computer)에 연결하여 데이터를 전송
- 전체적인 주문처리 시간은 보통 1시간 30분에서 2시간 정도 소요
- 주문 데이터는 ISDN을 통하여 본사로 전송, 호스트 컴퓨터에 의해 통합되고 처리
- 본사에서 처리된 주문 데이터는 계획수립과 배송을 위해 제조업체와 도매상 그리고 유통센터에 전송된다.
- 패스트푸드와 프래쉬프드의 경우 하루에 3번 주문이 이루어지고, 잡지는 한 번, 조리된 식품은 일주일에 세 번 주문 도시락(Bento)의 경우에는 2~3시간 내에 주문 영수증, 배송경로, 생산량 등과 같은 데이터가 업체에게 전달
- 제품이 점포에 도달할 때 각각의 제품들은 SC에 연결되어 있는 ST(Scanner Terminals)에 의해 스캔(관리는 SC 수준에서 통제될 수 있음)
- 각 점포 관리자는 본사 추천 품목을 포함한 주문 리스트에 기반하여 주문
- SEJ는 어떤 품목을 추천 리스트에 포함시킬 것인가를 위하여 POS 데이터와 축적된 노하우를 활용
- 점포 관리자는 미리 추천된 품목에서 주문 항목을 뽑아 본사에 주문

⑨ 주문 노하우

- POS 데이터는 주문을 위한 기초자료가 됨
- 다른 편의점 업체와 달리 SEJ는 POS 데이터를 최상으로 활용하는데 있어서 축적된 노하우를 가짐
- 각 점포 관리자는 날씨나 이웃 학교나 사무실에서 벌어지는 이벤트, 아파트 입주, 사무실 개점 등을 포함한 많은 요소들을 고려하여 주문을 하게 됨.
- 이러한 변화하는 소비자의 행동에 대한 지식은 일주일에 2번 방문하게 되는 OFC들에 의해 전달

4) 일반 POS 시스템과 7-Eleven POS 시스템의 공통점과 차이점

(1) 차이점

일반적인 POS 시스템과 다른 것은 단순한 매출보고에 이용하는 것뿐만 아니라, 구매성향 정보예측 분석을 위해 SCM의 개념을 포괄한 시스템이다.

이 시스템을 이용해 7-Eleven 본사에서 각 지점의 구매 패턴을 파악하고 장기적인 또는 단기적인 전략과 전술을 수립하는데 있어서 결정적 정보를 제공할 수 있다.

이 정보로 수립된 전략은 매장의 직접적인 매출과 고객이 원하는 서비스 향상에 도움을 줄 수 있다.

더 나아가 ERP와 같은 종합 정보 시스템으로서 수행이 가능한 전사적 시스템을 추구하였다.

또한 기존의 POS 시스템보다 정확도와 신뢰도를 높임으로써 보다 정확한 예측을 가능하게 하였다.

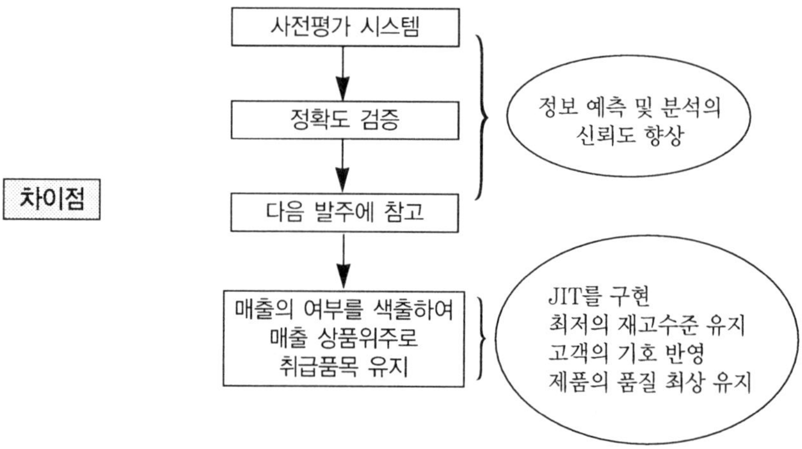

(2) 공통점

메인 컴퓨터를 이용해 각 지점의 판매현형을 파악하고 데이터를 분석하여 재고관리 및 고객의 기호에 따른 취급 품목을 구성할 수 있게 한다.

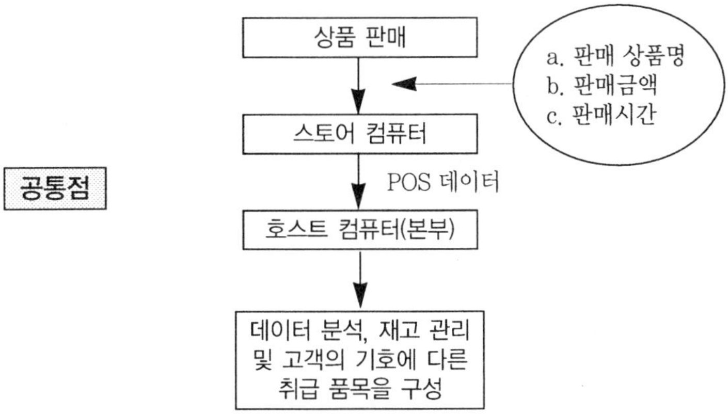

5) 일본 7-Eleven의 도입 예

(1) 이토요카도와 7-Eleven Japan의 경영 혁신

이토요카도 그룹은 지금까지 '본업에 충실한다.'는 생각을 기본으로 해왔다. 소매업이나 레스토랑 등 각 회사가 주력하고 있는 업무에 전력을 기울일 뿐, 다각화나 부동산 투자 등으로 이익을 올리겠다는 생각을 하고 있지 않았다. 최근 이토요카도 그룹은 은행 업무에 참여하려고 하고 있다. 은행 업무를 접목하려는 것은 결코 본업인 소매업과 전혀 다른 사업으로 진출하려는 의도에서가 아니다. 소매업 분야에서 고객에 대한 서비스를 더욱 충실히 하고 싶다는 생각 때문이다.

오늘날 고객의 요구를 생각하는 데 있어서 또 하나 간과할 수 없는 것은 생활시간의 변화이다. 심야 1시, 2시라고 하면 대부분의 사람들이 잠에 취해 있을 시간일텐데 실제로는 많은 사람들이 그 시간대에 활동하고 있다. 나 한 사람의 생활 느낌만으로는 도저히 파악할 수 없는 변화가 사회 전체적으로 진행되고 있는 것이다.

이와 같은 사회변화에 부응하기 위해서는 24시간 언제든지 이용할 수 있는 7-

Eleven 등에서 은행 서비스를 시작하는 등 기존의 틀을 벗어나 새로운 서비스를 꾸준히 창출해 나가는 노력이 필요하다.

✤ 유통업계 및 이토요카도 그룹

① 국민성의 차이가 소비에 대한 자세의 차이를 발생시킨다.

예를 들어 일본에서는 일시적으로 할인점이 크게 유행했지만, 지금은 대형할인점 대부분이 영업저조 상태에서 헤어나지 못하고 있다. 하지만 미국에서는 현재 가장 활발하게 성장하고 있는 업태가 할인점이다.

최근 일본 소비시장의 또 한 가지 특색은 새로운 상품만 팔린다는 점이다. 작년에는 잘 팔렸던 상품이라도 그 가운데 60%가 올해는 팔리지 않게 된다. 그만큼 상품의 수명이 짧아지고 있다. 미국은 일본보다 상품수명이 훨씬 길다.

② 판매하는 쪽과 구매하는 쪽의 생각이 크게 차이가 나기 때문에 엄청난 손실이 발생하고 있다.

사실 공급자측은 과거 고도성장기의 성공체험을 토대로 장사를 계속하고 있어서 현재의 소비자 요구를 제대로 파악하지 못하고 있다. 물건이 부족하던 과거에는 적어도 대부분의 소비자가 생활욕구를 충족시키기 위해 많은 물건을 사려고 했다. 그 때문에 상품가격이 싸지면 그만큼 많은 물건을 살 수 있게 되기 때문에 환영받았다. 당시 불경기가 되어도 상품 가격만 내리면 무엇이든 잘 팔렸던 것도 그 때문이다. 그야말로 '공급자 시장' 의 시대였던 것이다.

지금의 소비자는 과거와는 다른 새로운 것, 다른 사람이 아직 갖고 있지 않은 차별화된 상품을 신중하게 선택하여 구입하고 있다. 지금은 아무리 가격을 내려도 소비자가 그 가치를 인정하지 않으면 전혀 팔리지 않는 '소비자 시장' 의 시대인 것이다.

공급자 시장식 사고 방식	소비자 시장식 사고 방식
과거의 연장선상에서 현재에 대한 반응	현재의 고객욕구를 정확히 파악
과거의 성공체험 중시	시장의 변화예측 중시
가격할인=판매증대	가치 있는 제품만 판매됨
선진국에서 성공하면 우리나라에서도 성공한다.	선진국의 고객과 우리나라의 고객은 다르다.

(2) 업무개혁의 시작

고객의 구매패턴이 변화되고 '공급자 시장' 식의 사고방식이 팽배해짐에 따라 팔리지 않는 상품의 재고가 증가하게 되었고, 팔리는 상품의 품절이 증가하였다. 그래서 생각해낸 방법이 팔리지 않는 상품을 없애고, 그 대신 팔리는 상품을 충분히 매장에 진열하여 품절이 발생하지 않도록 함으로써 매출이 늘어나고 이익도 증가했다. 이는 상품 하나하나 단품 관리를 했기 때문이다.

(3) 7-Eleven을 제로에서 시작

미국에서 7-Eleven이 성공한 것으로 보였던 것은 대규모 쇼핑센터가 소매업의 중심이 되어, 가까운 곳에서 간단한 쇼핑을 할 수 있는 가게로 편의점을 제쳐놓은 것뿐이었다. 미국에서는 담배를 사려고 해도 슈퍼마켓이나 편의점에 갈 수밖에 없다.

그러나 슈퍼마켓에 가면 주차장에 차를 세우고 큰 매장으로 들어가서 출납계에 늘어서서 물건을 구입하게 되니까, 아무리 빨라도 10~15분은 걸린다. 반면에 편의점은 1~2분이면 끝난다. 간단한 쇼핑을 할 경우에 편의점은 그야말로 시간적 편의성이 있는 것이다.

실제로 점포를 전개해 나가기 위해서는 일본의 실정에 맞는 구조를 만들고, 상품 을 납품받는 거래처도 하나부터 열까지 개척해 나가야 했다. 1점포당 상품 납입량도 전혀 다르기 때문에 상품 출하나 배송구조도 전혀 새롭게 만들어야 했다. 따라서 대형점과의 거래에 활용하고 있는 기존의 구조로는 대응할 수 없었던 것이다.

(4) POS 데이터 사용법

상권 정보를 모아 그 정보를 토대로 내일은 어떤 상품이 팔릴지 가설을 세워 각 상품의 발주량을 결정하는데, 그런 가설을 검증하기 위해 POS 데이터를 활용하고 있다. POS는 상품 하나하나에 대해 그 상품을 언제, 어떤 고객이 몇 개 구입했는지 데이터를 수집하고 있다. 그 상품이 어느 시간대에 품절되었는지도 한눈에 알 수 있도록 되어 있다. 정오까지는 품절이 되지 않도록 발주량을 정했는데 실제로는 8시에 품절이 되었다면 발주의 기초가 된 가설에 오류가 있었음을 알 수 있다.

이처럼 POS 데이터는 단순히 무엇이 몇 개 팔렸는지를 알아보기 위한 것이 아니라, 발주의 기초가 되는 가설의 어디에 문제가 있는지를 체크하여 다음 가설을 세울 때 고객 요구에 정확히 접근해 나가기 위해 활용하고 있다.

(5) 다이렉트 커뮤니케이션

정말로 중요한 것을 전달하려면 다이렉트 커뮤니케이션보다 더 나은 것은 없을 것이다. 변화가 극심해지면 극심해질수록 그때그때의 생생한 정보와 목소리가 중요하다는 것을 절실히 느낄 수 있기 때문이다.

이야기를 전달하면서 모두의 얼굴을 보고 있으면, 가령 '상대방이 내 얘기를 아직 충분히 이해하지 못했구나'라는 것이 직접적으로 전달된다. 중요하다고 생각해서 말했는데 모두가 관심을 갖고 있지 않다는 느낌이 전달되었다면, 설명을 반복하거나 설명 방법을 바꿀 수도 있다. 한 가지 방침을 회사 전체에서 철저히 실행하거나 기존의 틀을 타파하고 새로운 도전을 해 나가려면 이런 다이렉트 커뮤니케이션을 통해 오감 전체로 상대방에게 전달해 나갈 필요가 있다.

세븐일레븐의 가장 큰 성공요인은 세븐일레븐의 모기업이었던 미국의 사우트랜드사의 미국식 편의점을 장시간 영업의 편리성과 상품의 질로 승부하는 일본적 경영 스타일로 바꾼 것과 정보기술에 기반을 둔 고객 지향적 전략도 주효했다고 할 수 있다.

6) 국내 7-Eleven의 도입 예

(1) 통째로 바나나케익 발주 개선 사례(784호, 여의4호)

① 현상분석

세븐일레븐 784호점은 2001년 2월 1일에 가맹 전환된 점포로 영등포구 여의도동에 위치, 사무실가와 점포 앞 맨하탄 호텔이 주요 상권을 형성하고 있다. 점주는 푸드에 관한 중요성은 인식하고 있고 의욕은 높으나, 발주관리 및 점포 s/c를 통한 정보 분석 능력이 아직 미흡한 상태(pos data 활용능력 부족)이므로 차별화된 단품(통째로 바나나케익)으로 점주의 발주 및 정보 분석에 관한 교육이 필요한 상태였다.

- 통째로 바나나케익 진열 위치가 간식 매대 4단 1face에, 폐기량이 전혀 없으나 발주량 1~2개로 일정
- 점주는 판매가 되고 있는 것은 알고 있으나 시간대별 판매 분석 및 구입 고객에 대한 정보를 알지 못함
- p/t들도 상품에 대한 정보 부족으로 고객에게 설명을 제대로 못하는 수준
- 일본 고객들이 많음에도 상품에 대한 일본어 단품 태그 등의 고지 부족
- 기회 loss의 발생으로 점포 s/c상의 data는 의미가 없음을 fc에게 교육 후 점주에게도 교육하도록 함(본사 일평균 판매 1~2개, 784호는 발주량이 모두 판매되는 현상)
- 통째로 바나나케익은 세븐일레븐에서만 취급하는 차별화 상품으로 20대 시식 고객에게 반응이 좋음

② 가설 및 시행

- 점주에게 발주량을 1차적으로 늘리도록 하였으나 기회 loss 과다 발생으로 팀장이 10개로 수량을 정하여 주고 단품관리를 하도록 교육
- 점주에게 손익을 이야기해 주도록 교육-연계 및 추가 판매로 예상되는 이익은 추가로 늘어나고 단품관리로 폐기량 조정 시 고객에 대한 유입효과 및 차별화 상품에 대한 고객인지로 매출 이익은 더욱 늘어날 것임

• 간식 매대 4단에 3face로 확대 진열 및 일본어 pop고지 실시

• fc가 점주에게 매일 판매에 대한 s/c상의 점검을 전화로 불러 받을 수 있게 지도하여 정보관리 능력 향상 및 점주와 p/t에게 발주 단품에 대한 관심을 유도하여 판매를 증진하도록 교육

③ 검증 및 계획

통째로 바나나케익에 대한 고객의 need가 강하다는 좋은 사례로 타 점포에 전파하고 차별화 상품에 대해서는 점포의 판매하려는 의지와, 발주가 판매에 영향이 있음을 점주에게 적극 교육한다. 점주 설득 시 손익적인 부분에 관해서도 data를 제공하여 설득하도록 하며 과거의 data에 얽매이지 말고 새로운 data를 창출하기 위해 점호의 s/c를 적극 활용한다.

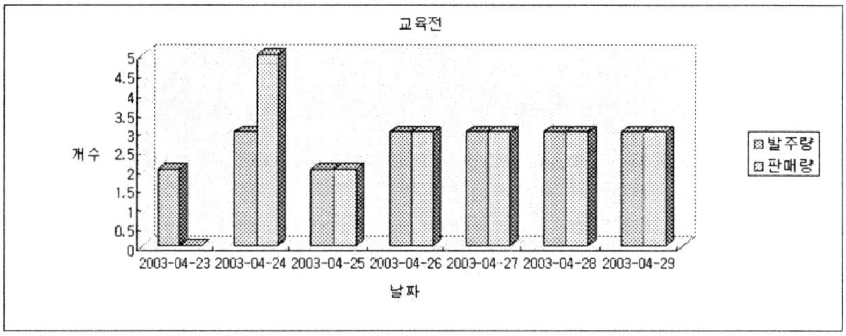

• 발주 – 합계 : 19개, 평균 : 2.7개 • 판매 – 합계 : 19개, 평균 : 2.7개

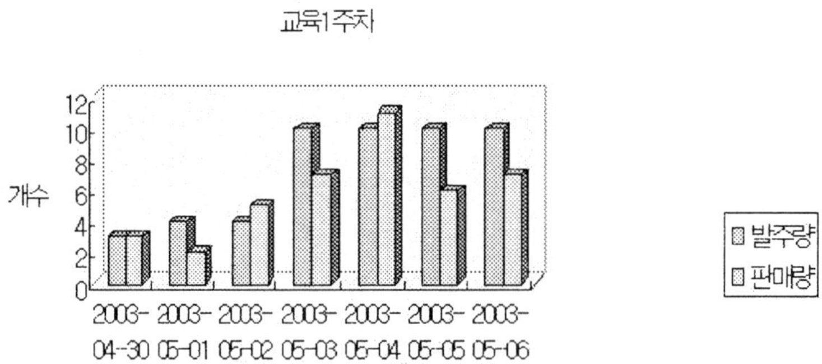

5월2일까지는 1차적 발주 교육에도 불구하고 점주가 소극적 발주를 행함.

• 발주 – 합계 : 51개, 평균 : 7.3개 • 판매 – 합계 : 41개, 평균 : 5.9개

(2) 도시락 발주개선 사례(191호점-역삼1호)

① 점포위치

1997년 7월 12일 오픈, 2000년 1월 17일 가맹 전환된 역삼 1호점은 강남역 사 거리에서 역삼역 방향 200m 지점에서 좌측으로 50m 접어든 위치에 자리 잡고 있다. 사무실, 학원들이 많고 유동인구가 많은 곳으로 주변에 식당과 편의점이 많은 곳이다. 따라서 출근 시간대에는 스타킹 및 간단한 패스트푸드, 점심에는 음료, 담배, 오후 5~6시에는 간식류, 저녁 8시 이후로는 간단한 도시락이 잘 팔리는 곳이다.

② 현상분석

김치제육, 순살 돈가스, 닭불갈비, 특선도듬 등 4종류의 도시락을 발주, 판매하고 있었지만 점주는 주변에 식당이 많이 있기 때문에 주식개념의 상품(식사대용품) 판매에는 매우 소극적이었다. 따라서 김밥과 케익, 샐러드 같은 디저트 식품이 잘 팔리는 것에 비해 도시락은 일 4개 발주, 1~2개 판매에 그치고 있었다.

③ 가설

도시락은 주식 개념이고 단가가 높아 상당한 매출을 올릴 수 있는 상품이다. 따라서 팀 내에 기둥이 될 모범점포를 만들어 키워나가야 할 필요가 있었기에 철저한 자료조사를 통해 정확한 수요를 예측하고 이에 대응키로 했다.

- 주변의 변리사 학원인 한빛학원에 토요일, 일요일 특강에 참가하는 약 100명의 직장인들의 구매가 예측됨(주변 식당가가 문을 닫으므로 수업시간 전후에 구매효과 기대)
- 주변 국기원에는 지방에서 토요일에 올라와 일요일 단증시험을 치르는 사람들의 구매가 예측됨.
- 심야시간대 오피스 당직근무자의 구매 예측됨. 조사를 통해 파악한 이와 같은 수요 예측에 기초해 고객층별, 요일별, 시간대별로 적극 대응하면 매출이 상승할 것으로 판단됨.

④ 실행

점주는 fc들의 정보수집과 권유를 받아들여 삼각주먹김밥도 초기에는 일일 30개 판매에 그치던 것을 150개까지 끌어올렸던 것처럼 도시락도 멋지게 키워보겠다고 결심하고, 적극적인 발주와 권유 판매에 나섰다. 도시락 구매 시 집에서 담근 김치를 무료로 제공한다는 pop도 부착하고, '맛있다', '위생적이다', '저렴하다'는 포인트를 적극적으로 홍보해 나갔다.

⑤ 검증

일일 평균 20개 발주에 평균 8개 이상 팔리게 되었다. 아직 완벽한 성공이라고 할 수 없지만 짧은 시간 내에 반드시 판매가 높아질 것으로 기대가 모아지고 있다.

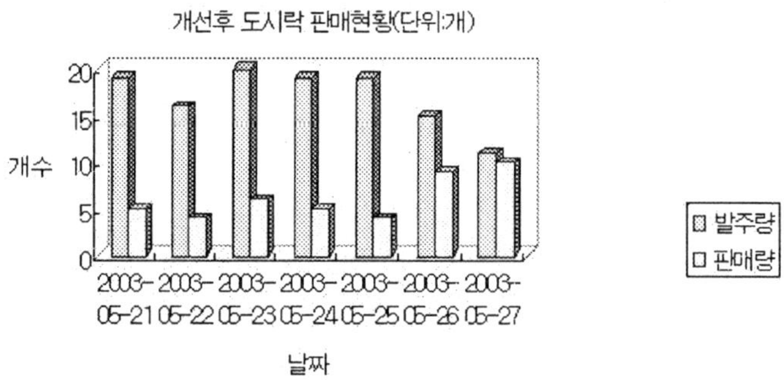

• 판매 – 합계 : 43개, 평균 : 6.14개　　• 발주 – 합계 : 119개, 평균 : 17개

• 다양한 구색의 제품을 갖추거나 신상품 개발, 상품 진열 등에도 pos를 통해 수집된 자료가 바탕이 되어야만 한다.

2 월마트의 사례

1) 월마트 개요

미국의 소매업체 월마트는 창업 이후 '소비자 최우선'이라는 경영방침 아래 고품질의 상품을 저가에 소비자에게 공급함으로써 소비자만족의 극대화는 물론 매출액 및 순이익 등 경영실적에서 경이적인 성장을 지속하였다. 그리하여 1990년 이후 세계 최대 규모의 유통업체에 이르며, 현재까지 그 위치를 굳건히 해 오고 있다.

이렇게 월마트가 세계 최대의 기업으로 부상할 수 있었던 것은 '저가격 정책' 이라는 경영전략에 의한 것이다. 월마트는 경영전략에 있어 '소비자는 보다 싼 가격의 제품을 원하고 있으며, 월마트는 이에 부응하여 항상 싼 가격으로 제품을 공급해야 한다.' 는 경영철학을 바탕으로 한 '언제나 낮은 가격' (Every Day Low Price) 제도를 세계 어디에서나 동일하게 내세우고 있다. 이와 같은 전략처럼, 일반적으로 동일하거나 비슷한 제품을 주위 상점보다 싼 가격에 살 수 있다면, 그 상점은 매우 유리한 입장에 설 수 있을 것이다. 물론 영업과 관련한 각종 서비스가 그 상점의 실적과 관련이 없는 것은 아니지만, 소비자의 상점 선택에 있어서 핵심 의사결정 요인은 가격임에 틀림없다. 그러나 이처럼 보다 싼 가격에 제품을 공급한다는 것이 매우 경쟁 우위적인 요소가 됨은 월마트의 경쟁업체라 할 수 있는 세계 모든 기업들도 알만한 사실이라고 할 수 있겠다. 따라서 그럼에도 불구하고 월마트가 여러 경쟁 기업들을 따돌리고 세계 제1의 유통업체가 될 수 있었던 성공 요인은 저가격 전략보다는 저비용 전략으로 설명하는 것이 타당할 것이다. 보통 할인 소매업이나 회원 도매클럽 등에서의 판매가격은 거의 비슷한 수준을 보이는 것이 일반적이기 때문이다. 즉 월마트의 성공 요인은 싼 가격에 제품을 공급할 수 있는 원가 구조가 남달리 뛰어났다는 점이다. 월마트의 손익 구조를 살펴볼 때 월마트의 영업 이익률이 높다는 것을 알 수 있다. 이를 통해 월마트의 판매 관리비가 매출액에 대비해 타 할인점들보다 상대적으로 작기 때문이라는 사실을 쉽게 판단할 수 있다.

그러면 어떻게 월마트가 이러한 원가 구조를 가질 수 있었을까? 이에 대한 해답은 월마트의 창업자 샘 월튼의 가격에 대한 남다른 생각과 독특한 경영철학, 그리고 저원가 구조의 핵심인 탁월한 물류 시스템에 있다고 할 수 있겠다. 따라서 샘 월튼의 경영철학과 지금의 월마트가 있게 한 그 성공 전략을 알아보고, 아울러 월마트 성공 사례의 의미에 대해서도 살펴보고자 한다. 우선 이에 대해 본격적으로 알아보기 전에, 서론에서는 월마트가 어떠한 기업이고 어떠한 역사를 가지고 성장을 하여왔는지에 대해 설명하고자 한다.

(1) 세계 최대의 유통업체 월마트의 위상

월마트는 미국과 세계 10개국 5,379여 개의 점포에서 166만 명 이상이 일하고 있는 세계 최대의 유통 업체이다. 또한 2002년 총매출 2,445억 불(한화 약 318조 원), 2003년 총매출 2,563억 불(한화 약 333조 원), 2004년 총매출 2,880억 불을 기록할 정도로 세계에서 매출액이 가장 높은 기업이기도 한다. 이 2004년의 매출액 규모는 유럽의 선진국인 오스트리아 GDP(2901억 달러)보다 약간 적고, 2억 2000만 인구의 인도네시아 GDP(2576억 달러)보다는 크게 높은 수준이라고 한다. 이러한 월마트를 미국의 유력 경제 전문지인 Fortune은 2004년 '글로벌 500대 기업' 에서 3년 연속 1위로 선정하였으며, 2003년에 이어 2004년 두 해 연속 '미국에서 가장 존경받는 기업' 으로 발표하기도 하였다.

그 밖에 월마트의 세계 속의 위상을 수치로 요약해 본다면, 우선 월마트는 전 세계에서 매주 1억3천8백만여 명이 쇼핑을 하고 있으며, 전 세계 월마트의 하루 매출액은 약 14억 달러, 즉 한화로 약 1조8천4백억 원을 넘어섰다. 이러한 엄청난 매출액만큼이나 사회 환원에도 적극적인 월마트는 전 세계 월마트를 통해 매년 32억 불 이상을 지역사회의 봉사활동에 사용하고 있고, 매년 5만여 개 이상의 각종 지역 단체를 지원하고 있을 뿐만 아니라, 언제나 낮은 가격이라는 'Everyday Low Price' 마케팅전략을 통해 매년 100억 불에 달하는 전 세계 소비자들의 돈을 절약시켜주고 있다. 또한 월마트는 미국 내 126만여 명 이상, 미국 외 지역에 40여 명 이상을 고용하고 있으며, 앞으로 5년간 80만 명 이상의 추가 고용 계획이 있다고 한다. 마지막으로 월마트의 사업 확장 계획 규모는 매년 DOW Chemical사 하나, Pepsi-Cola사 하나, Microsoft사 하나, 또는 Lockheed Martin사 하나를 세우는 것에 필적할 정도로 대단한 것이라고 한다.

2) 월마트의 역사

1945년 ▶ 샘 월튼이 아칸소주 뉴포트(Newport)의 벤프랭클린 가맹점을 2만5천 달러에 인수.

1959년 ▶ 벤 프랭클린 1호점을 인수한 뒤 15년만에 9개점을 인수.

1962년 ▶ **월마트(Wal-Mart) 설립**하고, **디스카운트스토어**(discount store) **1호점**인 '월마트 디스카운드 시티' 를 미국 아칸소주 로저스에 개점.

1964년 ▶ 디스카운트스토어 2호점 벤튼빌에서 50마일 떨어진 해리슨에 개설, 1969년 말 디스카운트 스토어 18개점, 벤 프랭클린 가맹점 14개점으로 확대.

1969년 ▶ 회사를 월마트 스토어 주식회사(Wal-Mart Stores. Inc.)로 만듦.

1970년 ▶ **월마트의 물류센터 최초로 오픈.**

1972년 ▶ **월마트를 뉴욕 주식시장에 상장**, 점포수 51개점, 매출액 7천8백만$

1976년 ▶ 벤 프랭클린 점포 모두를 폐쇄, 계약 해지하고 디스카운트스토어 사업에 전력, 점포수 1백25개점, 매출액 3억4천만$.

1977년 ▶ 월마트의 모어밸류회사(MohrValue) 인수, 미국의 9개주에 1백53개점, 매출액 4억4천만$, 순이익 1천6백50만$(44% 성장)

1980년 ▶ **EDLP(Everyday Low Price), ELCO(Everyday Low Cost Operation) 시스템** 도입, **EDI(Electronic Data interchange : 전자문서교환), EOS(Electronic Ordering System : 온라인수발주시스템) 시스템 도입**, 점포수 3백 30개점, 매출액 약 13억$, 순이익 4천1백10만$.

1983년 ▶ **샘스클럽(Sam's Club, MWC)1호점** 오클라호마주 미드웨스트 시티에 개점

1984년 ▶ David Glass CEO로 발탁, **POS(point of sales management) 도입**, 약 6만 SKU(Stock Keeping Unit : 최소유지상품단위)의 상품 단품관리를 가능케 함.

1986년 ▶ POS도입 효과로 **QR(Quick Response)시스템 도입**.

1987년 ▶ 텍사스주 가렌드(Garland, Texas)에 하이퍼마켓 USA 1호점 개점, **인공위성 통신망(WSN=Wal-Mart Satellite Network)을 설치**하고, 전 점포에 POS 설치와 자동온라인 보충발주제도를 도입

1988년 ▶ **슈퍼센터(Super Center) 1호점**을 미주리주 워싱톤에 개점, 수퍼세이버 점포를 인수, 점포수 1천3백64개, 매출액 2백6억$, 순이익 8억3천7백 20만$(미국 소매업 1위)

1990년 ▶ K마트와 시어즈를 제치고 미국 소매업계 매출액 1위 달성.

1991년 ▶ **인터내셔널 1호점 개점(멕시코 시장 진출)**.

1992년 ▶ **푸에르토리코 시장 진출**

1994년 ▶ **캐나다 시장 진출**

1995년 ▶ **브라질, 아르헨티나 시장 진출**.

1996년 ▶ **중국 시장 진출**, walmartstores.com으로 인터넷 사업 실행(본격적인 온라인 영업이 아니였음.)

1997년 ▶ 미국 최고의 할인점이 됨, 소매 역사상 최초로 연간매출 1천억 달러 달성, 독일 베프트카푸(Wertkauf) 하이퍼마켓 21개점을 인수, 총매출액 1천1백79억 $, 점포수 3천1백86개점.

1998년 ▶ 7월 한국마크로(네덜란드 유통체인) 인수, **한국 시장 진출**, **독일 시장 진출**, 네이버후드마켓(Neighborhood Market) 1호점 개점.

1999년 ▶ 영국의 ASDA그룹 인수, **영국시장 진출**

2000년 ▶ **walmart.com을 출범**하면서 본격적 온라인 사업 추진

2002년 ▶ 일본의 세이유 주식 매입, **일본시장 진출**.

3) 월마트의 현황

월마트는 현재 '2005년 Annual Report'를 기준으로 순매출액 2852억2천2백만 달러(11.3% 증가), 순이익 90억5천4백만 달러를 기록하고 있다. 이 규모는 세계 최대 수준이라고 할 수 있다. 월마트가 2005년 현재에 이르기까지, 급속한 매출액 증가를 이뤘던 1990년 후반에서부터 연도별로 얼마나 성장을 해왔는지 알아보기 위해 월마트에서 발표한 '2005년 Annual Report'를 이용해 재무 상태를 보여주는 표를 작성해 보았다.

※ 월마트의 1999년~2005년 주요 재무요약(Financial Summary)] (금액 단위 : 백만 달러)

	2000년	2001년	2002년	2003년	2004년	2005년
순매출액	$ 156,249	$ 180,787	$ 204,011	$ 229,616	$ 256,329	$ 285,222
순매출액 증가	19.7%	15.7%	12.8%	12.6%	11.6%	11.3%
매출원가	$ 121,825	$ 140,720	$ 159,097	$ 178,299	$ 198,747	$ 219,793
운영, 판매, 일반관리 비용	26,025	30,822	35,147	39,983	44,909	51,105
순이익	5,324	6,235	6,592	7,955	9,054	10,267
디스카운트스토어(미국) 점포수	1,801	1,736	1,647	1,568	1,478	1,353
슈퍼센터(미국) 점포수	721	888	1,066	1,258	1,471	1,713
샘스클럽(미국) 점포수	463	475	500	525	538	551
네이버후트(미국) 점포수	7	19	31	49	64	85
월마트인터내셔널 (해외) 점포수	991	1,054	1,154	1,272	1,355	1,587

출처 : 2005 Wal-Mart Stores, Inc. Annual Reports

한편 현재의 월마트가 있게 한 월마트의 대표적인 할인점 형태는 4가지로 설명할 수 있는데, 우선 1962년 처음으로 설립되었던 디스카운트스토(Discount Store), 1983년 처음 설립되었던 샘스클럽(Sam' s Club), 1988년 처음 설립되었던 슈퍼센터(Super Center), 1998년 처음 설립한 네이버후드마켓(Neighborhood Market)으로 나눌 수 있다. 디스카운트스토어는 의류, 일용잡화, 내구소비재 등 실용적인 생활용품을 취급하는 할인점이고, 샘스클럽은 대량매입, 대량판매로 싸게 파는 것이 기본 원칙인 회원제 창고형 할인점을 말한다. 또한 슈퍼센터는 기존의 디스카운트스토어에 식품류를 강화한 일종의 대형 디스카운트스토어라고도 할 수 있다. 마지막으로 네이버후드마켓은 슈퍼마켓과 드럭스토아(Drug Store)를 결합시킨 매장면적 4천m^2 기준의 할인점을 말한다. 현재 월마트는 4가지 점포 형태 중 슈퍼센터에 주력하고 있으며 현재 남아있는 디스카운트스토어도 슈퍼센터로 전향하고 있어, 점점 슈퍼센터 점포수는 늘어나는 대신 디스카운트스토어 점포수는 줄어드는 추세이고, 현재는 디스카운트스토어의 수가 슈퍼센터보다도 적어지게 되었다.

월마트는 2005년 1월 31일 회계연도를 기준으로, 현재 미국 내에 디스카운트스토어(Discount Store) 1,353개, 슈퍼센터(Super Center) 1,713개, 샘스클럽(Sam's Club) 551 개, 그 밖에 네이버후드마켓(Neighborhood Market) 85개가 있다고 한다. 그리고 미국 최대의 편의점 공급업체인 매클레인컴퍼니(McLane Company)를 계열사로 가지고 있다. 이렇듯 월마트는 미국 내 엄청난 스토어 체인망 확대를 하며 성장을 해왔다고 할 수 있다.

한편 월마트는 1991년 멕시코시티에 월마트 인터내셔널 1호점 개점을 시작으로 미국 내 뿐만 아니라 점차 해외로 그 영역을 넓히고 있다. 현재 월마트 인터내셔널은 2004년 회계연도를 기준으로 아르헨티나(11개), 브라질(25개), 캐나다(235개), 중국(34개), 독일(92개), 한국(15개), 멕시코(623개), 푸에르토리코(53개), 영국(267개), 일본까지 10개국에 진출해 있는 상태이고, 앞으로 러시아와 유럽연합(EU)의 새 가입국인 폴란드, 헝가리 등의 중동부 유럽 시장에도 본격 진출을 계획하고 있다.

4)월마트의 성장(성공 요인)

월마트의 창업자인 샘 월튼(Sam Walton)은 1962년 미국에서 처음 개점한 디스카운트스토어 1호점의 성공 이후, 1964년 디스카운트스토어 2호점을 개점하는 등 1969년 말까지 총 18개의 디스카운트스토어를 개점하였으며, 이후 1970년 말부터 미국의 아칸소 주를 중심으로 캔자스, 미주리, 오클라호마, 루이지애나 등 5개 주로 디스카운트스토어 출점을 확대해 나갔다. 그리고 1976년 월튼의 나이 58세 때부터, 약 20년간 유지해 온 벤 프랭클린을 모두 폐쇄하고 디스카운트스토어 하나에 전념하기 시작한다. 이러한 디스카운트스토어의 계속된 확대와 함께, 이후 1990년부터 시작된 그의 이름을 딴 샘스클럽과 편의시설을 갖춘 슈퍼센터가 월마트의 주요 사업으로 자리를 차지하게 되고, 80년대의 지역 확대 등과 함께 연평균 25%의 경이적인 성장을 기록하게 된다.

또한 지난 1995년 3월, 미국의 대표적인 할인점의 하나로 월마트와 치열한 경쟁을 했던 K마트(K-mart)의 회장인 죠셉 안토니니(Joseph Antonini)가 사임함으로써, 30여 년에 걸친 월마트(Wal-mart)와 경쟁업체 K마트의 주도권 쟁탈전을 월마트의 승리로 끝내며 현재에 이르기까지 미국 최고의 유통업체로서 성공가도를 달려왔다고 할 수 있다.

그러나 87년 안토니니가 K마트에 처음 부임했을 때만 해도 K마트는 월마트보다 월등히 앞서 있었다. 그 당시 K마트는 2,223개의 점포와 256억 달러의 외형을 갖고 있는데 반하여, 월마트의 점포수는 1,198개 그리고 매출액은 160억 달러에 지나지 않았다. 더구나 K마트는 주로 도심의 비싼 땅에 위치하고 있었고, 월마트는 보통 중소도시의 한적한 교외에 있었다.

하지만 월마트는 급속히 점포망을 확장하고 있었기 때문에 대도시에서 K마트와 맞부딪치는 것은 이제 시간 문제였다. 이에 대비하여 K마트는 마케팅, 특히 광고에 힘을 기울였고, 그 결과 K마트와 월마트는 인지도 면에서 차이가 크게 벌어졌다. 80년대만 하더라도 대부분의 미국인들이 월마트의 점포는커녕 광고도 본 적이 없을 정도로 월마트의 인지도는 낮았다고 한다. 그러나 월마트의 샘 월튼 회장은 이에 개의치 않고 본사와 각 점포를 연결하는 컴퓨터시스템과 트럭 그리고 물류센터의 건설에 많은 돈을 투자하였으며, 물류센터를 중심으로 점포를 개설해 나갔다. 이렇게 함으로써 점포망을 더 잘 통제할 수 있게 되었을 뿐만 아니라, 많은 비용을 절감할 수 있었다. 그리고 이 비용 절감을 통해 가격 경쟁력에서 우위를 점할 수 있었고, 소비자들에게 매일 저가격 판매를 함으로써 소비자 신뢰를 바탕으로 한 월마트의 성장을 이끌어 나갈 수 있었다고 할 수 있다.

또한 전문가들이 앞으로는 유통업계에서 할인점의 비중이 커질 것이라고 예측하자 월튼은 그야말로 모든 것을 할인판매에 걸었다. 그는 캘리포니아에 본사를 둔 프라이스클럽(Price Club)을 본떠 회원제 할인점인 샘스클럽(Sam"s Club)을 시작했고, 또한 할인점과 식품점을 결합한 슈퍼센터(Supercenter)라는 새로운 업태를 개발한다. 월튼은 이전에 하이퍼마트(Hypermart)라는 비슷한 개념의 점포를 시도했다가 실패한 쓰라린 경험이 있었다. 하이퍼마트는 소비자들이 물건을 찾기 힘들 정도로 가게가 지나치게 넓은 것이 문제가 됐기 때문이다. 그래서 월튼은 하이퍼마트보다 작은 규모의 슈퍼센터를 고안하게 된 것이다. 이후 월마트는 거의 모든 중소도시에 진출하고, 일반상품과 식료품을 같은 가게에서 싸게 판다는 개념의 월마트 슈퍼센터는 전국적으로 엄청난 인기를 끌게 되었다.

이러한 여러 가지 요인으로 1990년 월마트는 드디어 K마트를 따라 잡는다. 즉 K마트가 299억달러를 버는 동안에 월마트는 326억달러의 매출을 올린 것이다. 이는 그 당시 월마트의 점포수(1,721개)는 아직도 K마트(2,330개)보다 적은데도 불구하고 더 큰 매출액을 올렸던 것이다. 그리고 월마트는 시장 점유율을 20.1%에서 41.6%로 올릴 수 있었다. 이러한 매출액과 시장 점유율은 지금에 이르러 더욱 성장하여 세계 최고의 수준이 되었다. 월마트는 현재 '2005년 Annual Report' 작성 기준으로 순매출액 2852억2천2백만 달러(전년대비 11.3% 증가), 순이익 90억5천4백만달러를 기록하고 있다.

※ 월마트의 경이적인 성장

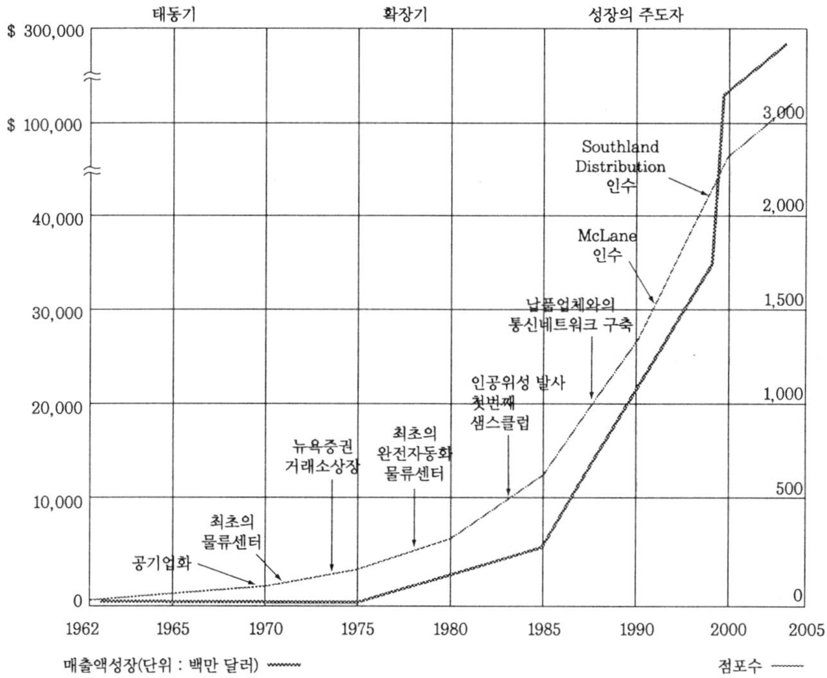

출처 : 글로벌경쟁시대의 경영전략/장세진, p.276

월마트가 이렇듯 경이적인 성장을 이룩하며 현재 세계 최대, 최고의 유통업체가 될 수 있었던 이유의 핵심은 월마트의 창업자의 경영철학을 바탕으로 한 월마트의 탁월한 경영전략이 있었기에 가능하다고 생각한다.

이를 간략히 살펴보면 우선 월마트의 창업자인 샘 월튼이 소비자의 성향을 파악한 가격에 대한 신념 그리고 그가 주장하는 인간존중과 현장중심의 경영철학, 그리고 그가 영향을 준 월마트 기업 신념과 경영지침, 고객만족 극대화를 위한 규칙과 철학이 월마트를 지금에 이르게 해주었다고 할 수 있다. 또한 이러한 경영철학과 아울러 뛰어난 월마트의 경영전략 즉 뛰어난 물류시스템, 정보 네트워크에 대한 막대한 투자, 제조업체와의 전략적 제휴 등을 통한 낮은 원가 구조를 추구함으로서 비용우위를 가지고 가격 경쟁력을 확보하였고, 이를 통해 소비자들에게 매일저가격 판매를 함으로써 소비자의 신뢰를 바탕으로 매출액를 늘려나가고, 또 이 성공을 바탕으로 다른 지역으로의 체인스토어를 확대시켜 나가며 즉 끊임없는 시장개발을 통해 경이적인 성장을 해왔다고 할 수 있겠다.

5) 월마트의 경영철학

우선 월마트가 성장할 수 있었던 기업 경쟁력을 살펴보기 위해서는 월마트의 창업자인 샘 월튼(Sam Walton)에 대해서 알아볼 필요가 있다고 생각한다. 일반적인 기업이 다 그러하듯이 창업자의 경영철학이 그 기업 경쟁력의 원천으로 작용하는 경우가 많으며, 이는 월마트의 경우에도 예외가 아니기 때문이다.

(1) 월마트의 창업자 샘 월튼(Sam Walton)

어려서부터 어려운 생활을 했던 샘 월튼은 미주리 대학을 졸업하고 J.C.페니 상점에서 일하게 되는데, 이 경험이 향후 샘 월튼이 소매업에 뛰어드는 데 결정적인 역할을 했다고 한다. J.C.페니에서의 근무는 군입대 문제로 길진 않았지만, 샘 월튼은 군 제대 후 벤 플랭크린이라는 잡화점을 인수하여 자신의 사업을 시작하게 되고, 처음 하는 사업임에도 불구하고 조그마한 성공을 거두게 된다. 이 성공으로 월튼은 1962년 월마트를 설립하게 된다.

샘 월튼이 디스카운트스토어에 대해서 공부를 시작한 1960년대 초반, 디스카운트스토어는 인구 5만명 이상의 상권에 적합하다는 것이 소매업계의 상식으로 통하고 있었다. 실제로 경쟁사인 케이마트는 5만 명, 깁슨의 경우는 1만 명이라는 인구 하한선을 정해놓고 있었지만, 샘 월튼은 이러한 상식을 깨고 월마트 1호점인 디스카운트스토어를 인구 5천 명의 작은 시골에 개점하였다. 당시 샘 월튼은 월마트를 개점할 계획이 없었지만 벤 프랭클린의 CEO가 디스카운트 스토어로의 사업진출 권유를 받아들이지 않자 손수 사업을 시작한 것이었다. 이때 샘 월튼은 1호점 개점에서 하나의 실험을 하게 된다. 시설을 엉망으로 갖추어 놓고 제품의 가격은 타 점포에 비하여 20% 가량 싸게 파는 것이었다. 실험 결과, 샘 월튼은 시설이 매우 낙후되어 있음에도 불구하고 제품의 가격이 싸면 소비자들은 자신의 매장을 이용한다는 사실을 알게 되었다. 그 이후 월마트가 '언제나 낮은 가격' (Every Day Low Price： EDLP)제도를 도입하고 계속 추진해 나간 것은 이러한 실험을 통해 샘 월튼이 고객의 욕구 중 가격에 대한 욕구가 가장 강하다는 것을 간파하고 있었기 때문이라고 볼 수 있다.

샘 월튼은 월마트 1호점의 성공 이후 여러 개의 할인점을 개점하며 경이적인 성장을 기록하게 되었고, 엄청난 성공을 이루며 월마트를 세계 최대의 유통업체로 만들 수 있었다. 이러한 성공에는 위에서 설명한 월튼의 1호점 개점에서의 남다른 시장 선점이나, 실험을 통해서 소비자들을 간파했던 가격에 대한 신념뿐만 아니라, 이외에도 샘 월튼이 주장하는 인간존중 의 경영, 현장중심의 경영, 고객만족의 경영철학도 큰 역할을 했다고 볼 수 있다. 따라서 월마트의 성공전략을 알아보기 위해 샘 월튼의 경영철학에 대해서도 자세히 알아보고자 한다.

(2) 샘 월튼에 의한 월마트의 경영철학

가. 인간존중의 경영

지금의 월마트를 있게 한 인적자원 관리의 가장 핵심적인 특징은 인간존중을 바탕으로 한 참여적 경영을 충실히 했다는 데서 찾을 수 있다. 월마트에서는 창업 이래 아르바이트 사원을 포함한 전 종업원을 다른 회사처럼 종업원이라 부르지 않고 동료, 어소시에이트(associate)라고 부르고 있으며, 인사부를 Employee Department라 하지 않고 Peoples Department라고 부른다. 이는 인간존중의 정신이 조직 내에 스며있는 것이라고 볼 수 있다. 월마트에서 일하는 사람은 최고 경영자에서부터 갓 입사한 신입사원까지 모두 동료가 되는 것이다. 이러한 인간존중의 동료문화는 형식적인 차원을 벗어나 실질적인 이익공유체계를 갖추는데 기여했다. 뉴스위크의 평가에 따르면 월마트는 급여/복리후생은 별 세 개를 받는데 그쳤지만, 인화/동료애 부문과 일과 회사에 대한 긍지, 승진기회 부문에 있어선 별 네 개를 받았다. 이러한 결과는 급여의 부족분을 상쇄할 여타의 보상, 인센티브 등의 제도가 있었기에 이런 평가가 나온 것이라 보여 진다. 따라서 월마트에 인간존중의 경영을 바탕으로 한 어떠한 제도가 있었는지에 대해 설명하고자 한다.

- 인간존중의 경영 바탕으로 한 제도

① 이익 공유 제도(Profit Sharing Plan)

일년 이상 월마트에서 근무했고, 매년 최소한 1,000시간 이상 일해 온 종업원들은 이 제도의 적용을 받을 자격이 있다. 이 제도는 회사의 이익 성장에 근거한 공식을 사용하여, 자격이 되는 해당 종업원들의 임금의 1%를 그들을 위한 계획에 기부하고, 그 금액은 그 동료가 사직할 때 현금 혹은 월마트 주식으로 주는 것이다. 그러나 이 제도는 현재 폐지되었다.

② 주식 매입 할인제(Stock Purchasing Plan)

월마트의 동료들은 시장가격보다 15% 저렴한 가격으로 급료에서 공제되는 방식을 통해 주식을 살 수 있다. 70년 기업 공개 시에는 책임자들을 이익 공유 계획에 참여시켰으나, 일반 동료들은 그 당시 그와 같은 계획에 포함되지 않았었다. 그러나 경영자가 동료를 대하는 태도가 곧, 동료들이 고객을 대하는 태도를 형성한다는 믿음 하에, 동료와 이익을 나눌수록(급료, 격려금, 보너스, 주식할인 등의 방법으로) 회사에 보다 많은 이익이 발생할 것으로 내다보았다. 즉 이러한 방법들은 동료들로 하여금 회사 내에서 경제적인 이해관계를 갖도록 장려하는 것으로써 동료들이 회사의 발전에 따라 자신들이 얼마나 더 좋아질 수 있을지를 깨닫게 해주는 것이며, 동시에 동료를 동반자로서 대우한다는 의미를 포함하고 있다. 그러므로 이 제도를 통해서 월마트의 동료들이 회사에 대해 얼마나 충성심을 가질 것인지 이해할 수 있다. 현재는 동료들의 80% 이상이 이익 공유를 통해서나 또는 자체적으로 월마트 주식을 소유할 수 있게 되었다.

③ 손실량 감소 장려 제도

도난으로 인한 상품 손실을 줄임으로써 회사가 얻는 이익 모두를 동료들과 공유하는 제도이다. 어떤 상품의 손실량을 목표 이하로 줄인다면, 그 매장의 모든 동료들은 200달러 정도에 달하는 보너스를 받게 된다. 이 제도를 통해 월마트는 손실률을 업계 평균의 반으로 줄일 수 있었다.

이러한 동반체제 외에도, 월마트는 사업에 관한 대부분의 기록을 모든 동료들과 공유해왔다. 자신의 업무분야에서 무슨 일이 일어나는가를 아는 것은 고용인들로 하여금 능력을 최대한 발휘해서 그들의 일을 해낼 수 있게 하는 원동력이 되었고, 더 나아가 정보의 공유를 바탕으로 한 합리적인 책임의 공유를 가능하게 해주었다. 또한 동료들이 하는 일에 감사를 표하려고 노력했다. 그들의 노력으로 개선된 점이 있다면 반드시 표창을 하거나 보상을 함으로써 거대 조직임에도 불구하고 구성원들의 참여의식을 높였다.

나. 현장중심의 경영

샘 월튼의 경영방식에서 또 하나 특징으로 삼을 수 있는 것은 철저한 현장중심의 경영을 실시하고 있다는 점이다. 벤튼빌에 위치하고 있는 허름한 월마트의 본사에서는 사장을 비롯한 임원들의 모습을 찾아보기 힘들다. 월마트의 관리자들은 매주 매장을 돌아보며, 문제해결을 위해 직접 뛰고 있는 것이다. 본사에서의 활동이란, 매주 금요일 오전에 열리는 머천다이징 회의와 토요일 오전의 정기회의가 전부이다. 사장 및 임원은 월요일에서 목요일까지는 현장에서 직접 매장 경영을 지원하게 되며, 목요일 밤이 되어야 벤튼빌에 있는 각자의 가정으로 돌아갈 수 있는 것이다. 현장에서의 활동은 다양하게 나타날 수 있다. 사장 및 모든 임원들이 몇 천 개의 매장을 돌면서 일일이 문제를 해결해줄 수는 없다. 이들의 역할은 문제가 있을 경우 문제해결을 위한 담당자를 연결해 주는 것이고, 이를 주업무로 하고 있다. 가령 한 매장의 A제품의 판매실적이 타 매장에 비하여 부진할 경우 A제품의 판매실적이 가장 뛰어난 매장의 경영인을 직접 연결해주는 역할을 임원이 하고 있다. 이러한 매장 간의 커뮤니케이션 활동을 강화하고 있는 것은 바로 현장에 있는 사람들이 가장 그 문제를 잘 알고 있으며, 이를 해결할 수 있는 능력 또한 갖추고 있다는 점을 월마트 경영진은 잘 알고 있는 것이다. 회사 규모가 커지고 점포수가 증가함에 따라 점포 관리자들간의 접촉이 충분히 유지되지 못하게 되자 월마트는 모든 점포를 연결시키는 비디오 통신망(video link)을 설치했다. 점포 관리자들은 이 비디오 통신망을 통해 빈번한 회합을 가짐은 물론 어떤 상품이 잘 팔리고, 또 어떤 상품이 잘 팔리지 않는지, 그리고 판촉활동이 효과가 있는지 없는지 등 판매 현장에서 체험하는 정보를 원활하게 교환할 수 있게 된 것이다. 금요일 오전에 실시되는 머천다이징 회의에서도 현장 경험을 바탕으로 구체적인 토론이 이루어진다. POS데이터에서 얻어진 제품별 판매실적을 바로 파악할 수 있으며, 매장별 판매실적 또한 실시간 접근이 가능하기 때문에 모든 회의에서의 토의 내용은 바로 문제해결을 위해 쓰일 수 있다. 이러한 현장중심의 경영철학은 문제가 발생했을 때 문제를 단순화시켜 빠른 해결과 높은 개선효과를 올릴 수 있게끔 만든 기초가 되었다.

다. 그 밖의 기업문화

월마트는 2003년에 이어 2004년에도 'Fortune 500대 기업' 중에서 1위를 차지했다. 이는 그 동안 경쟁사들이 힘들다고 생각했던 것들을 많이 행했고, 고객들이 원하는 것을 제공했기 때문이라고 할 수 있다. 그들은 항상 고객들이 원하는 것이 무엇인지를 조사했고, 고객들의 필요가 있는 곳에 매장을 열었다. 이러한 월마트의 뒤에는 창립자 샘 월튼이 정한 유명한 3가지 기본 신념(3 Basic Beliefs)과 10가지 경영 지침(Sam's Rule for Building Business)이 있었다. 이외에도 고객 만족을 극대화하기 위한 규칙과 철학이 있었다고 할 수 있다. 따라서 이에 대해 간략히 알아보고자 한다.

- 월마트의 3가지 기본 신념(3 basic beliefs)

먼저 월마트의 세 가지 신념은 창업자인 샘 월튼에 의해 1962년에 창업과 함께 정립되었는데, 작업장과 고객서비스 차원에서의 탁월함, EDLP(Every Day Low Price)로 대표되는 최저가 정책과 같은 혁신적인 창업 철학과 맥을 같이 하고 있다.

① 개인 존중(Respect for the individual)

첫 번째 기본 신념은 '모든 사람을 존중하라(Respect the Individual)' 이다. 이는 월마트가 다양한 배경, 인종, 가치체계를 가진 각각의 구성원들을 존중과 위엄을 지닌 존재로 인식하고 있음을 의미한다.

② 고객 서비스(service to our customers)

두 번째 기본 신념은 '고객에게 봉사하라(Service to Our Customers)' 이다. 이와 같은 고객에 대한 봉사는 인간 존중의 신념과 함께 월마트의 존재 이유에 대한 근본적인 출발점을 제시하는 신념이다. 이 신념은 '고객이 없이는 월마트도 없다' 고 천명하면서, 월마트의 매장으로 들어오는 모든 고객들에 대하여 가능한 최상의 서비스를 최저의 가격에 제공한다는 가격 철학으로 고객 서비스에 대한 중요성을 강조하고 있다.

③ 최고 추구(strive for excellence)

마지막으로 '최상을 지향하라(Strive for Excellence)' 라는 기본 신념을 제시하고 있다. 창업자인 샘 월튼에 의하면, '충분히 높은 수준의 상품과 서비스, 충분히 낮은 수준의 가격은 있을 수 없고, 항상 더 나은 수준을 추구해야 한다.' 고 표현했다. 다시 말해, 현재보다 높은 목표를 설정하고, 설정된 목표를 달성하기 위한 새롭고 혁신적인 방법과 아이디어를 추구함으로 현재의 한계를 넘어서고 기존의 비즈니스 활동을 개선하기 위해 끊임없이 노력해야 함을 강조하는 신념이다.

위의 3가지 기본 신념은 샘 월튼에 의해 월마트의 수많은 매장 곳곳에서 실제적인 경영지침으로 실현되었다. 즉 샘 월튼은 기본 신념을 다양한 측면에서 실천할 수 있는 구체적인 경영지침을 제시했는데, 이러한 경영지침은 1992년「Made in America」(한국 출판명 '최고의 상인 최대의 부호 샘월튼')라는 제목으로 출간된 샘 월튼의 회고록에서 월마트 성공의 핵심 요인 열 가지로 설명되고 있다.

- 월마트의 10가지 경영지침(Sam's Rule for Building Business)

① 자신이 하는 일에 헌신하라

당신의 사업에 전념하라. 어떤 누구보다 더 큰 신념을 가져라. 나는 내가 일에 쏟아 부은 그 순수한 열정으로 내 개인적인 결점들을 모두 극복했다고 생각한다. 당신이 이러한 열정을 지니고 태어났는지, 그렇지 않다면 배울 수라도 있는지는 모르겠지만 당신에게 그 열정이 반드시 필요하다는 것은 확신한다. 당신이 일을 사랑한다면, 매일 일터에 나가 할 수 있는 한 최선의 노력을 다할 것이고, 곧 주변의 모든 이들이 당신의 그러한 열정을 알아차릴 것이다. 마치 열병처럼 말이다.

② 자신의 이익을 모든 동료들(associates)과 공유하고, 그들을 동반자로 여겨라

동료들과 당신의 수익을 나누고, 그들을 파트너로서 대하라. 그러면 그들도 당신을 파트너로 대우할 것이고, 모두 함께 당신이 최대한 기대한 것 이상으로 잘 해낼 것이다. 주체로 남아 원한다면 통제권을 유지해도 되지만 파트너십에 있어서 겸허한 리더로 행동하라. 동료들이 회사에 개인적인 관심을 갖도록 격려해라. 할인가에 주식을 제공하고 은퇴할 때도 주식을 줘라. 그게 바로 우리가 했던 최고의 일이었다.

③ 동반자들(partners)에게 의욕을 불어넣어라

파트너들에게 동기를 부여하라. 끊임없이 매일매일 당신의 파트너들을 자극하고 그들에게 동기를 부여할 더 많은 새로운 방법들을 생각해내라. 목표를 높게 잡고, 경쟁을 조장하고, 그리고 나서 득점하는 거다. 엄청난 대가를 치르게 될지도 모르는 일에 내기를 걸어봐라. 활기가 사라지면 자리들을 바꿔라. 계속 도전적으로 일할 수 있도록 매니저들끼리 서로서로 일을 바꾸는 거다. 모두들 당신이 다음엔 또 어떤 방안을 내 놓을지 궁금해 하도록 만들어라. 너무 예측가능한 사람이 돼선 안 된다.

④ 동반자들과 가능한 모든 것을 의사소통하라

가능한 모든 것을 당신의 파트너들에게 전달하라. 그들이 많이 알면 알수록 더 잘 이해하게 될 것이고, 더 잘 이해하면 할수록 그들은 회사에 더욱 더 마음을 쓰게 될 것이다. 일단 그들이 신경을 쓰게 되면 아무 것도 그들을 막을 순 없다. 당신 동료들이 진행되고 있는 일에 대해 잘 알고 있다고 당신이 믿지 않는다면, 그들은 당신이 자신들을 진정한 파트너로 여기고 있지 않다는 것을 알아챌 것이다. 정보는 힘이다. 그리고 당신이 파트너들에게 권한을 부여함으로써 얻게 되는 것은 경쟁자들에게 정보를 주는 위험을 감수하는 것을 상쇄하는 것 이상이다.

⑤ 동료들의 모든 경영 활동에 감사하라

당신의 동료들이 사업을 위해 하는 모든 일에 감사해라. 급료와 스톡옵션이 일종의 충성심을 유발하겠지만, 우리는 모두 우리가 어떤 사람을 위해 해준 일에 대해 그 사람이 얼마나 고마워하는지 듣기를 좋아한다. 우리는 그러한 말을 자주 듣고 싶어 하고, 정말로 자랑스러운 일을 해 냈을 때는 특히 더 그렇다. 따라서 그 어떤 것도 잘 선택된, 때를 잘 맞춘, 진심 어린 칭찬의 말 몇 마디를 대신할 수는 없다. 칭찬의 말은 돈 드는 게 아닌데다 큰 값어치가 있다.

⑥ 성공을 축하하라

성공을 크게 축하해라. 실패 속에서도 유머를 찾아보자. 너무 심각하게 굴지 말아라. 당신이 긴장을 풀면 주변의 모든 사람들도 긴장을 풀 것이다. 즐겨라. 항상 열의를 보여라. 모든 일들이 다 실패했을 때라도 광대의상을 입고 우스꽝스런 노래를 불러라. 그리곤, 다른 사람들도 당신과 함께 노래하게 만들어라. 자신만의 주목을 끌만한 행동을 생각해내라. 이 모든 것들이 당신이 생각하는 것보다 훨씬 더 중요하고 재미있으며, 경쟁심을 없애주기도 한다.

⑦ 회사 내 모든 사람의 말을 경청하라

회사에 있는 모든 사람들의 말에 귀를 기울여라. 그리고 그 사람들이 이야기를 풀어놓도록 만들 방법들을 생각해내라. 최전방에 있는 사람들(실제로 고객들과 이야기하는 점원들)이야말로 실제로 일이 어떻게 되어가고 있는지 아는 유일한 사람들인 것이다. 그러니, 그들이 무엇을 알고 있는지 알아내야 한다. 그게 바로 토탈 퀄리티(total quality)이다. 조직의 아래에서도 사람들이 책임감을 느끼고, 회사 안에서 좋은 아이디어들이 넘쳐나게 하기 위해선 당신 동료들이 당신에게 무슨 말을 하고 싶어 하는지 귀를 기울여야 한다.

⑧ 고객의 기대수준을 초과하라

고객의 기대를 능가하라. 당신이 그렇게 한다면 손님들은 계속해서 다시 찾아올 것이다. 그들이 원하는 것보다 조금 더 많이 줘라. 당신이 손님들에게 감사하고 있다는 것을 알도록 해라. 당신이 저지른 모든 실수에 대해 보상하고 어떤 변명도 하지 마라. 그저 사과해라. 당신이 하는 모든 일에 책임을 져라. 내가 일찍이 첫 번째 월마트 간판에 썼던 가장 중요한 두 단어가 바로 만족 보장이었다. 그 말은 아직도 거기에 걸려있고, 결국 월마트를 다른 회사들과 다르게 만들었다.

⑨ 경쟁보다는 비용 절감에 집중하라

경쟁회사보다 비용을 더 효율적으로 컨트롤하라. 이 부분이야말로 당신이 언제나 경쟁력을 확보할 수 있는 곳이다. 우리는 월마트가 국내 최대의 소매점으로 알려지기 훨씬 전 25년 동안 지출과 판매에 대한 가장 낮은 비율로 업계 1위를 차지했었다. 당신이 효율적으로 회사를 운영한다면 많은 실수를 저지른다 해도 여전히 회복할 수 있고, 당신이 비효율적인 사람이라면 아무리 똑똑하다고 해도 여전히 사업이 망할 수 있다.

⑩ 흐름을 거슬러 헤엄쳐라

거슬러 헤엄쳐 올라가라. 다른 길로 가라. 보편적인 지식은 무시해라. 다른 모든 사람들이 어떤 일을 한 가지 방식으로 하고 있다면, 당신이 정확히 반대방향으로 감으로써 적소를 발견할 수 있는 좋은 기회가 있는 것이다. 그러나 많은 사람들이 당신에게 손을 가로 저으며 당신이 잘못된 길을 가고 있다고 말할 것에 대비해야 한다. 내가 살아오면서 내내 그 어떤 것보다 많이 들은 말은 인구 5만 명 미만의 도시에서 할인점은 그리 오래 살아남지 못한다는 말이었다.

이와 같은 각각의 경영지침들은 구성원의 사고뿐만 아니라 실질적인 제도와 관행의 구성에도 영향을 미쳤다. 예를 들어 일에 대한 헌신을 강조함으로 구성원이 자발적으로 최선을 다하는 사고를 형성할 수 있도록 하는 한편, 구성원을 회사의 주주이자 동반자로 대하는 것을 강조할 뿐만 아니라 실제로 구성원에게 할인된 가격으로 주식을 제공하거나, 퇴직 시에 무상으로 주식을 제공하는 제도를 만들어 시행함으로서 경영 지침을 실천했다. 특히 한국의 공급업체 공장 방문에서 아이디어를 얻어 시작한 월마트 구호(Cheer), 고객이 자신의 열 걸음 앞에 왔을 때는 항상 고객의 눈을 보고, 반갑게 인사하며, 도와줄 것을 묻는 열 걸음 지침(Ten Foot Rule), 오늘 할 수 있는 일은 오늘 해가 지기 전에 끝내야 한다는 일몰 지침(Sun-down Rule) 등과 같은 월마트 특유의 관행이 성공적으로 자리 잡으면서 10가지 경영지침의 실행력은 더욱 증대될 수 있었다. 따라서 앞에서 설명한 것과 함께 이 밖의 고객 만족을 극대화하기 위한 규칙과 철학에 대해서도 알아보고자 한다.

- 월마트의 고객만족 극대화 규칙과 철학

① 일몰 지침(Sundown rule)

오늘 할 일을 내일로 미루지 말고, 오늘 할 수 있는 일은 오늘 해가 지기 전에 끝내야 함.

② 10걸음 지침(Ten foot rule)

고객이 자신의 열 걸음(foot) 앞에 왔을 때는 항상 고객의 눈을 보고, 반갑게 인사하며, 고객에게 도움이 필요한 지를 물어보아야 한다.

③ 가격 철학(Pricing philosophy)

가격이 저렴할수록 많이 팔 수 있다. 상품 당 이익이 작기 때문에 결국 저렴한 가격으로 많이 팔 수 있다. 많은 보상을 받을 수 있는 최종 이익을 보아야 한다.

④ 매일 최저 가격(Everyday Low Price)

월마트의 고객은 돈을 벌기 위해서 일을 열심히 하기 때문에 매일 모든 품목에 대해서 가장 작은 돈을 지불하고자 한다.

⑤ 가격 인하(Rollback)

기회가 있을 때마다 가격을 깎는 월마트의 정책으로, 고객에게 이익을 돌려주고자 한다.

⑥ 특별한 구매(Special Buy)

고객이 매일 최저가로 대량의 물건을 구매하면서 특별한 가치(values)를 갖게 된다.

6) 월마트의 성공 전략

(1) 월마트의 머천다이징(merchandising) 전략

머천다이징은 상품의 구매나 판매 활동을 의미한다. 좀 더 나아가 월마트와 같은 소매업 분야에서의 머천다이징이란 기업의 마케팅 목표를 달성하기 위한 특정 상품과 서비스를 가장 효과적인 장소, 시간, 가격 그리고 수량으로 제공하는 일에 관한 계획과 관리를 말한다.

가. 시장 선점, 개발 전략

월마트를 지금의 성공에 있게 한 요인 중의 하나로 새로운 시장기회를 발굴, 시장을 장악하는 시장 선점 전략을 들 수 있다. 월마트가 창업했던 60년대 당시 1위 업체인 K 마트가 대도시 중심지를 집중 공략했을 때 월마트는 아무도 신경 쓰지 않던 소도시로 진출했다. 경쟁자도 없고, 모든 사람들이 간과하는 소도시에 할인점을 연 전략이 주효했다. 틈새시장에 경쟁자보다 먼저 진출, 그 시장을 완전히 석권하는 시장 선점 전략을 월마트는 창업 당시부터 지금까지 이어 오고 있다. 대도시에 진출할 때도 도시 중심지에 직접 진출, 할인점을 설치하기보다는 도시 외곽에 고리 모양의 상점망을 구축, 외곽지역을 공략했다. 이러한 시장 선점 전략은 월마트에 많은 부수 효과를 가져다 줬다. 이를 통해 단골 고객을 대거 확보하고 이러한 단골 고객의 구전 효과를 통해 경쟁자들에 비해 광고비용을 절약할 수 있었다.

또한 월마트의 시장 개발 전략은 기존의 월마트 매장을 찾는 고객들에게 좋은 인상을 심어 주면서 신규 고객을 계속 창출, 기존 매장 인근에 새 매장을 오픈하는 것이다. 예를 들어 애리조나주의 피닉스 지역에는 20마일(36㎞) 선상에 월마트 매장이 10개나 들어설 예정이다. 지난해 월마트 기존 매장의 판매 증가율은 3.9%에 그쳤으나, 신규 오픈 매장의 판매 증가율이 7%에 달해 회사 전체적으로 10.9%의 판매 증가율을 기록했다. 따라서 월마트의 이러한 시장 개발 전략이 효과를 보고 있다고 할 수 있다.

나. 매일 저비용 운용(ELCO : Everyday Low Cost Operation) 추구

월마트를 유명하게 만든 것은 "상시 최저가"(Every Day Low Price)라는 슬로건이다. 비싼 물건을 팔아 높은 이윤을 챙기기보다는 값싼 물건을 많이 파는 게 이익이라는 단순한 할인판매의 원리를 이 보다 더 잘 표현해 주는 말은 없을 것이다. 그러나 이러한 상시할인은 철저한 원가절감 노력이 없으면 실현 불가능하다. 이러한 노력을 보여주는 한 사례로, 1980년 1월 결산시 미국의 대표적인 유통업체인 K마트의 경비율은 22.3%로 디스카운트스토어 업계 평균치였으나, 이에 비해 월마트는 업계 최저인 20.3%를 기록하며, 비용면에서의 경쟁력을 가지며 저가격 전략을 성공적으로 운용할 수 있었다. 월마트가 이렇듯 원가 절감할 수 있었던 비결은 매일 저비용 운용을 추구하였기 때문으로 볼 수 있다. 이러한 매일 저비용 운영을 월마트가 할 수 있었던 이유는 다음과 같이 여섯 가지로 요약할 수 있다.

- '매일 저비용 운용'할 수 있었던 요인

① 초기 저가 출점

월마트는 주로 시골지역에 출점하기 때문에 도심 출점보다 지가부담이 적었으며, 저가출점은 개점초기 투자비를 대폭 삭감하는데 큰 힘이 되었다.

② 회장이 앞장서고 종업원이 협력하는 기업문화

샘 월튼 회장은 앞장서서 최소부분실현, 서비스 개선 및 비용절감 운용에 철저를 기했으며, 종업원 전원이 협력하는 사풍을 확립하였다. 즉 회장이 앞장서고 종업원이 적극 협력해 목표에 다가갔으므로 성공할 수 있었다.

③ 정확한 재고관리 시스템 구축

1970년대부터 단품관리에 기초를 둔 업무개혁을 매주 최고경영자가 진두 지휘하여 추진했기 때문에, 비인기 상품제거 및 압축 등을 전체 디스카운트 스토어에서 철저하게 시행할 수 있었다. 즉 상품관리를 단품관리 체제로 개선, 정확한 재고관리 시스템을 확립할 수 있었다.

④ 효율적인 배송센터(물류센터) 구축

배송센터에서 공급하는 상품이 전체 매출액의 70%이상을 차지하고, 종업원과 운전사간 동료의식이 강한 것이 배송센터의 비인기 상품제거, 인기상품 품절방지 따위의 JIT납기방식을 완성시키는데 큰 힘이 되었다. 상품공급이 적기에 이루어지므로 판매 기회손실이 발생하지 않고 정확하게 공급하는 체제를 구축할 수 있었다. 이로 인해 배송비를 대폭 삭감할 수 있었다.

⑤ 첨단 정보시스템을 구축

월마트는 막대한 비용을 투입하여 첨단 정보시스템을 구축하고 저가 상품 공급능력을 확대해 왔다. 월마트는 자체 소유한 3대의 인공위성을 통해 전 세계를 대상으로 가격동향을 체크해 지구상에서 가장 저렴한 원료를, 인건비가 가장 싼 곳에서, 최고의 가격경쟁력을 갖춘 상품으로 만들어 매장에 투입하는 이른바 글로벌 소싱(Global Sourcing) 전략을 추진하고 있다. 또 실시간으로 전산 처리하는 정보시스템을 운영, 본사 점포 협력회사 물류센터 컨테이너 트럭까지 유기적으로 연결시켜 전 세계에 흩어져 있는 월마트 점포 내의 상품을 품목별로 집중 관리한다. 본사가 수시로 주문을 받아 주문 차에서 가장 가까운 곳에 위치한 차량에 배달을 지시하는 것도 가능하다.

⑤ 판촉비 및 광고비 지출 억제

경쟁업체인 K마트가 매주 2회 전단배포 특매를 정기적으로 시행하고 있는데 비해, 월마트는 매일 1~2회 생활용품 중심 계절 특매를 하고 있으며, 전단도 상당히 간단하게 만든다. 이렇게 하여 판촉비를 대폭 절감했다. 또한 월마트는 업계 평균 광고비의 6분의 1에 지나지 않는 고작 0.5%(매출액 대비)의 광고비를 지출한다. 월마트 매출액의 약 20% 정도를 차지하는 샘스클럽의 경우는 광고비가 거의 지출되지 않고 있으며, 다만 종합 디스카운트스토어의 경우 매출액 대비 광고비 비율은 3%대를 유지하고 있다.

다. 매일 저가격 판매(EDLP : Everyday Low Price) 전략

매일 저가격 판매 방식은 안이하고 무계획적인 가격인하 특매가 아니라, 계절 특성에 맞춰 생활용품 위주로 상시특매를 실시하되 정가판매를 원칙으로 한다. 이러한 매일 저가격 판매가 성공하기 위해서는 앞에서도 설명한 수익을 충분히 확보할 수 있는 매일 저비용 운영이 선행되어야 한다.

월마트는 1980년에 이 매일 저가격 판매를 정식으로 채택하여, 미국 소매업계에서 매일 저가격 판매의 원조로 손꼽힌다. 그리고 이를 정식으로 채택하기 전인 1970년 후반부터, 월마트는 샘 월튼 회장이 직접 나서 1962년 1호점 개점 이후 꾸준히 추진해 온 비용 절감운용을 보완하여 과감하게 매일 저비용 운용으로 전환하였다. 따라서 월마트는 위에서 설명한 것과 같은 맥락에서 매일 저비용 운용 하에 성공적으로 꾸준히 매일 저가격 판매를 할 수 있었고, 이로 인해 세계 최대의 할인점이 될 수 있었다고 할 수 있겠다. 월마트에서 매일 저가격 판매를 하기위해 실시한 대표적인 제도로는 오픈 프라이스 포인트 제도와 프라이스 롤백 제도를 들 수 있다.

- '매일 저가격 판매'를 하기 위한 제도

① 오픈 프라이스 포인트(Open Price Point)

오픈 프라이스 포인트 제도는 항상 시장가격보다 싸게 판매하는 가격제도로 시장가격 조사를 해서 그 시장 가격을 맞추어 나간다는 것이다.

② 프라이스 롤백(Price Rollback)

프라이스 롤백 제도는 항상 최저가를 유지하기 위한 제도로써 월마트보다 싸게 판매하는 점포가 있으면, 그 지역 점장은 즉시 그 가격보다 10~15% 싸게 매가 조정을 할 수 있는 권한부여를 한다는 것이다.

라. 협력업체와의 관계강화

유통업체, 특히 소매업체의 생명은 상품공급선의 안정적인 확보에 있다. 그래서 월마트는 창업 이후 줄곧 상품의 머천다이징을 중요한 작업으로 여겨왔고 공급업체와의 관계강화에 상당한 비중을 두었다. 공급업체와의 협력관계 강화는 월마트로 하여금 보다 저렴한 비용을 통해 머천다이징을 할 수 있도록 하였고, 궁극적으로는 월마트가 ELP전략을 효과적으로 수행할 수 있게 한 토대가 되었다. 월마트가 협력업체와의 관계강화를 보다 적극적으로 행하기 시작한 것은 80년대에 들어서면서이다. 이러한 협력업체와의 관계강화 사례 중 하나로 월마트가 맺은 P&G와의 제판동맹을 들 수 있다. 따라서 이에 대해 간략히 설명하고자 한다.

※ 사례 : 월마트와 P&G의 제휴(제판동맹 : 제조업체와 판매업체 간의 동맹)

제휴업체	제휴형태	제휴내용
Wal-Mart(미국)와 P&G(미국)	기술, 판매 제휴	판매 정보 공유

월마트와 P&G의 제휴사례는 원가우위를 위한 수직적 제휴의 전형적인 사례이다. 전통적인 개념으로 보면 두 회사는 각각 대형 유통업체와 대형 제조업체로서 상호 이익을 놓고 경쟁하는 관계였으나, 87년 체결된 정보 공유형 제휴를 통해 경쟁적 관계를 청산하고 협력적 관계로 전환했다. 월마트 측의 제휴목적은 물류센터의 품목별 재고관리와 단품관리에 대한 업무개혁이었으며, P&G는 수·발주 업무의 효율화 및 소비자지향의 유통시스템을 구축하기 위해서였다. 이러한 제휴관계

가 발전되면서 91년에는 월마트의 POS 시스템을 P&G와 연결하여 P&G 에서는 언제나 월마트에서 판매되고 있는 자사 상품의 매출현황을 확인하는 것이 가능해졌다. 이러한 정보공유의 결과 P&G는 정확한 판매정보를 바탕으로 자동주문처리, 자동공급을 통해 제품회전율을 극대화 할 수 있었고, 이것은 양측에 원가우위의 경쟁력을 더욱 높이는 기회로 작용하였다. 소비재 시장 세계 최대의 두 기업 간의 제휴는 결국 P&G는 촉진비용을 크게 절감하고, 월마트는 업계 최저의 물류비와 수송비를 실현할 수 있는 계기가 되었다고 평가되고 있다.

마. 사회활동 참여를 통한 이미지 제고 전략

월마트는 기업 규모에 비해 광고비가 매우 적은 편이다. 여타의 동종기업이 매출액 대비 2~3%의 광고비 집행을 하고 있는데 반해, 월마트는 1% 미만의 광고비만을 책정하고 있다. 그럼에도 불구하고 월마트가 경쟁사와 대등한 인지도를 갖게 된 것은 사회참여 성격이 짙은 캠페인을 벌임으로써 매스컴의 자연스런 주목을 끈 것과 무관하지 않다. 이의 대표적인 사례는 다음과 같다.

- 이미지 제고 전략의 대표적 사례

① Buy America 캠페인

1970년대 말, 월마트는 보다 낮은 가격으로의 판매를 위해 보다 제품가격이 싼 공급자와 우선적으로 공급체결을 하고 있었다. 그 당시 대만과 한국 등의 제품이나 미국의 2류 메이커 제품들이 미국의 상위 메이커의 제품보다 매우 가격이 싼 특징을 가지고 있었으므로, 월마트는 이들 제품을 중심으로 소비자를 유인하고 있었다.

그러나 1980년대 초반 무역적자가 심해지는 등 미국 기업의 경쟁력이 떨어지기 시작했고, 특히 봉제업의 경우에는 산업 공동화 현상까지 일어나게 되었다. 월마트의 본사가 있는 아칸소 주도 역시 미국 봉제업의 중심지로서 봉제업체들이 어려움을 호소하고 있었다. 이에 당시 아칸소 주의 주지사는 월마트에 지역 봉제업체로부터 구매를 늘려줄 것을 간청하였다. 월마트는 이를 받아들여 1985 'Buy America' 캠페인을 정식으로 실시하게 된다. 이러한 캠페인에 따라 월마트는 해당 지역 봉제업체들에게 물건을 공급할 것을 요청하고, 전량 판매될 수 있도록 최선의 노력을 기울이게 된다. 동시에 판매 수익금을 지역 봉제업체의 경쟁력 향상에 도움이 되도록 되돌려 주는 방식을 채택하였다. 그리고 이미 오래 전부터 봉제 수입에 참여해 온 월마트였기 때문에 해당 산업에 대한 노하우나 각종 정보가 많았으므로, 이를 봉제업체의 경쟁력 향상에 도움이 되도록 적극 지원하기도 하였다. 또한 이들 봉제업체와의 장기계약을 체결함으로써 봉제업체들이 보다 안정적인 생산 활동을 하는데 도움을 주었다.

결국, 월마트는 이러한 캠페인 실시로 위와 같은 일종의 공급자와의 파트너 관계 형성을 통해 지속적이고 안정적인 공급체제를 구축할 수 있었고, 소비자에 대해서는 'Buy America 캠페인을 통해 지역 노동자들이 얼마나 다시 일자리를 얻게 되었는지 가시적으로 보여줌으로써 적극적인 소비 참여를 유도해 나갔다. 또한 이에 대해 월마트의 내부 자료에 따르면 1985년 'Buy America' 캠페인을 개시하여 1989년 여름까지 4년 동안 총 19억 달러의 수입대체 효과를 거두었고, 고용 창출면에서는 총 4만 3천명에 달한다고 한다. 그리고 미국 국무부 통계자료에 의하면, 1백 명의 고용이 창출될 때마다 64명의 관련 작업자도 늘어난다고 하니, 월마트의 'Buy America' 캠페인을 통해 4년간 미국 내에서 7만 명의 고용을창출한 셈이라고 할 수 있겠다.

그러나 90년대에 들어서 미국 경제의 침체와 구조 조정으로 점점 더 제조업체가 감소하자 더 이상 'Buy America' 캠페인을 펼칠 수 없었다. 따라서 현재 월마트는 본래의 저비용 원가 구조에 충실하고자 중국이나 아시아 개발도상국으로부터 대규모로 물건을 들여오고 있다. 이러한 점에서 한편에서는 월마트의 'Buy America' 캠페인이 'Buy China' 프로그램으로 바뀌지 않았을까 의아해 하고 있다.

② Clean Up America 캠페인 – 환경보호 캠페인(Environmentally Safe Policy)

1989년 월마트는 환경에 유해하지 않은 제품과 포장을 공급자에게 본격적으로 요구하고 나선다. 월마트 경영진은 직접 공급자의 경영진을 찾아가 쇼핑백, 포장 등을 환경 친화적인 물질로 만들 것을 협상한다. 그리고 월 스트리트 저널과 USA Today지 등에 'Were looking for quality products that are guaranteed not to last' (썩지 않아 환경에 해가 되는 제품이 아닌, 최고의 제품을 찾습니다.)라고 광고를 내는 것으로 이 캠페인을 본격적으로 시도한다. 이를 계기로 현재까지 월마트는 비닐백 사용을 지양하고 재활용이 가능한 종이백으로 물건을 담아 주고 있다. 종이백은 많은 물건을 담으면 찢어지거나 운반하기에 불편을 주지만 'Clean Up America' 캠페인을 위해 현재도 지속하고 있다. 이것은 환경이 가장 우선적인 이슈로 등장하기 직전 이를 간파한 경영진에 의해 이루어진 것이었으며 이런 월마트의 활동은 대부분의 공급자들에게 있어 환경에 대한 이미지를 제고하고, 환경 친화적이고 재생 가능한 상품개발에 전력을 기울이게 되는 시발점이 되었다.

③ 월마트 혁신 네트워크(WIN : Wal-Mart Innovation Network)

월마트 혁신 네트워크는 가능성 있는 생산자나 아이디어가 있는 발명가를 지원하는 제도이다. 좋은 제품을 만들고도 제한된 유통과 판매망으로 인해 사장되는 제품을 살리기 위해 추진하고 있는 이 제도는 'Buy America' 캠페인과 마찬가지로 미국 내에서 생산되는 제품에 대해 해당된다. 이곳에 신청하면 상품성, 위험도, 광고 등 총체적인 마케팅 일정을 조언받을 수 있다. 또한 월마트가 이 제도를 통해 특허 등을 공유하는 것이 아닌 순수한 조력 체제이므로 사회공헌 활동에 해당한다고 볼 수 있다. 월마트는 'Buy America' 캠페인의 하부구조로 각 지역에서 생산된 물품을 그 지역매장에서 우선하여 진열하는 방식을 취함으로써 지역경제 활성화에 기여하고 있다.

(2) 월마트의 하이테크 전략

가. Cross-docking System

소매업체가 고객의 신뢰를 형성하기 위해서는 고객에게 양질의 재화를 값싸게 언제 어디에서라도 구할 수 있게 제공하여야 한다. 월마트가 이러한 고객의 요구를 만족시킬 수 있었던 것은 탁월한 물류시스템에 기인한다고 할 수 있다. 즉 Crossdocking이라고 하는 시스템을 이용하여 재고를 최소한으로 하면서 계속적으로 물건을 재보충 하는 것이다. 여기서 말하는 Cross-docking이란 공급체인과 관련된 거래업체들 간에 서로 협력을 바탕으로 실질적인 상품수요와 예측수요를 근거(POS 데이터 활용)하여 상품을 공급하는 거래관행을 말한다. 이 시스템에서는 물건이 운반되어 창고에 공급되면, 창고에 도착한 상품은 창고에 머무르는 시간이 극히 짧아 상품을 한 적하장에서 다른 적하장으로 옮기는 데 최대 48시간 이상은 소요되지 않는다. 이때 각각의 상품들은 3가지 형태로 분류하여 시간 관리를 하고 있는데, Fast moving item의 경우 즉시배송, Distributed item의 경우 24시간 내 공급, Staple item의 경우 48시간 내 공급의 원칙을 세워두고 있다. 이러한 Cross-docking을 이용해 월마트는 대향 구매하는 경우 통상 발생하는 재고 및 취급비용을 절감할 수 있다. 월마트는 취급상품의 85%가량을 그들의 배송센터를 거쳐 유통시키는 방법을 통해 업계 평균보다 2~3% 낮은 원가를 유지할 수 있었고, 이것이 Every Day Low Price(EDLP)정책을 가능하게 한 근본이 되었다. 즉 여기서 설명하는 월마트의 성공전략은 Cross-docking 시스템을 바탕으로 한 효율적인 물류시스템을 이용한 저비용 원가구조라 할 수 있겠다.

나. 인공위성 통신망(WSN=Wal-Mart Satellite Network) 구축

물류 시스템을 원활히 수행하기 위하여 월마트는 전통적인 투자수익률 기준으로는 도저히 정상이라 여길 수 없을 정도의 막대한 전략적 투자를 다양한 상호연결 지원체제에 집중했다. 즉 Cross-docking 시스템 하에서 주문이 들어와 운송되고 분류되어 이행되는 과정에서 빠른 시간 내에 이루어지려면 모든 점포와 각 판매대와 월마트의 물류센터 그리고 공급자간에 지속적이고 실시간 접촉이 이루어져야 했다. 따라서 판매현장에서 수집되는 자료를 당일에 직접 4천여 공급자에 전송하기 위해 월마트는 회사 전용의 위성통신체제를 운영하기 시작했다. 2개의 통신위성을 통해 1천9백여 개의 할인점, 440여 개의 샘즈클럽, 430여 개의 슈퍼센터 등의 체인망과 41개의 배송센터 및 본사를 연결했다. 뿐만 아니라 통신위성을 통해 상품을 수송하는 1만8천 대의 트레일러의 움직임을 추적, 몇 시 몇 분에 점포에 도착할 것인지를 정확하게 파악한다.

다. 전용 운송 시스템 구축

월마트의 물류 하부구조의 또 다른 특징은 신속하고 민첩한 수송체계를 들 수 있다. 이 회사의 물류센터는 41개소에 퍼져 있는데 이곳에 들어온 물품은 2천여 대에 달하는 회사 직영의 트럭을 이용해 48시간 내에 월마트의 일선 매장에 운송되고 있다. 이를 통해 월마트는 상품을 1주 2회씩 보충할 수 있다. 소매업계의 일반적인 기준은 이와는 대조적으로 2주에 1회나 1주에 1회 정도 상품진열을 보충되는 데 그치고 있다. 얼핏 생각하기에는 주 2회의 배송에 따른 비용이 엄청날 것이라고 볼 수 있다. 그러나 잦은 배송을 통해 월마트는 고객이 원할 때 상품이 진열되어 있지 않아 판매기회를 잃는 경우를 최소한으로 줄일 수 있으며, 매장이 안고 있는 재고부담을 최소로 경감시킬 있는 수 있는 것이다.

월마트의 이러한 배송시스템 운영에 있어 무엇보다 특기할 점은 직접운송 비율이 높다는 점이다. 창고에서 자사의 트럭으로 직접 배송되는 상품의 양을 비율로 따져보면 월마트는 85% 정도인 데 비해 다른 경쟁업체는 50~65%에 불과하다 그리고 경쟁업체들은 배송을 주로 외부에 위탁하지만 월마트는 2천여 대의 자사 트럭을 갖추고 직접배송을 실시하고 있다. 이러한 직접배송은 초기 자본투자가 많고 트럭 운송업자간의 파업 등 집단행동이 있을 경우 많은 손실을 볼 수 있다는 단점이 있으나 월마트는 직접 배송을 통해 보다 높은 효율과 유연성을 추구했다. 위에서 제시한 주 2회 배송이라든지, 리드타임이 2일로 단축되었다든지 하는 배송 경쟁력을 얻게 된 것은 직접배송을 통해 가능하였다는 평가이다.

라. POS(point of sales management : 판매시점관리) 시스템 구축

POS 시스템이란 상품의 판매와 동시에 그 데이터를 바코드 리더 등의 단말기로부터 주컴퓨터에 입력하여 매상이나 재고 관리를 하도록 한 시스템을 말한다. 즉 판매시점에서 자동판독방식의 금전등록기를 통하여 상세한 정보를 점포 혹은 본부의 중앙컴퓨터에 신속하게 전달하여 각 부문에 효과적으로 이용할 수 있는 정보로 가동하여 전달하는 시스템이다. 편의점 같은 곳에 가면 스캐너로 바코드를 찍는데, 그런 시스템을 POS라고 한다.

이러한 POS 시스템 도입의 장점은 첫째, 매상등록시간이 단축되어 고객 대기 시간이 줄며 계산대의 수를 줄일 수 있다. 둘째, POS 터미널의 도입에 의해 판매원 교육 및 훈련시간이 짧고 입력오류 방지할 수 있다. 셋째, 단품관리에 의해 잘 팔리는 상품과 잘 팔리지 않는 상품을 즉각 찾아낼 수 있다. 넷째, 전자주문시스템(Electronic Order System : EOS)과 연계하여 신속하고 적절한 구매를 할 수 있고 재고의 적정화, 물류관리의 합리화, 판촉 전략의 과학화 등을 가져올 수 있다.

이와 같은 POS 시스템을 월마트에서 어떻게 적용하였는지에 대해 설명해 보고자 한다. 월마트는 POS 시스템을 위해 바코드와 슬롯 스캐너를 도입했다. 이를 도입함에 있어 월마트가 우선적으로 고려하였던 것은 고객의 대기시간을 단축시키자는 월마트의 인간 중심적이고 현장 중심적 경영철학을 다시 한 번 엿볼 수 있다. 상점의 물건이 팔리는 시점에서 모든 정보가 처리될 수 있도록 한 이 시스템의 기본 취지를 이행하기 위해서는 제품의 많은 정보가 스캐너에 의해 처리되어야 한다. 즉 제품이 팔리는 기기, 제품의 특성 등이 스캐너에 의해 처리된 후 이 데이터를 가지고 주문과정이 자동적으로 이루어지면 제품의 진열 등이 효과적으로 이루어질 수 있는 것이다. 바코드의 경우 업무처리속도가 빠르다는 장점이 있으나 처리되는 정보량이 적다는 단점이 있었다. 그러나 월마트가 운이 좋았던지 제품 취급에 있어 표준으로 바코드가 사용되게 되었고 바코드의 단점, 정보 처리량의 부족이 기술의 발전으로 많이 해소되었기 때문에 종래 금전등록기를 사용할 때보다 제품의 계산처리를, 즉 소비자가 물건을 선택한 후 가격계산에 소요되는 시간을 30% 가량 단축시킬 수 있었다고 한다. POS데이터를 가지고 보다 효율적인 업무활동이 이루어질 것이라 판단하면 즉각 모든 상점에 이를 활용하는 조직의 민첩성까지 갖추고 있다. 단지 시스템의 도입차원에서 그치기 쉬운 폐단을 잘 극복하고 있는 것이다. 월마트의 POS시스템을 구축하여 주요 취급품목인 3천2백여 제품에 대한 각 점포 판매실적을 벤튼빌 본사 컴퓨터로 1시간마다 취합할 수 있었다. 이 시스템이 본사에서 그치는 것이 아니라 제조업체에도 바로 전송된다. 전송된 데이터를 가지고 제조업체들은 각 배송센터에서 필요한 공급량을 미리 예측할 수 있으며 이를 통해 즉시 납입이 가능하게 된다. 이로써 월마트 각 배송센터에서는 재고부담 없이 제조업체에서 납입한 상품을 도착 즉시 점포별로 분류해 필요한 양만큼 공급할 수 있게 된 것이다.

마. 탄력적인 공급시스템인 QR(Quick Response) 시스템 구축

월마트의 상품공급시스템을 구체적으로 살펴보면, 매장의 판매실적은 WSN을 통해 유통센터 그리고 본부에 집결된다. 본부는 원하는 제조업체에게 판매실적 데이터를 온라인 시스템을 통해 릴 타임(Real Time)으로 제공하고, 제조업체는 이 데이터에 기초해 상품을 생산하고 보충발주에 대한 납입에 대비한다. 제조업체의 월마트 유통센터에 대한 실제납입의 70% 이상은 점포배상 후 유통센터로 귀환하는 월마트의 배송차에 의해 행해진다. 이렇게 유통센터에 납입된 상품은 즉시 점포별로 분류되어 각 점포로 배송된다. 이와 같은 월마트의 공급시스템은 'QR 시스템' 이라고 일컬어진다. QR이란 소비자 지향의 적품 · 적시 · 적량 · 적소 · 적가의 무재고 생산 공급 방식으로, 이의 성공적 수행조건은 생산단계로부터 매장으로의 상품 보충 사이클을 단축시키는 것이다. QR을 통해 월마트는 재고 없는 효율적인 물류관리를 행하고 있으며, 이를 통해 업계 최고의 서비스를 최저의 비용을 통해서 실현하고 있는 것이다. 월마트는 궁극적으로 제조업체의 생산단계를 포함한 전 단계에서 무재고 경영을 목표로 하고 있다. 그렇게 때문에 월마트의 QR 실행은 제조업체의 입장에서도 원재료 · 완성제품의 보관 등 물류비용의 감소라는 커다란 이점을 가지고 있고, 이로 인해서 참여 제조업체들로부터 적극적인 호응을 얻고 있다. 즉, QR의 도입효과는 미국 소매업계의 현재 공급방식으로 매장에서 발주하고 나서 보충될 때까지 평균 기간이 20일이었던 것이 QR 도입 후 사이클이 10일로 줄어들었다는 것이다. 그럼으로써 점포의 재고 회전율을 2배로 늘릴 수 있음. 또한 인기상품 위주로 상품이 구비되고, 품절도 최소로 억제되며, 매출액도 25~30% 신

장시킬 수 있었다.

7) 월마트가 현재 주력하고 있는 전략

(1) 글로벌 경영전략

세계 최대 기업으로 부상했지만 월마트는 최근 경쟁의 격화, 미국 내 점포 포화 및 수요 정체에 따라 성장의 한계에 직면해 있다. 그러나 월마트는 이러한 성장의 한계를 돌파하기 위한 글로벌 전략을 적극 추진하고 있다. 월마트의 글로벌 시장 진출은 지난 90년대 초반부터 시작되어 왔지만 최근 글로벌 진출 전략을 더욱 강화하고 있다. 월마트는 91년 멕시코(623개)에 처음으로 매장을 개점한 이후 아르헨티나(11개), 브라질(25개), 캐나다(235개), 중국(34개), 독일(92개), 한국(15개), 푸에르토리코(53개), 영국(267개), 일본에 진출하여 세계 10개국에 해외체인점을 보유하고 있다. 전체 매출 중 해외사업부가 차지하는 비중이 17%에 이르며 이익 비중도 11%를 차지하는 등 글로벌 부문의 중요성이 날로 커지고 있다. 월스트리트 분석가들은 향후 월마트 이익 중 20% 이상이 해외부문에서 나올 것이라 전망하고 있다. 특히 월마트는 올해 4월 일본 4위의 슈퍼 체인 세이유(西友)를 매수하는 형태로 일본 시장에 진출하는 등 글로벌 전략을 강화하고 있다. 월마트는 세이유의 주식 6.1%를 획득, 제휴 관계를 맺은 후 2007년까지 주식 지분을 최대 66.7%까지 늘려 세이유를 사실상 매입하는 방식으로 일본 시장 공략에 나서는 것이다. 월마트는 이미 일본 시장에 진출한 미국과 유럽의 소매 유통 업체가 일본의 독특한 상관행 때문에 고전하고 있는 점을 감안, 직접 진출 보다는 세이유와의 제휴를 통한 일본 시장 공략을 선택한 것으로 보인다.

시골 변두리 할인점에서 세계 최대 기업으로 부상한 월마트는 적극적인 기업가 정신을 바탕으로 공격적이며 적극적인 경영을 펼쳐왔다. 최근 월마트의 글로벌 진출도 이 같은 공세적 경영을 담고 있다. 그러나 월마트의 진취적인 경영이 무모한 경영과 차별화되는 것은 철저한 원가절감과 합리적 경영의 바탕 위에 추진된다는 점이다.

(2) 온라인 사업(walmart.com)

리 스콧 월마트 회장은 최근의 인터뷰(조선일보 2005년 04월 20일자 인터뷰 기사)에서, '최고 경영자로서 가장 역점을 두고 있는 미래경영전략은 무엇인가?' 라는 질문에 월마트 닷컴(온라인 매장)을 기존 매장(오프라인 매장)에 어떻게 연결시키느냐를 고민하고 있다고 하였다. 이러한 발언은 월마트가 현재 미래경영전략으로 온라인 사업에 역점을 두고 있음을 나타낸다고 볼 수 있다. 현재 월마트는 월마트 닷컴을 통해 100만개의 품목을 선보이고 있으며, 앞으로 월마트 닷컴을 통한 온라인 판매가 2008년 미국 전체 소매 판매 중 12%를 차지할 것으로 추정하고 있다. 그리고 이러한 온라인 사업(월마트 닷컴)의 도움을 받아서 오프라인 매장에서 팔리는 판매까지 모두 합치면 전체 소매 판매의 30%에 달할 것이라고 전망 하고 있다. 따라서 월마트의 경영전략에 있어 온라인 사업이 중요한 의미를 차지한다고 볼 수 있다.

그러나 월마트는 2000년에 월마트 닷컴(walmart.com)을 출범하면서 본격적인 온라인 사업에 추진해오고 있지만, 오프라인에서 갖는 그 위상과 달리 현재까지 온라인 사업에서 부진을 면치 못하고 있는 상황이다. 따라서 이러한 온라인 사업에서의 부진을 해소하기 위해, 현재 월마트가 월마트 닷컴(온라인)을 기존 매장(오프라인)과 어떻게 연결시키느냐를 고민하고 있는 것이다. 즉 이를 해결하기 위해, 월마트는 온라인 사업 진출에서의 경쟁력을 오프라인 매장에 구축해 놓은 방대하고 탄탄한 물류 시스템으로 보고 자사의 웹사이트인 월마트 닷컴을 오프라인 물류 시스템과 유기적으로 결합시켜 지금껏 경험하지 못했던 온/오프라인 통합 서비스를 제공한다는 계획을 세우고 있는 것이다. 또한 월마트는 자사 월마트에는 없는 물건이 없을 정도가 물류가 다양하다는 점을 내세워 이를 효과적으로 활용하고자 하고 있다.

(3) 전자태그(RFID) 도입

월마트는 2004년 초, 100개 상품공급업체에 전자태그(RFID)에 기반을 둔 전자상품코드(EPC) 도입과 관련한 공식 문서를 일제히 발송했다. 이 문서에는 2005년 1월부터 100개 업체에 한해 상품 박스와 팔레트에 전자태그를 반드시 부착해야 한다는 공지와 함께 이와 관련한 구체적인 EPC 사양이 제시돼 있다. 이와 별도로 37개 업체는 자발적으로 EPC를 사용하겠다고 월마트에 통보했다. 이에 따라 2005년부터는 월마트의 137개 거래선이 RFID 시스템을 이용하게 된다. 나아가 월마트는 2006년 1월부터 모든 업체에 전자태그 부착을 의무화할 것이라고 공언했다.

월마트의 이 같은 방침은 RFID를 이용해 공급 체인을 매장과 연결, 고객들이 어떤 제품을 구입하고 어떤 것들을 반품하는 지를 한 눈에 파악할 수 있도록 한다는 것이 목적이다. 또한 이에 대해 월마트의 글로벌 공급망 운영담당 부사장인 팜 콘은 공급망 관리에 전자태그를 활용함에 따라 제품과 관련된 아주 많은 정보를 수집하고 추적할 수 있게 됐다고 설명하며 이를 통해 다양한 경영상의 의사결정, 공급망 관리의 투명성 등을 확보할 수 있게 될 것이라고 기대감을 표현했다.

여기서 말하는 RFID는 데이터를 저장하는 태그와 전파를 보내는 안테나, 안테나를 통해 태그의 데이터를 기록하고 읽는 판독기(reader)로 구성된다. 바코드와 달리 무선으로 인식할 수 있어 물건을 감지기에 일일이 갖다 댈 필요가 없는 것이 강점이다. 또 최대 메모리 521KB로 무장해 응답속도도 빠른 편이고, 한 번에 여러 태그를 동시에 읽을 수도 있다. 이뿐만 아니라 RFID는 바코드에 비해 훨씬 더 많은 정보를 담을 수 있고 많은 정보를 순식간에 스캔할 수 있다는 점에서 효율성이 높다.

이러한 전자태그(RFID) 시스템 도입으로 월마트가 투자해야 하는 금액은 수년간 약 30억 달러에 달할 것으로 예측된다. 하지만 시스템이 안정적으로 운영되기 시작하면 한 해에만 약 84억달러에 달하는 비용을 절감하는 혜택을 누릴 수 있어 비용 대비 효과가 두드러질 것으로 예상된다.

PART 5

POS 시스템 관리 운영 매뉴얼

POS 시스템 관리

- Windows Technology For Hotel System 운영 매뉴얼 -

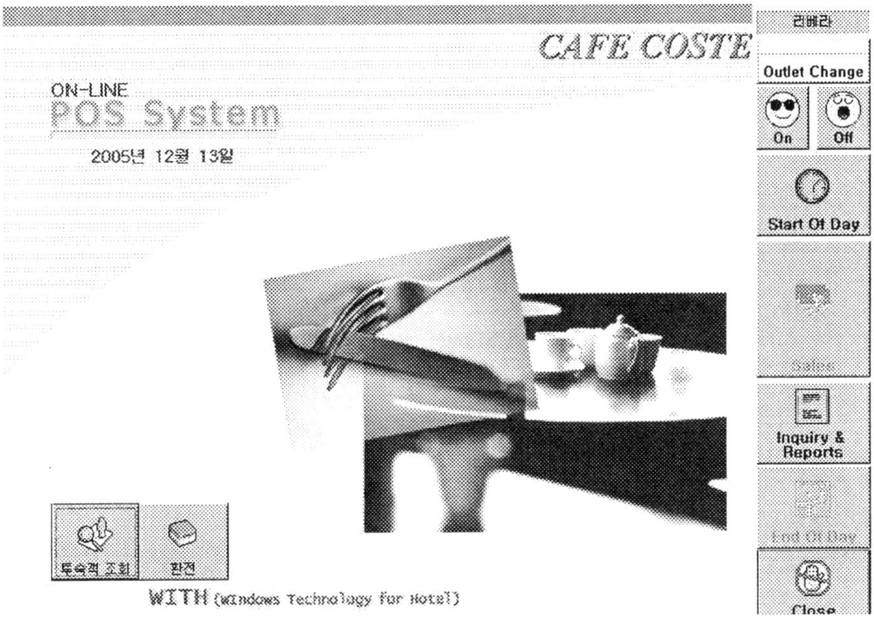

1 기본정보

1-1. 숫자입력

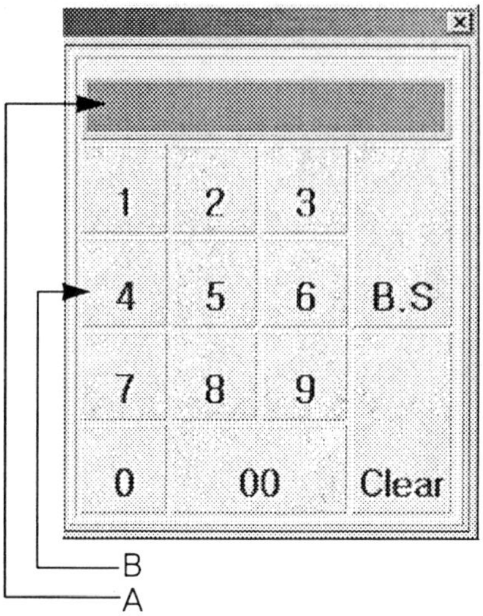

• **주요기능**

- POS System 전체 숫자를 입력하는데 사용된다.

• **항목설명**

- 1~00 : 숫자입력
- B.S : Back Space 기능
- Clear : 전체 지우기

• **실행방법**

- 숫자판(B)의 값을 클릭하여 Display Panel(A)에 값을 입력한 후 해당 값을 입력하고자 하는 곳을 클릭한다.

2 화면 운영방법

2-1. Main

2-1-1. Login

• **주요기능**

- Hotel System(With)의 POS System 실행을 위한 초기화면이다.
- User_ID와 Password에 의해 각 업무 단위 모듈별 사용 권한을 부여한다.

※ User_ID 등록 및 변경은 윈도우 오른쪽 상단의 버튼을 이용, 구 비밀번호와 변경하고자 하는 신 비밀번호(2번 입력)를 입력한다.

• **항목설명**

- Outlet : POS System을 운용할 업장코드
- User ID : 사용자에게 부여된 고유번호(2자리), 허가된 ID에 의해 시스템을 운영할 수 있는 권한이 부여된다. 시스템 내부에서 처리되는 모든 자료는 사용자 ID가 자동 생성된다.
- Password : 사용자에게 부여된 비밀 번호(5자리)
- User_ID와 Password를 입력한 후 OK 버튼을 클릭하거나 누른다.
- CLOSE 버튼을 클릭하면 Windows 화면으로 돌아간다.

2-1-2. Main Menu

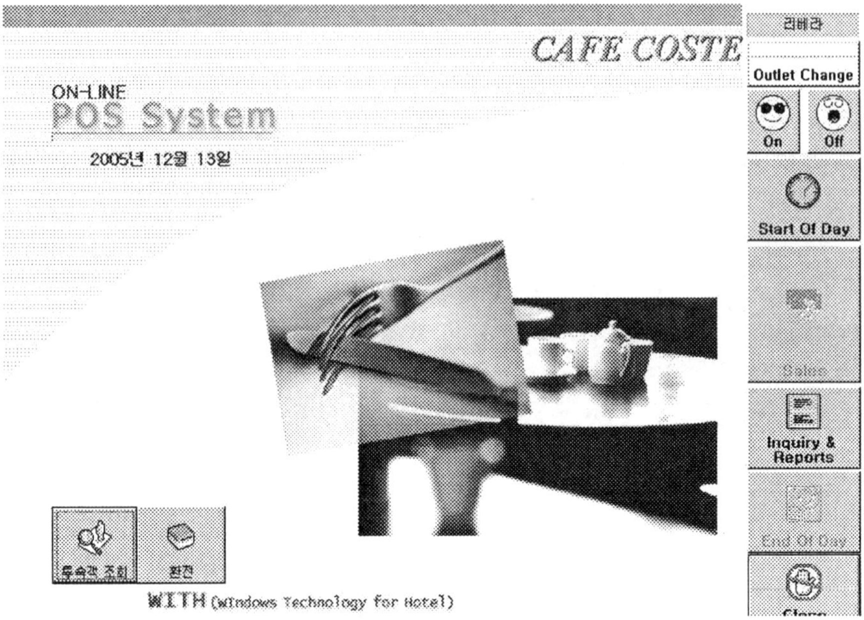

• **주요기능**

- POS 업무를 수행하기 위한 주 화면이다.
- 단위업무별로 구성된 메뉴버튼이 화면 오른쪽에 나타난다.

※ User_ID등록 및 변경은 윈도우 오른쪽 상단의 버튼을 이용, 구 비밀번호와 변경하고자 하는 신 비밀번호(2번 입력)를 입력한다.

• **항목설명**

- 터치스크린 또는 마우스를 이용하여 해당업무를 선택한다.
- 버튼을 클릭하면 Windows화면으로 돌아간다.

• **특이사항**

- 우측 상단에 현재 사용자의 이름이 나타난다.
- 사용자를 변경하려면 OFF 버튼을 클릭하여 Log-Out한 다음 ON 버튼을 클릭하여 다시 Log-In 한다.

2-1-3. Start Of Day

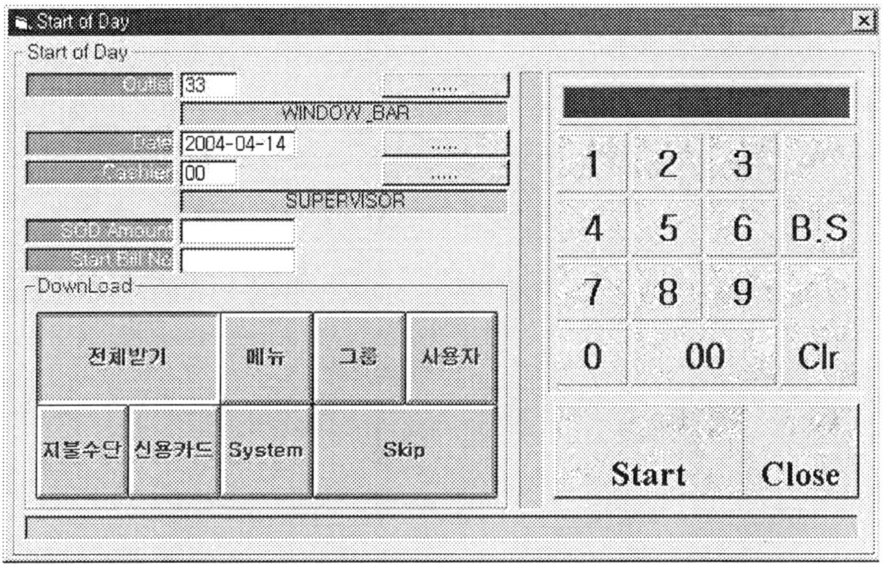

- **주요기능**
  - 업장의 개점작업을 수행하기 위한 화면이다.

- **항목설명**
  - 영업일자, 업장, Cashier#를 확인한다.
  - 영업 준비금과 Start Bill#를 입력한 후
  - 버튼을 클릭하면 개점 작업이 완료되고 주 화면으로 돌아간다.

- **특이사항**
  - 업장 개점 시 POS Controller에서 변경한 각종 코드, 업장 메뉴 등을 내려받을 수 있는데 화면 하단에 있는 전체받기 혹은 메뉴 버튼을 선택한 후 Start 버튼을 클릭하면 개점과 동시에 해당 코드를 내려받기할 수 있다.

2-2. Sales

2-2-1. 테이블 조회

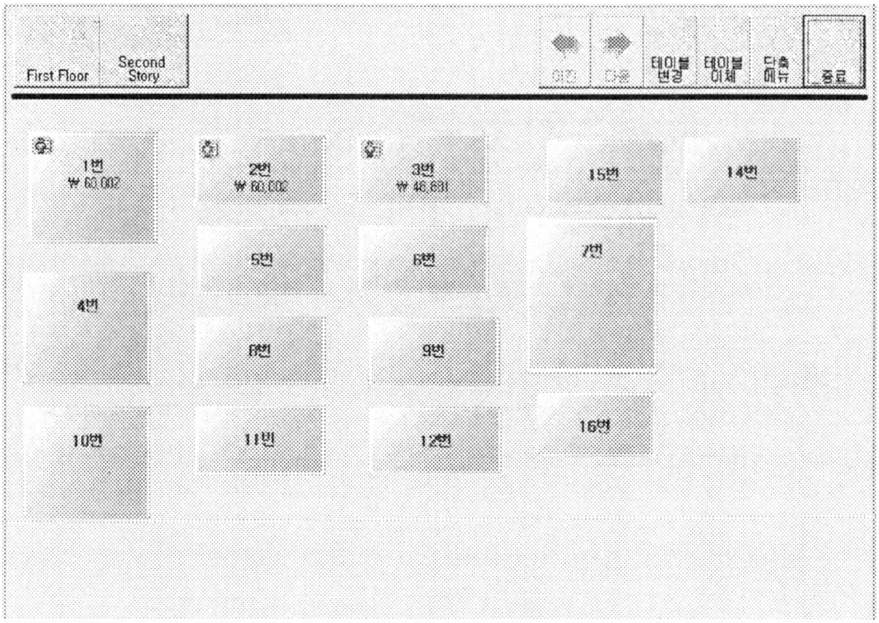

• **주요기능**

- 매출전표를 발생하고 매출전표에 대한 관리를 한다.
- POS에서 매출을 발생시키기 위한 준비단계이다.
- 현재 오픈된 빌의 상태(금액)를 확인할 수 있다.
- 해당 테이블을 클릭하면 오픈된 빌을 다시 불러오거나 신규 빌을 발생할 수 있다.

• **항목설명**

- Floor(화면 좌측상단) : 업장이 둘 이상의 구역(층)으로 구분되어 있을 경우 해당 구역(층)을 따로 선택할 수 있다.
- 테이블 변경 : 기존의 테이블에서 새로운 테이블로 매출을 이체할 경우 사용한다.
- 테이블 이체 : 기존의 테이블에서 다른 테이블(빌이 존재하는)로 이체할 경우 사용한다.
- 단축메뉴 : 메인 화면에 있는 Inquiry & Report에 조회/출력기능의 단축버튼이다.

2-2-2. 매출 등록

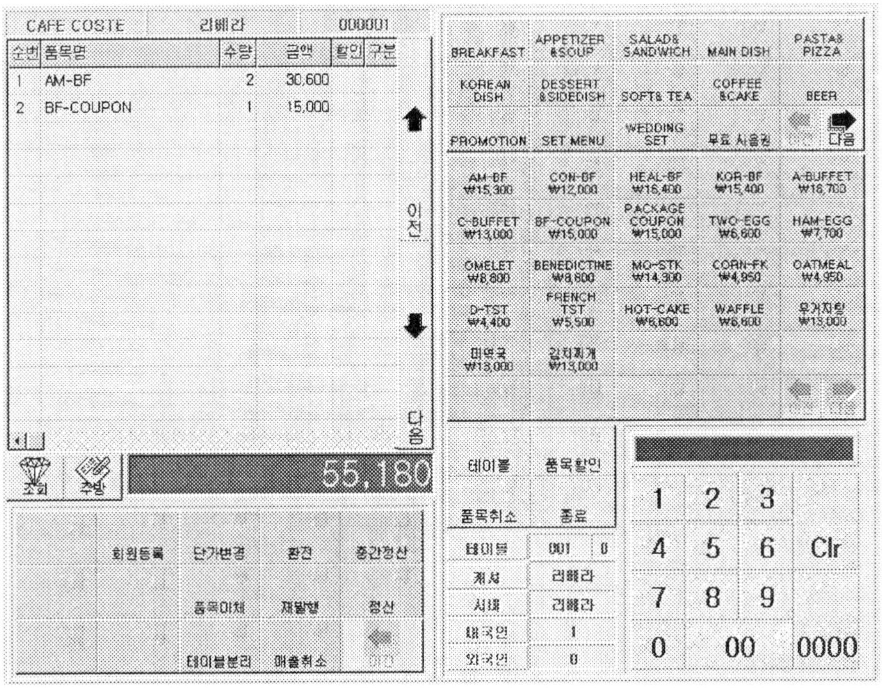

• **주요기능**

- POS에서 매출을 발생하고 변경하는 화면이다.
- 현재 오픈된 빌의 상태(메뉴)를 확인할 수 있다.

• **항목설명**

- A(빌 정보A) : 빌에 대한 기본 정보를 표시한다.(업장, Cashier, 빌 번호)
- B(메뉴리스트) : 선택된 메뉴의 정보를 표시한다.(품명, 수량, 가격, 할인율,...)
- C(부가기능버튼) : Inquiry & Report 등 부가기능에 대한 버튼을 표시한다.
- D(기능버튼A) : 매출자료 관리를 위한 기능버튼 모음이다. 코드화하여 적용/제외할 수 있다.
- E(메뉴그룹버튼) : 메뉴그룹을 버튼형식으로 표시한다. 메뉴그룹버튼을 클릭하면 해당 메뉴그룹에 포함된 메뉴가 메뉴표시부분(F)에 표시된다.
- F(메뉴버튼) : 메뉴그룹별 메뉴가 표시된다. 추가 아이템이 있는 메뉴의 경우 메뉴를 선택하면 추가 아이템이 메뉴버튼에 표시된다.

- G(기능버튼B) : 자주 사용하는 기능을 별도로 모아 두어 사용한다.
  메뉴선택시점과 정산시점에 표시되는 항목이 틀려진다.
  메뉴선택시점에는 , , , 가 표시된다.
  테이블 - 현재작업을 중단하고 테이블 조회화면으로 돌아간다.
  품목할인 - 품목별 할인을 처리한다.
  품목취소 - 개별 품목을 취소 처리한다.
  종료 - WAIT POS와 CASHIER POS에 따라 다른 기능을 처리하는데
  WAIT POS의 경우 POS 프로그램을 종료하고
  CASHIER POS의 경우 테이블 조회화면으로 돌아간다.
- H(빌 정보B) : 빌의 세부적인 정보를 표시한다(테이블 번호, 서버, 내국인 인원수, 외국인 인원수).
- I(숫자판) : POS에서 사용하는 숫자를 입력하는 부분이다.
- 지불구분 : 개인 : 개인 지불(부가세 포함)
  회사 : OO자동차 OO연구소 지불(부가세 제외)

• **매출발생**

1. 메뉴그룹 버튼을 선택하여 선택하고자 하는 메뉴를 찾는다.
2. 메뉴를 선택한다. 선택하고자 하는 수량이 하나이면 메뉴버튼을 클릭하면 되고 둘 이상의 동일 메뉴를 선택하고자 하면 먼저 숫자판에서 수량을 입력하고 메뉴 버튼을 클릭한다.
3. 선택한 메뉴에 추가 아이템이 있을 경우 해당 아이템을 선택하고 메뉴실행 버튼을 클릭하면 메뉴선택 화면으로 돌아간다.
4. 메뉴선택이 완료되면 중간정산 버튼을 클릭하여 중간정산을 처리하거나 정산 버튼을 클릭하여 정산(빌 마감)처리한다. 현금으로 바로 정산 처리할 경우에는 현금정산 버튼을 클릭한다.

2-2-3. 품목할인

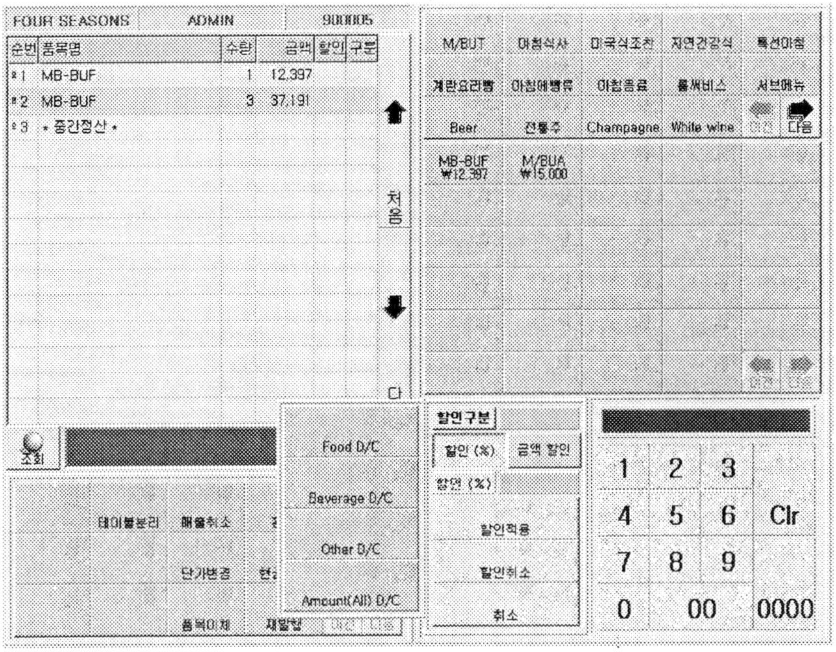

• **주요기능**

- 개별 품목에 대해 할인을 적용한다.

• **항목설명**

- 품목할인 버튼을 클릭한다.
  품목할인을 적용할 품목을 메뉴리스트(A)에서 클릭하여 선택한 후 할인구분을 클릭하면 할인종류를 표시하는 부분(B)이 표시된다.
  할인의 종류를 선택한 후 할인율(%)이나 할인금액을 선택한다.
  할인율(%)은 할인율로 할인을 적용하는 방법이고 할인금액은 일정금액으로 할인을 적용하는 방법이다.
  할인율(%)이나 할인금액에 해당하는 수치를 숫자판을 통해 입력한 후 할인적용 버튼을 클릭하여 품목할인을 적용한다.
- 적용된 품목할인을 취소할 경우에는 먼저 취소하고자 하는 할인품목을 메뉴리스트에서 선택한 후 품목할인을 클릭한다. 할인취소 버튼을 클릭하면 적용되었던 품목할인이 취소된다.

2-2-4. 품목취소

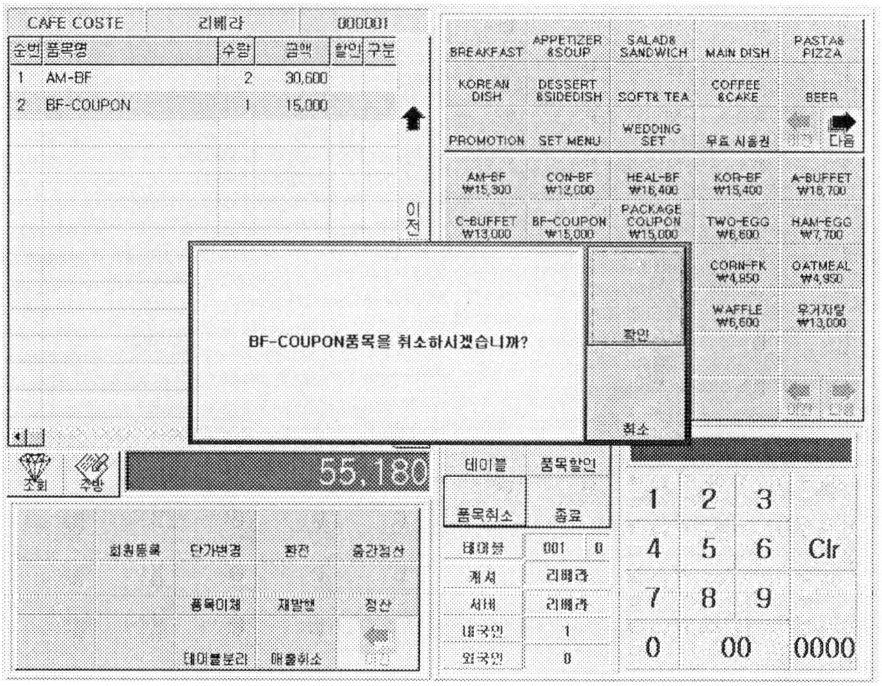

- **주요기능**
  - 개별 품목을 취소 처리한다.

- **항목설명**
  - 품목취소를 적용할 품목을 메뉴리스트(A)에서 클릭하여 선택한 후 품목취소 버튼을 클릭하면 선택된 품목이 취소된다.

2-2-5. 단가변경

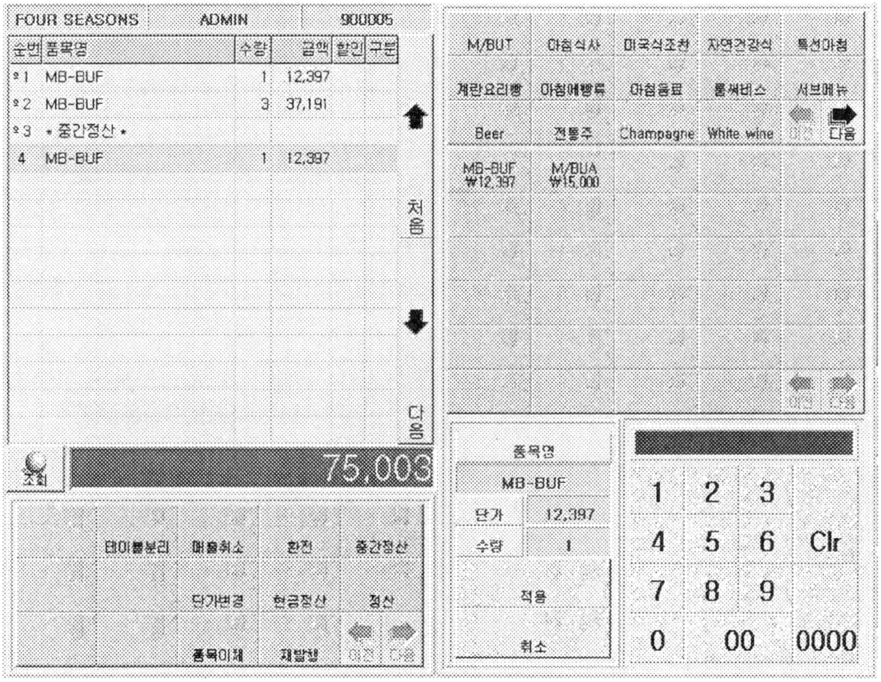

• **주요기능**

개별 품목에 대해 단가를 변경하거나 수량을 변경한다.

• **항목설명**

- 중간정산이 진행되지 않은 품목 중 단가나 수량을 변경하고자 하는 품목을 메뉴 리스트(A)에서 클릭하여 선택한 후 단가/수량을 숫자판을 이용해 입력하여 적용한다.
- 중간정산이 진행된 품목은 단가나 수량이 변경되지 않는다.

2-2-6. 품목이체

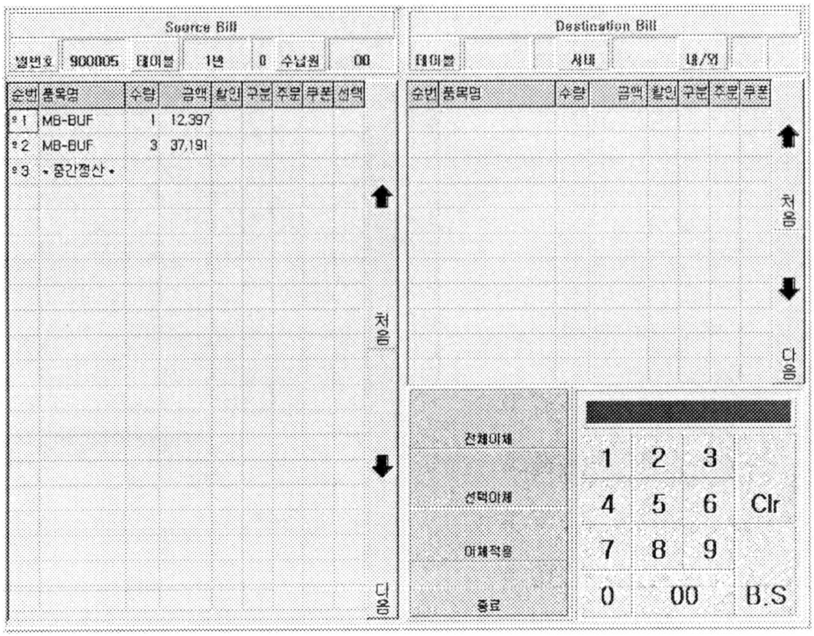

• **주요기능**

– 특정품목을 이미 발생된 다른 빌이나 새로운 빌로 이체 처리한다.

• **항목설명**

– Source Bill(A)에 원본 빌이 표시된다.

– 숫자판을 이용해 이체하고자 하는 테이블의 번호를 입력한다.

– 해당 테이블에 빌이 존재하면 빌의 내용이 표시되고 발생된 빌이 없을 경우 신규 빌이 발생한다.

동일한 테이블에 별도의 빌을 신규 추가하고 싶을 경우 위와 동일한 방법으로 테이블을 선택한 후 테이블명이 표시되는 곳의 옆 부분(B)을 클릭하면 숫자가 한 자리 증가하면서 새로운 빌이 생성된다.

– Source Bill(A)의 전체 품목을 Destination Bill로 이체하려면 전체이체 버튼을 선택된 일부 품목을 이체하려면 선택이체 버튼을 클릭한다.

– 이체작업을 완료하였으면 이체적용 버튼을 클릭하여 적용한다.

지금까지 작업한 내용을 취소할 경우에는 종료 버튼을 클릭한다.

2-2-7. 재발행

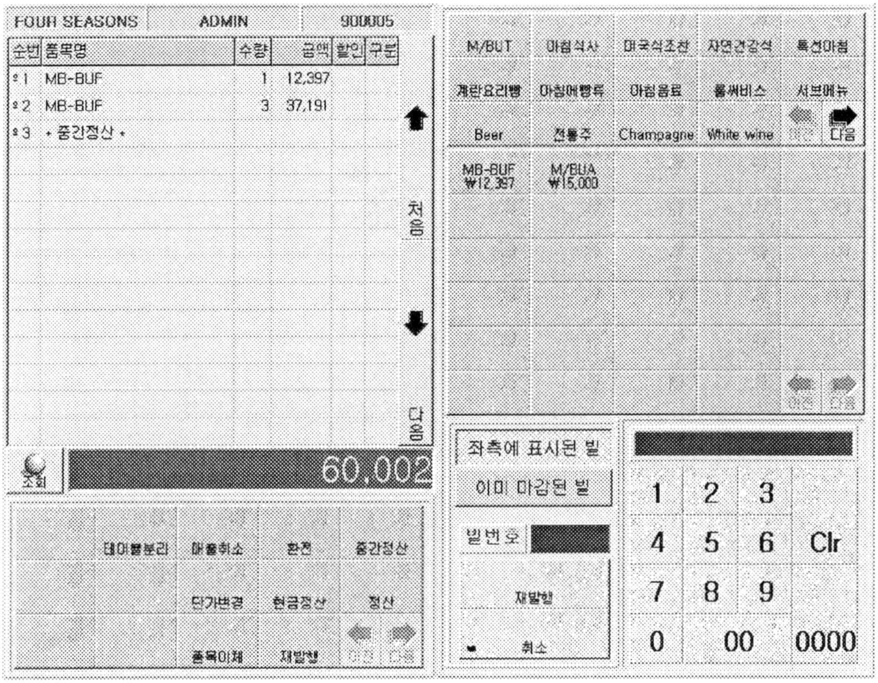

- **주요기능**
  - 이미 발행된 빌에 대해 재발행을 진행한다.

- **항목설명**
  - 중간정산단계의 빌을 재발행할 경우 해당 빌을 불러온 상태에 좌측에 표시된 빌을 선택한 후 재발행 버튼을 클릭한다.
  - 이미 마감된 빌을 재발행할 경우 이미 마감된 빌을 선택한 후 빌 번호에 재발행할 빌 번호를 입력한 후 재발행 버튼을 클릭한다.

2-2-8. 매출취소

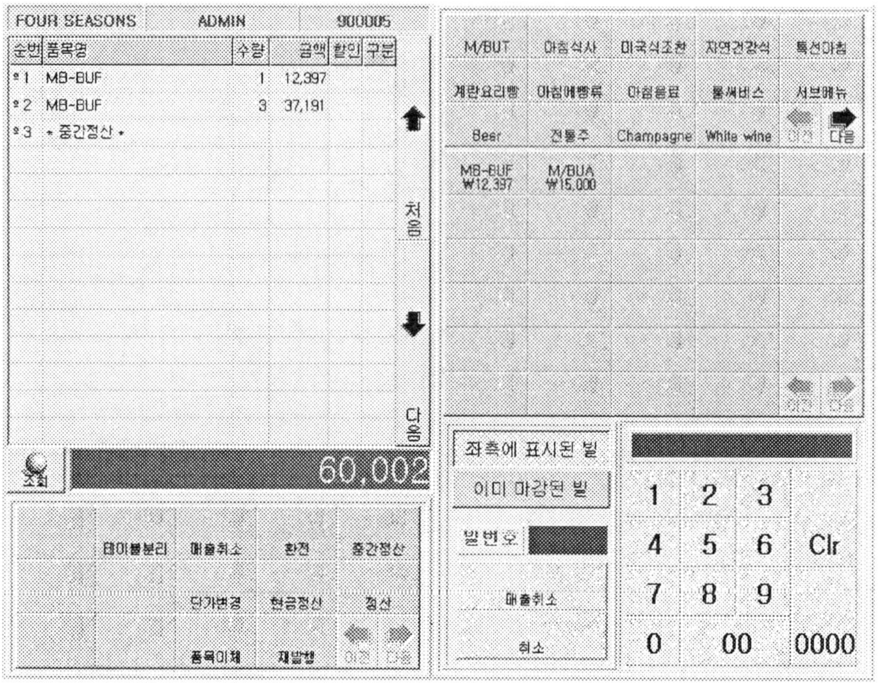

• **주요기능**

- 이미 발행된 빌에 대해 매출을 취소한다.

• **항목설명**

- 중간정산 단계의 빌을 매출취소 할 경우 해당 빌을 불러온 상태에 좌측에 표시된 빌을 선택한 후 매출취소 버튼을 클릭한다.
- 이미 마감된 빌을 매출취소할 경우 이미 마감된 빌을 선택한 후 빌 번호에 취소할 빌 번호를 입력한 후 매출취소 버튼을 클릭한다.

2-3. 정산

2-3-1. 정산화면

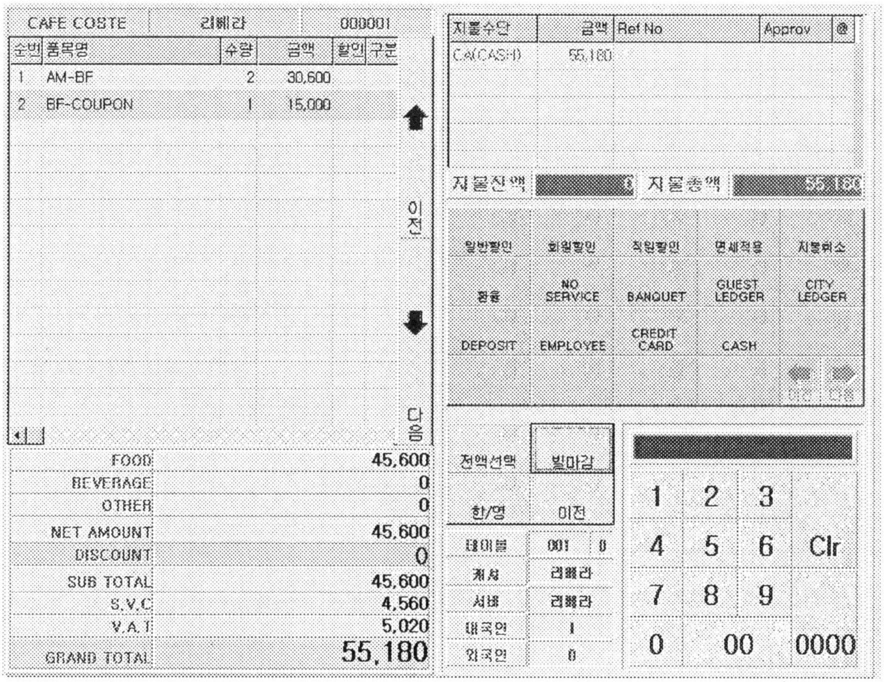

• **개요**

발생된 매출에 대해 정산작업을 진행한다.

• **주요기능**

- 각 지불수단별 정산, 할인, 면세 등의 기능을 수행한다.

• **항목설명**

- 집계표(A) : 해당빌의 매출을 식료/음료/기타/할인/봉사료/세금의 기준으로 표시한다.
- 지불내역(B) : 지불된 내역이 표시된다. 정산과 관련해 지불수단의 종류와 지불경우의 한계는 없다.
- 남은 금액(C) : 해당빌의 현재 지불한 금액의 합과 남은 금액의 합을 확인한다.
- 기능버튼(D) : 지불수단, 할인, 면세 등의 기능이 버튼 형식으로 표시된다.

2-3-2. 일반할인

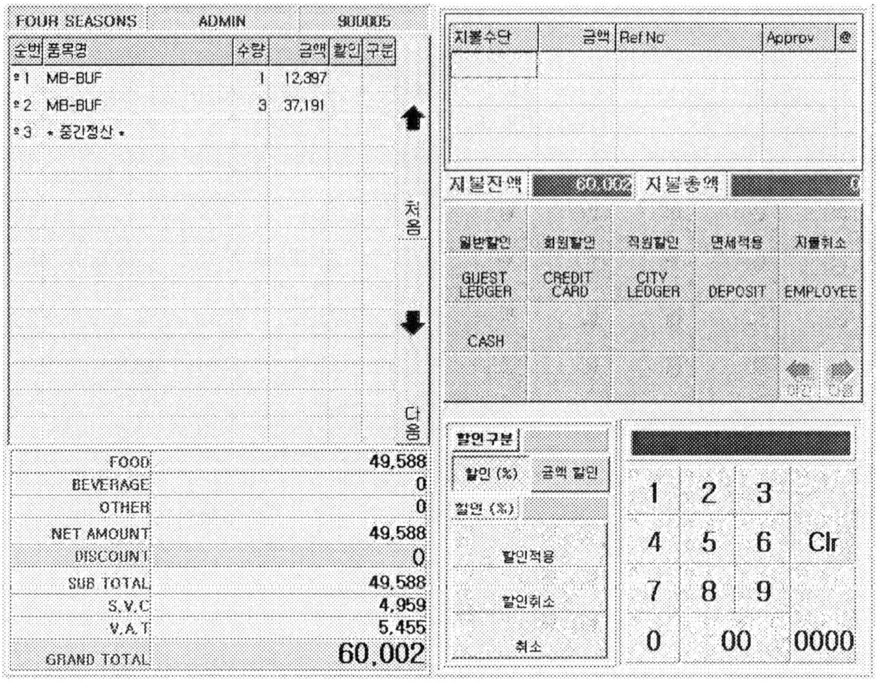

• 주요기능

- 해당 빌의 모든 품목(품목할인이 적용되지 않은) 에 대해 할인을 적용한다.
- 품목을 선택하는 부분을 제외하고 나머지 적용 방법은 품목할인과 동일하다.

2-3-3. 회원할인

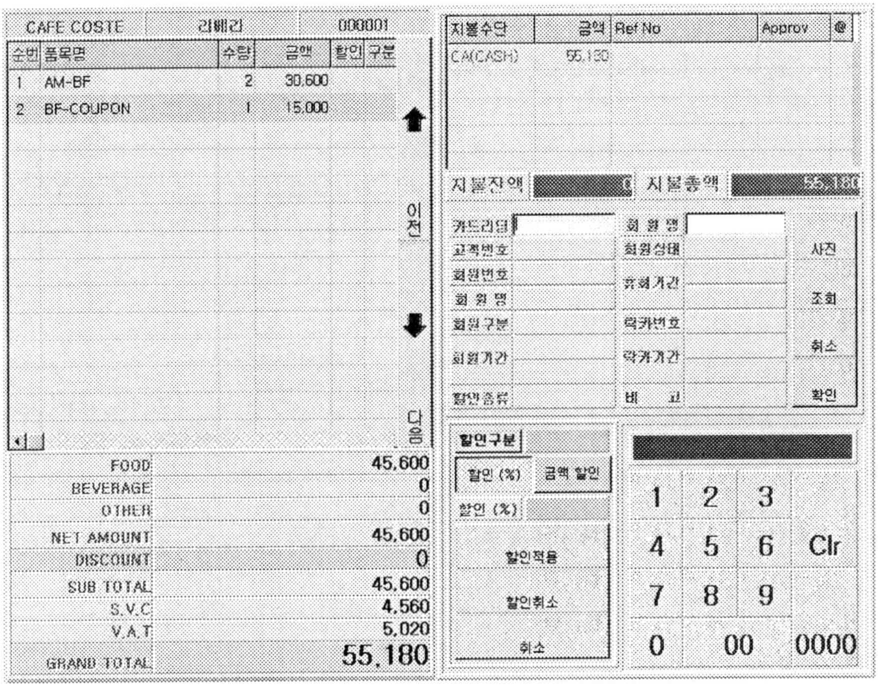

• 주요기능

- 해당 빌의 모든 품목(품목할인이 적용되지 않은)에 대해 할인을 적용한다.
- 품목을 선택하는 부분을 제외하고 나머지 적용 방법은 품목할인과 동일하다.

• 적용방법

- 먼저 회원을 조회한다. 회원카드가 있을 경우 회원카드를 Card Reader를 통해 읽으면 자동으로 회원을 찾는다. 수동을 찾을 경우 회원성명 등으로 찾을 수 있다.
- 회원 조회 이후에는 일반 할인과 적용방법이 같다.

2-3-4. 직원할인

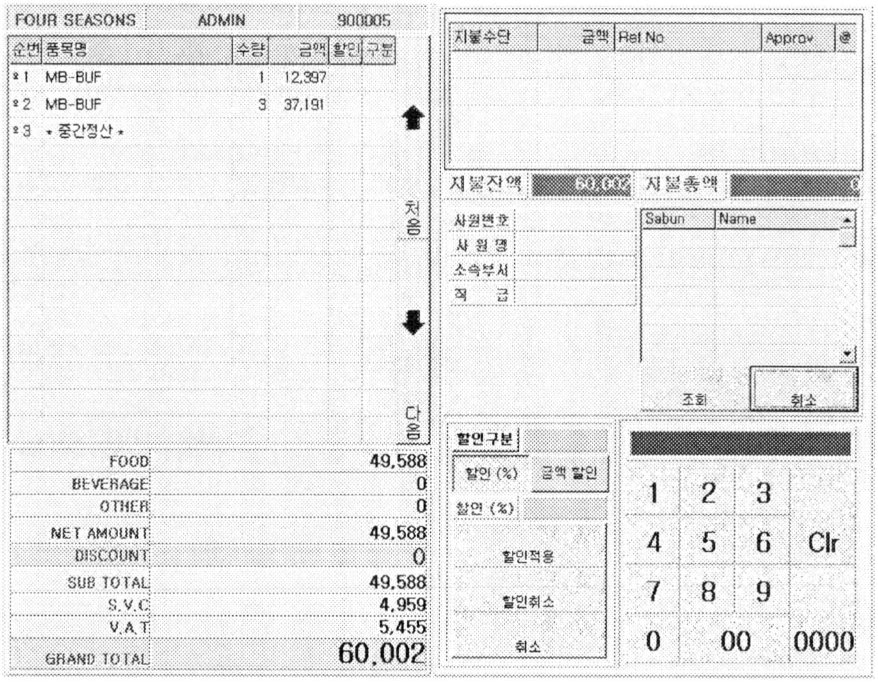

• **주요기능**

- 해당 빌의 모든 품목(품목할인이 적용되지 않은) 에 대해 할인을 적용한다.
- 품목을 선택하는 부분을 제외하고 나머지 적용 방법은 품목할인과 동일하다.

• **항목설명**

- 먼저 직원을 조회한다. 직원성명, 사번 등으로 찾을 수 있다.
- 직원 조회 이후에는 일반 할인과 적용방법이 같다.

2-3-5. 면세

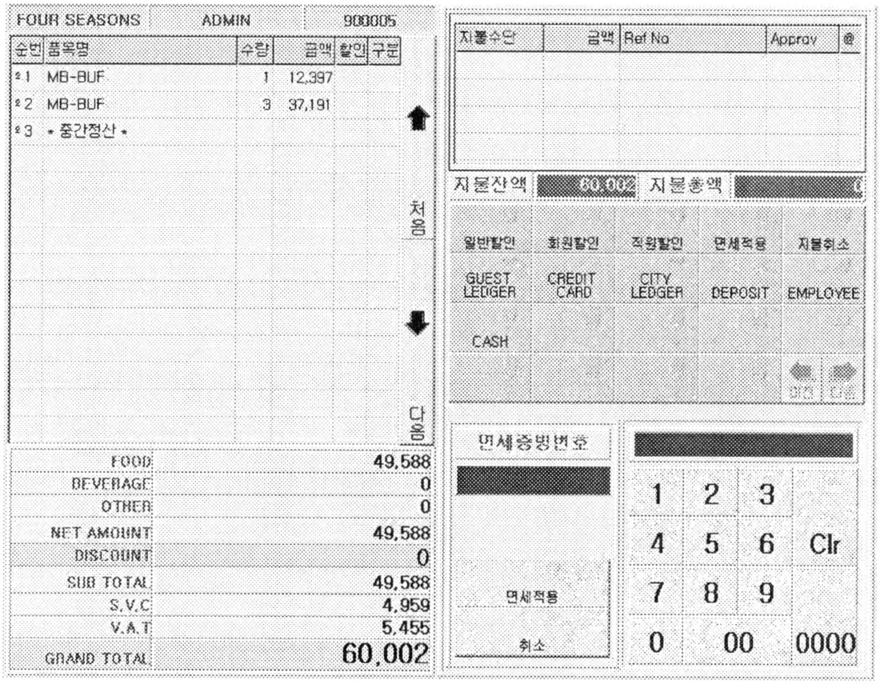

• **개요**

외교관 등 면세 요건을 충족하는 고객의 경우 면세처리를 한다.

• **주요기능**

- 외교관 등 면세 요건을 충족하는 고객의 경우 면세처리를 한다.
- 면세 증빙 번호를 입력한 후 면세적용 버튼을 클릭하여 면세를 적용한다.

2-3-6. 현금정산

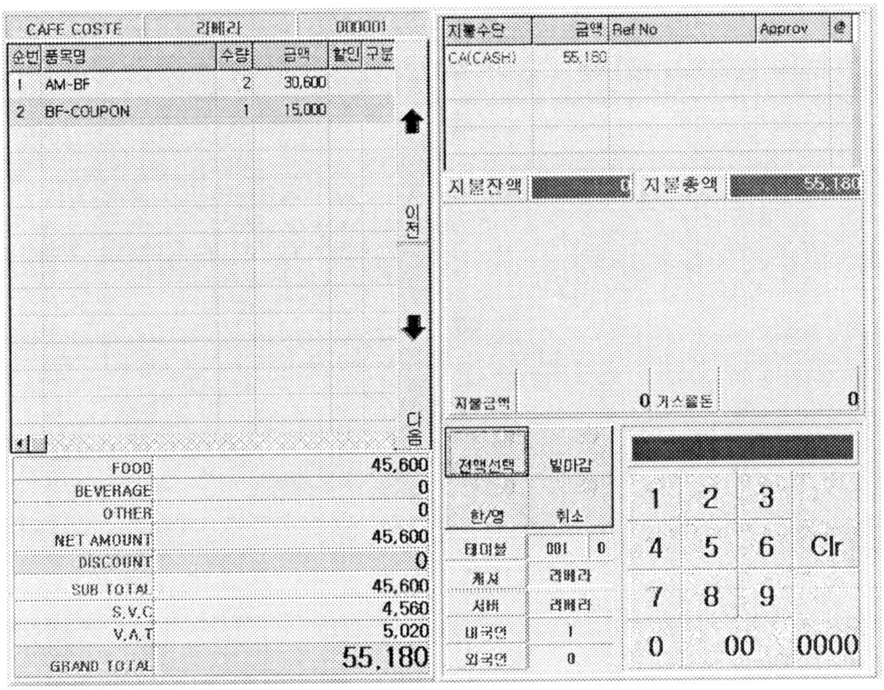

• **주요기능**

– 발생한 매출에 대해 현금으로 지불처리한다.

• **항목설명**

– 현금으로 지불할 금액을 숫자판을 이용해 입력하거나 전체 금액을 현금으로 지불할 경우 전액선택 버튼을 클릭하여 지불할 금액을 입력한다.

– 현금의 경우 지불해야할 금액보다 지불할 금액이 클 경우 거스름돈(B)이 표시된다.

2-3-7. 신용카드 정산

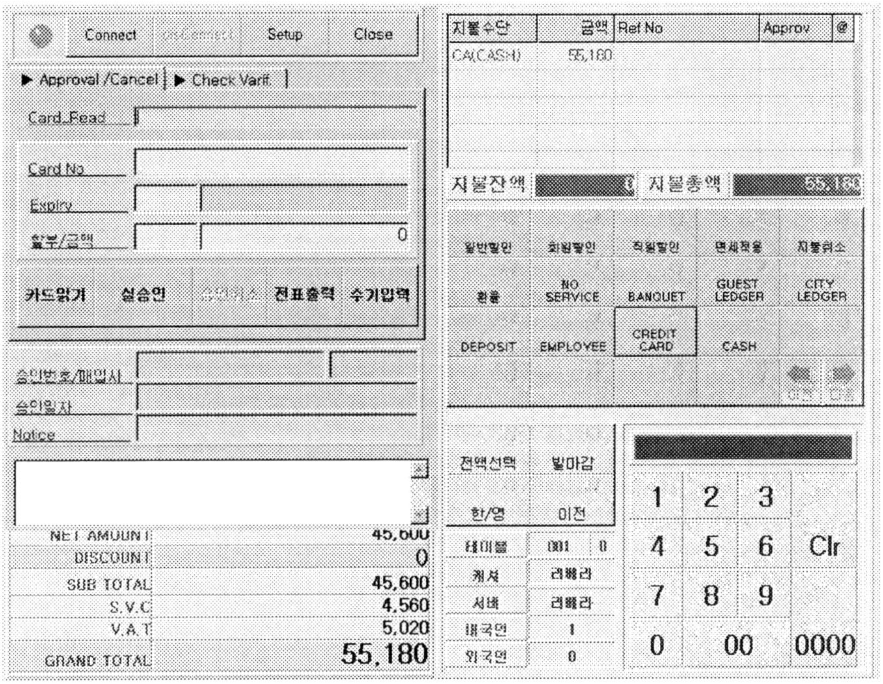

• **주요기능**

- 발생한 매출에 대해 신용카드로 지불처리한다.

• **항목설명**

- Card Reader를 이용해 신용카드를 Read하거나 매뉴얼로 카드번호를 Key In 한다.
- 신용카드로 승인/지불할 금액을 숫자판을 이용해 입력하거나 전체 금액을 신용카드로 지불할 경우 전액선택 버튼을 클릭하여 지불할 금액을 입력한다.
- 신용카드 결제가 승인되면 지불 버튼을 클릭하여 지불한다.
- 승인이 되지 않으면 전화/단말기 등 다른 방법으로 승인을 받은 후 카드번호, 유효기간, 승인번호 등을 입력한 후 매뉴얼등록 버튼을 클릭한다.

2-3-8. 투숙객 후불정산

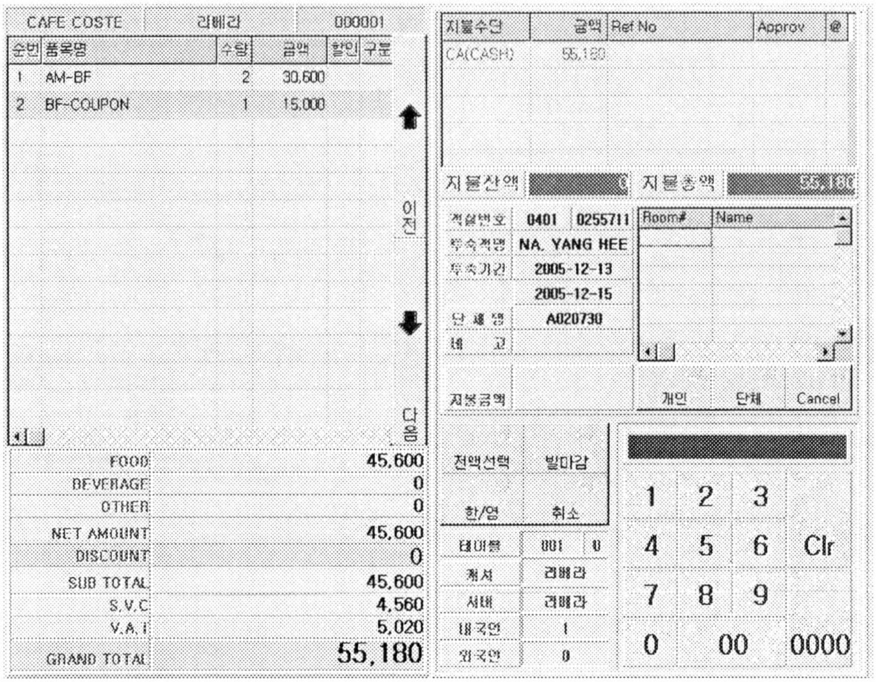

• **주요기능**

– 발생한 매출에 대해 투숙객 후불로 지불처리한다.

• **항목설명**

– 투숙객의 투숙객실 번호와 투숙객 명을 기준으로 투숙여부를 조회할 수 있다.

– 투숙객 여부가 조회(확인)되면 지불할 금액을 숫자판을 이용해 입력하거나 지불할 전체 금액을 투숙객 후불로 지불할 경우 전액선택 버튼을 클릭하여 지불할 금액을 입력한다.

2-3-9. 대외후불정산

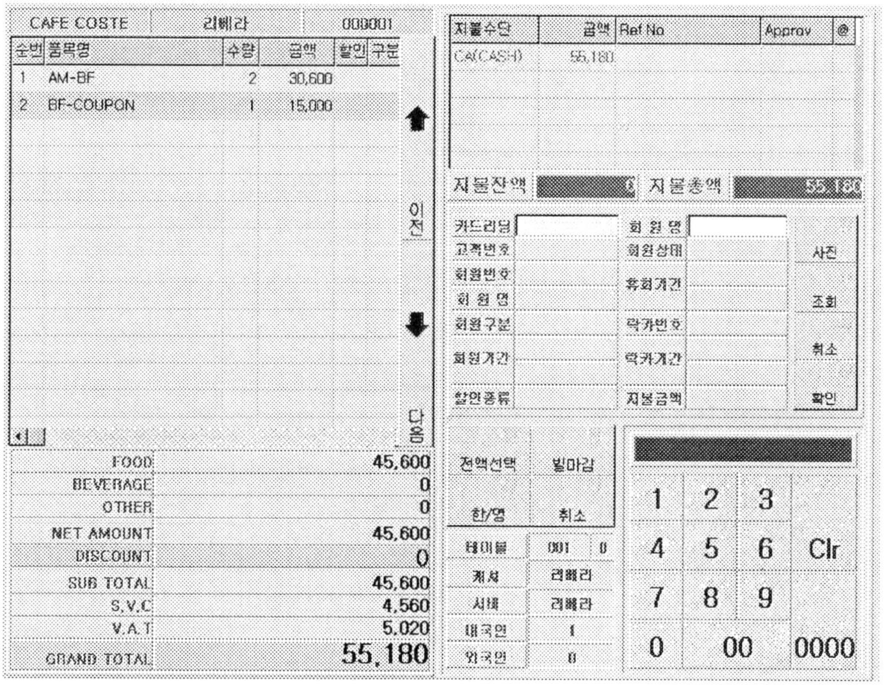

- **주요기능**
  - 발생한 매출에 대해 대외 후불로 지불처리한다.

- **항목설명**
  - 후불 Account와 Account명을 기준으로 후불 여부를 조회할 수 있다.
  - 후불 Account 여부가 조회(확인)되면 지불할 금액을 숫자판을 이용해 입력하거나 지불할 전체 금액을 대외후불로 지불할 경우 전액선택 버튼을 클릭하여 지불할 금액을 입력한다.

2-9-10. 직원후불정산

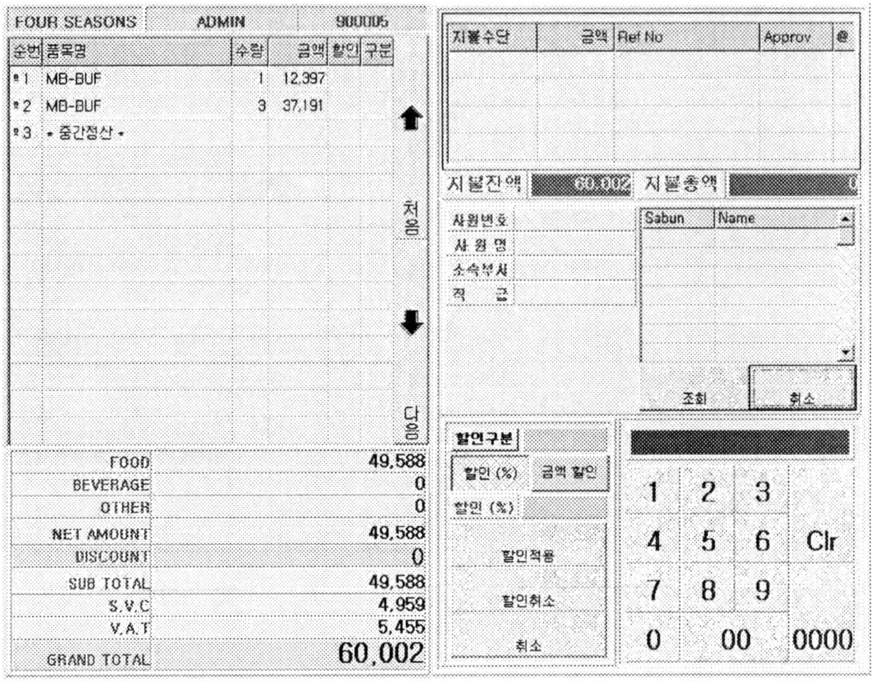

• **주요기능**

– 발생한 매출에 대해 직원 후불로 지불처리한다.

• **적용방법**

– 사번과 사원명을 기준으로 직원(근무) 여부를 조회할 수 있다.

– 사원이 조회(확인)되면 지불할 금액을 숫자판을 이용해 입력하거나 지불할 전체 금액을 직원 후불로 지불할 경우 전액선택 버튼을 클릭하여 지불할 금액을 입력한다.

2-3-11. 선수금 정산

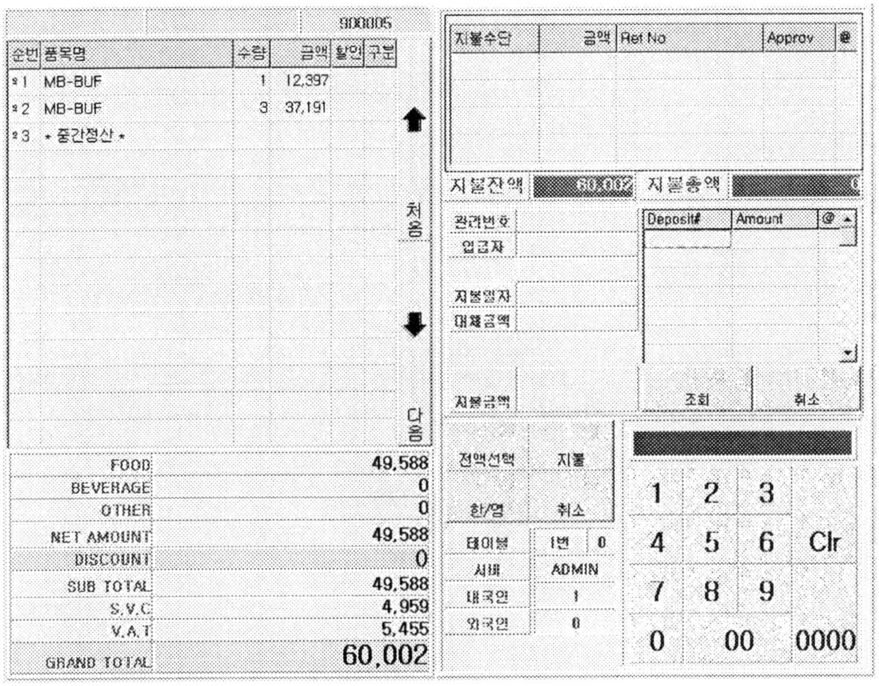

- **주요기능**
  - 발생한 매출에 대해 기 입금된 선수금으로 지불처리한다.

- **항목설명**
  - 선수금 발생 전표번호를 기준으로 조회(확인) 한다.
  - 사원이 조회(확인)되면 지불 가능한 선수금 한도 내에서 지불할 금액을 숫자판을 이용해 입력하거나 지불할 전체 금액을 직원후불로 지불할 경우 전액선택 버튼을 클릭하여 지불할 금액을 입력한다.

2-4. Inquiry & Report

2-4-1. 선택화면

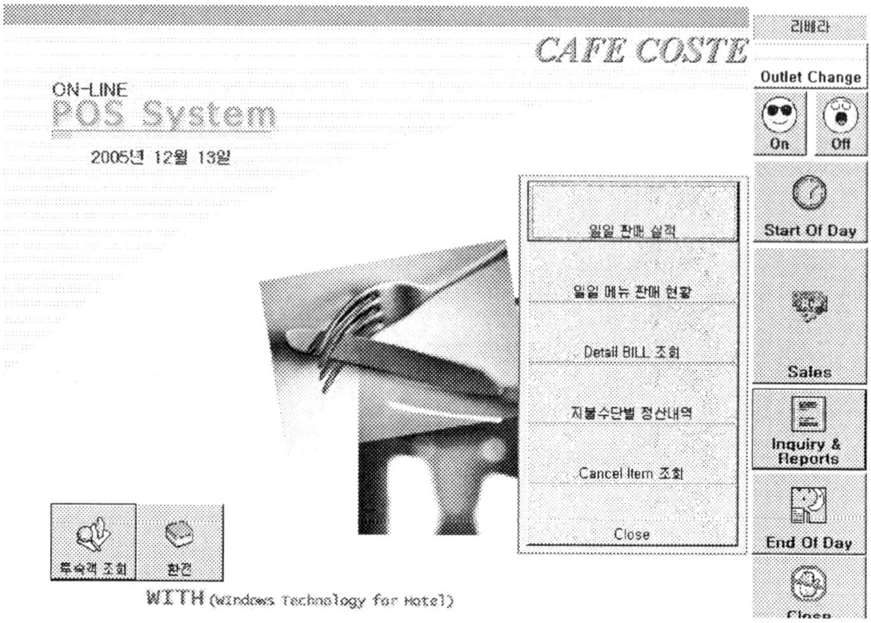

• **개요**

업장에서 발생한 매출에 대해 조회하고 출력한다.

• **주요기능**

- 금일 발생한 매출, 판매된 메뉴 등에 대해 조회/출력을 한다.

• **항목설명**

- 일일판매실적 : 해당 업장의 금일 매출 집계를 조회(출력)한다.
- 일일 메뉴 판매 현황 : 일일 판매 메뉴를 조회(출력)한다.
- 시간대별 판매 분석 : 해당 업장의 시간대별 판매 현황을 조회(출력)한다.
- Detail Bill 조회 : 해당 업장의 금일 발생한 빌을 조회(출력)한다.
- 지불수단별 정산내역 : 해당업장의 금일 지불수단별 정산내역을 조회한다.

2-4-2. 일일 판매 실적

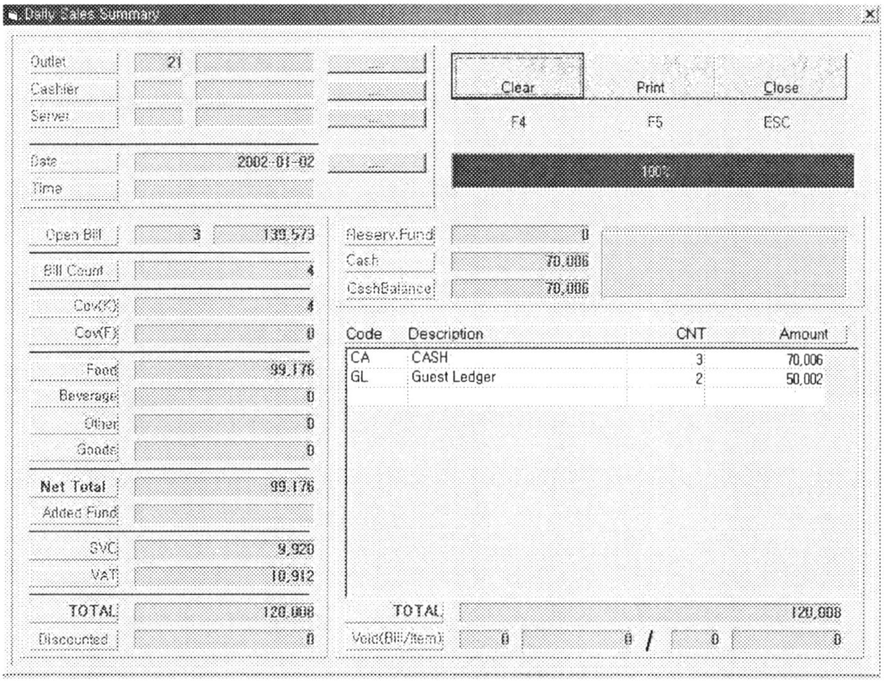

• **주요기능**

– 해당 업장의 금일 매출 집계를 조회(출력)한다.

• **항목설명**

– 일자, 업장, Cashier 등의 조건을 입력하고 Find 버튼을 클릭하여 조회한다.

– 화면 좌측하단의 Total과 우측하단의 Total은 그 결과 값이 항상 같아야 한다.

2-4-3. 일일 메뉴 판매 현황

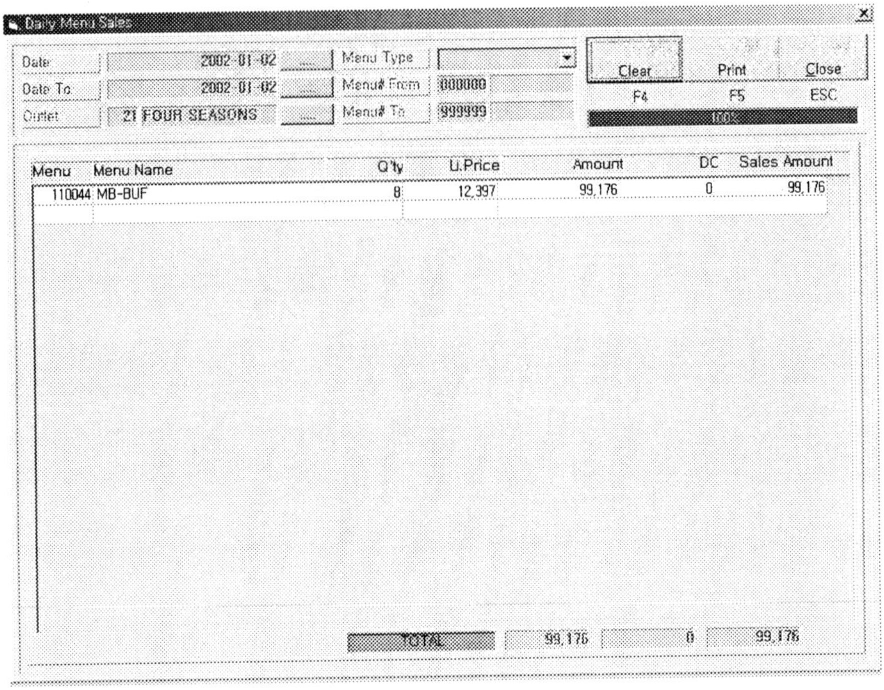

• **주요기능**

– 일일 판매 메뉴를 조회(출력)한다.

• **항목설명**

– 일자, 업장, Cashier 등의 조건을 입력하고 Find 버튼을 클릭하여 조회한다.

2-4-4. 시간대별 판매 분석

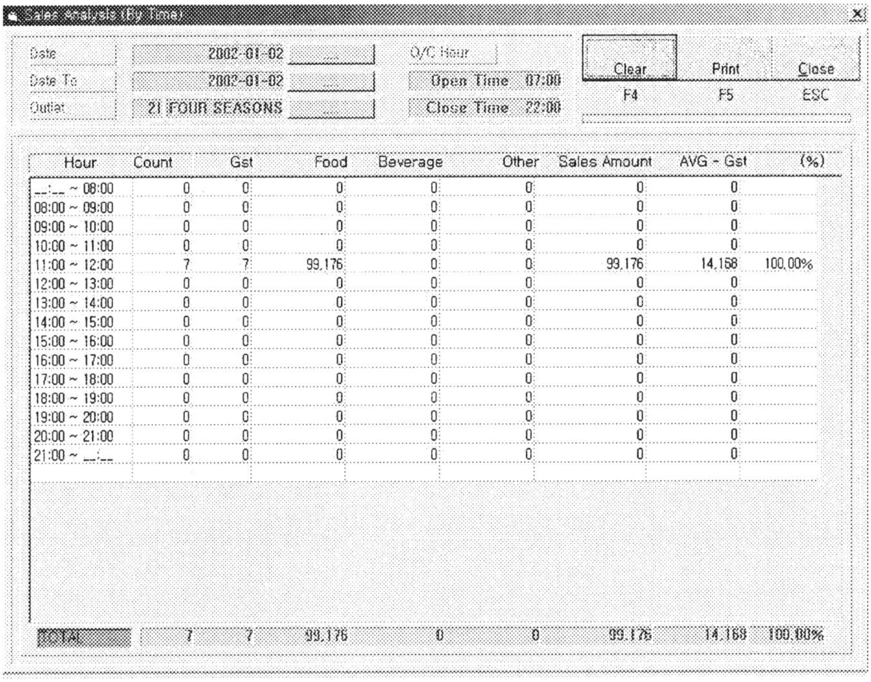

Hour	Count	Gst	Food	Beverage	Other	Sales Amount	AVG - Gst	(%)
__:__ ~ 08:00	0	0	0	0	0	0	0	
08:00 ~ 09:00	0	0	0	0	0	0	0	
09:00 ~ 10:00	0	0	0	0	0	0	0	
10:00 ~ 11:00	0	0	0	0	0	0	0	
11:00 ~ 12:00	7	7	99,176	0	0	99,176	14,168	100.00%
12:00 ~ 13:00	0	0	0	0	0	0	0	
13:00 ~ 14:00	0	0	0	0	0	0	0	
14:00 ~ 15:00	0	0	0	0	0	0	0	
15:00 ~ 16:00	0	0	0	0	0	0	0	
16:00 ~ 17:00	0	0	0	0	0	0	0	
17:00 ~ 18:00	0	0	0	0	0	0	0	
18:00 ~ 19:00	0	0	0	0	0	0	0	
19:00 ~ 20:00	0	0	0	0	0	0	0	
20:00 ~ 21:00	0	0	0	0	0	0	0	
21:00 ~ __:__	0	0	0	0	0	0	0	
TOTAL	7	7	99,176	0	0	99,176	14,168	100.00%

• 주요기능

– 해당 업장의 시간대별 판매 현황을 조회(출력)한다.

• 항목설명

– 일자, 업장, Cashier 등의 조건을 입력하고 Find 버튼을 클릭하여 조회한다.

2-4-5. Detail Bill 조회

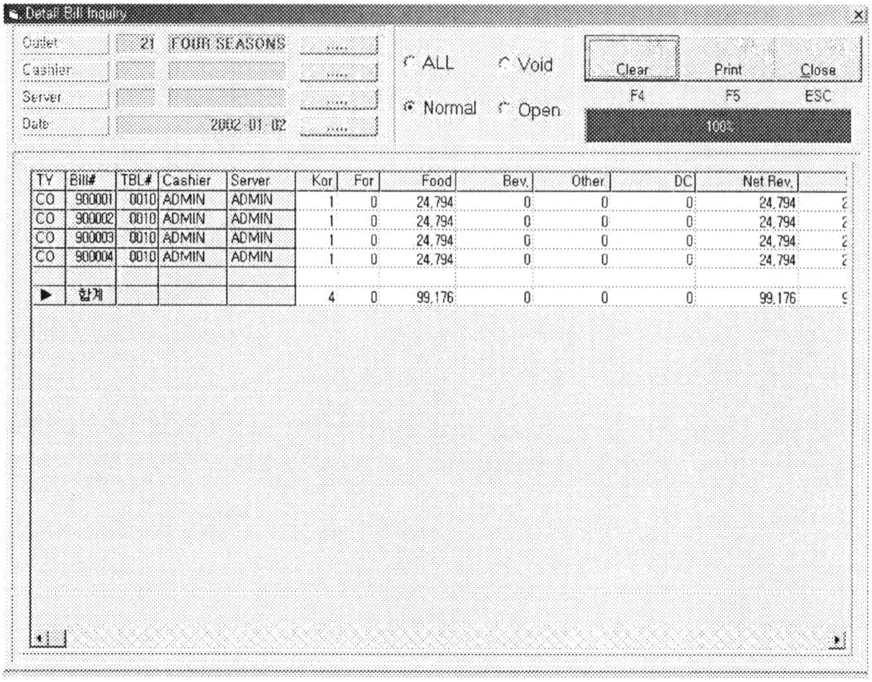

• **주요기능**

– 해당 업장의 금일 발생한 빌을 조회(출력)한다.

• **항목설명**

– 일자, 업장, Cashier 등의 조건을 입력하고 Find 버튼을 클릭하여 조회한다.

2-4-6. 지불 수단별 정산 내역

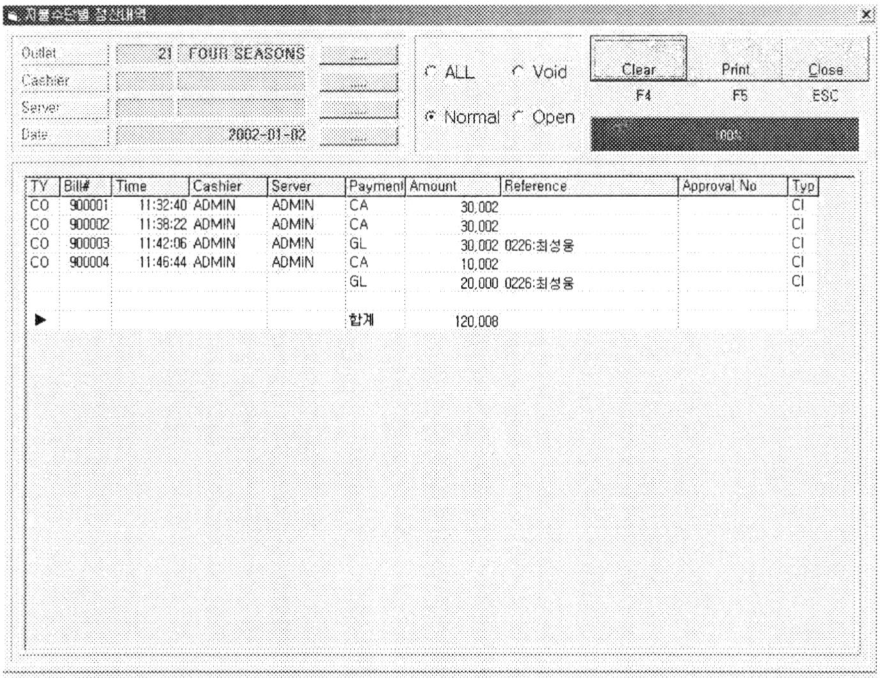

- **주요기능**
  - 해당업장의 금일 지불수단별 정산내역을 조회한다.

- **항목설명**
  - 일자, 업장, Cashier등의 조건을 입력하고 Find 버튼을 클릭하여 조회한다.

2-4-7. Cancel Item 조회

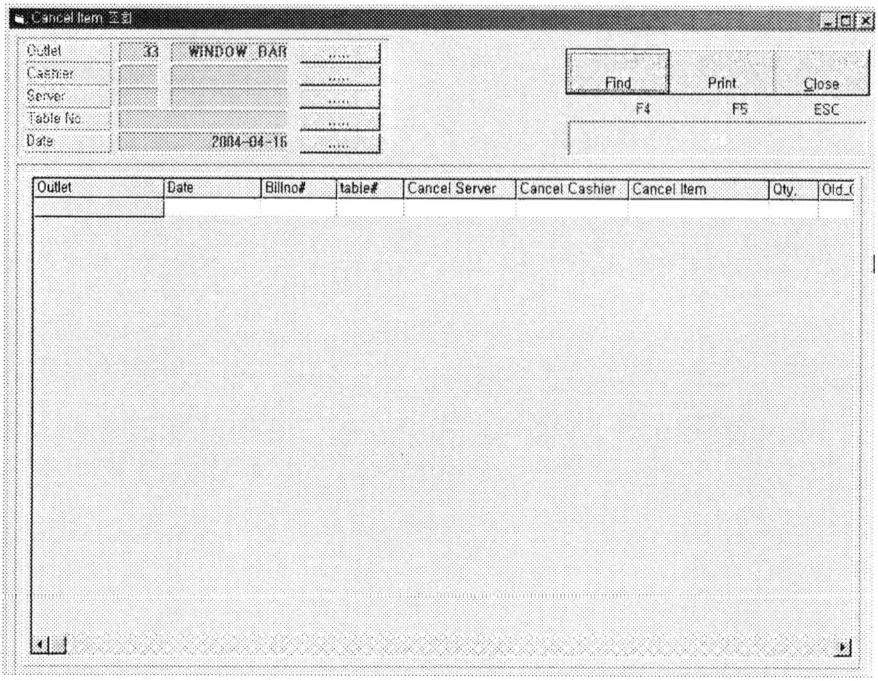

- **주요기능**
  - 해당업장의 금일 Cancel Item 내역을 조회한다.

- **항목설명**
  - 업장, Cashier 등의 조건을 입력하고 Find 버튼을 클릭하여 조회한다.

2-5. End Of Day

2-5-1. End Of Day

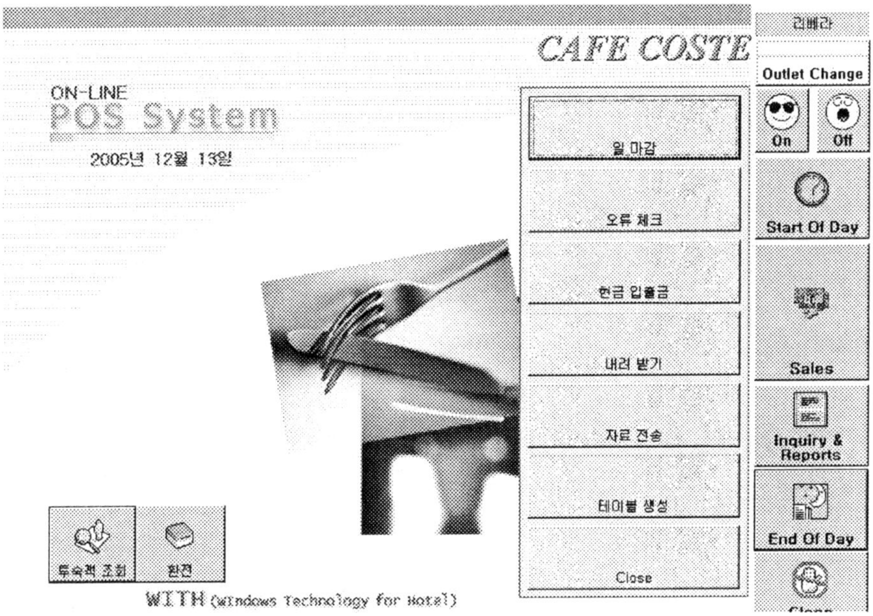

- 주요기능
  - 영업 일자에 대한 일 마감 등의 부가 기능 등이 있다.

2-5-2. 일 마감

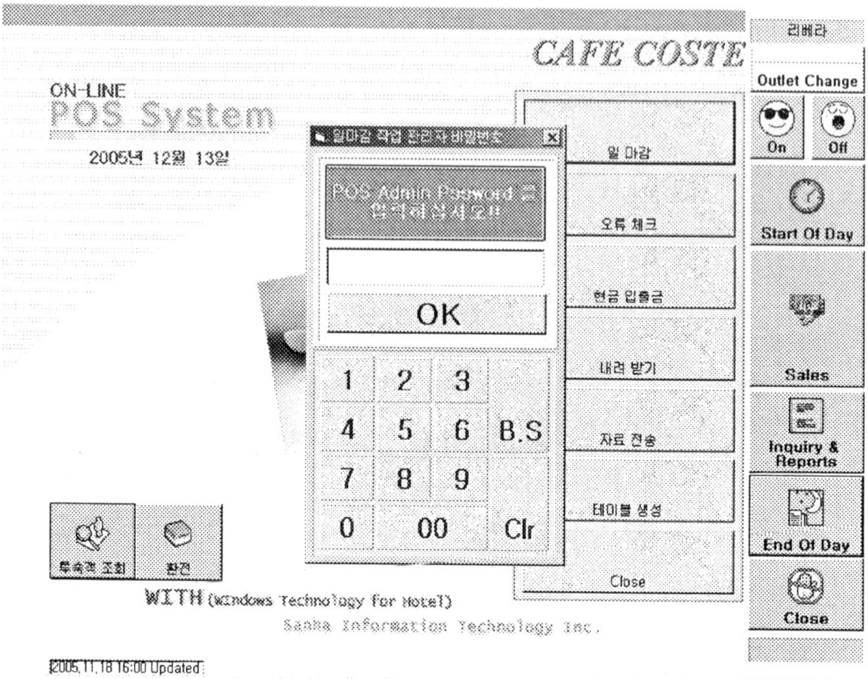

• **개요**

해당 업장의 금일 일 마감을 진행한다.

• **적용방법**

- POS 관리자 비밀번호를 입력한다.
- Start 버튼을 클릭하고 잠시 기다리면 일 마감이 완료된다.
- 일 마감이 완료되면 Close를 클릭하고 컴퓨터를 끄면 된다.
- 일 마감이 진행되면 오류 수정을 할 수가 없으므로 신중하게 진행하여야만 한다.

2-5-3. 오류체크

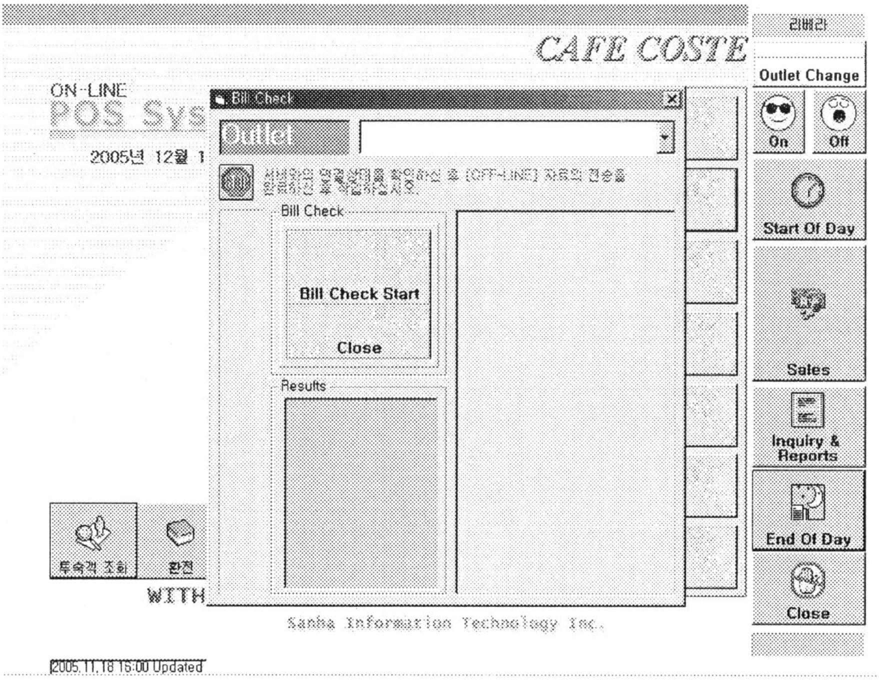

• **개요**

메인 서버와 Data 상태를 검증한다.

메인 서버의 Bill과 업장의 Bill이 일치하는지 체크를 한다.

2-5-4. 현금입출금

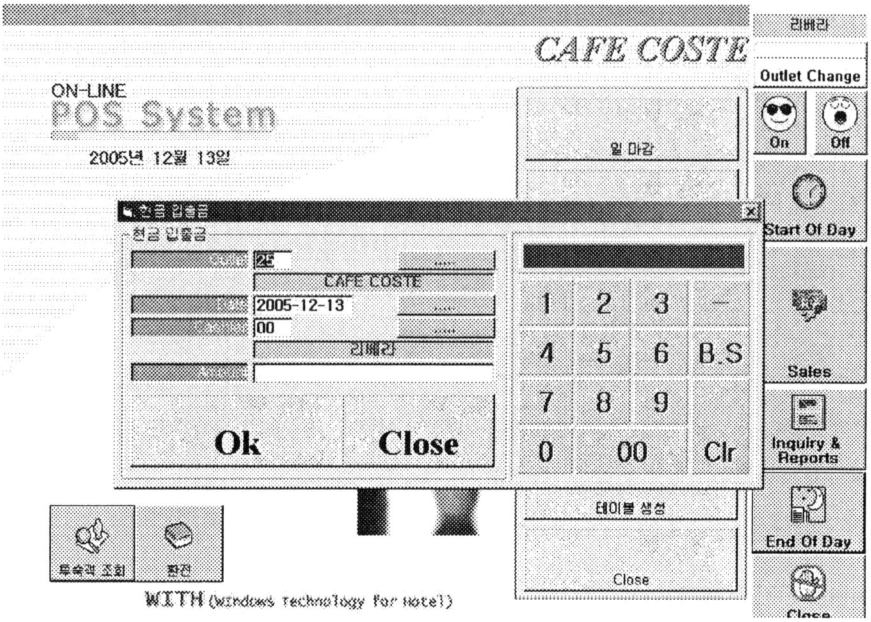

• **개요**

개별 업장의 현금을 입금 처리할 경우 입금/출금 내역을 입력하여 현금시재를 조정한다.

2-5-5. 내려 받기

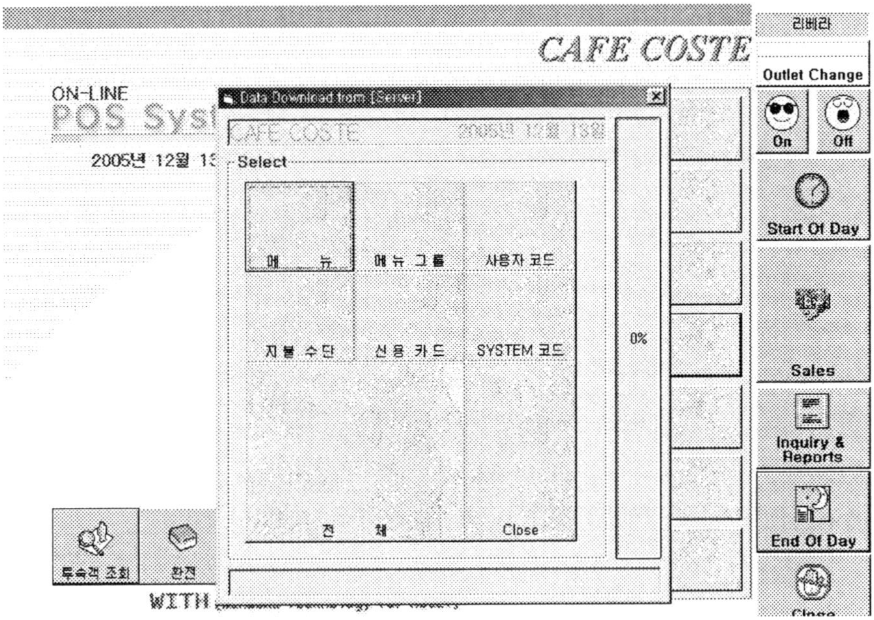

• 개요

영업도중 메뉴, POS 코드 등이 변경되었을 경우 내려받아 이를 해당 POS에 적용한다.

• 항목설명

- 메뉴 : 개별 메뉴의 추가나 삭제, 단가변경 등의 수정 작업이 필요할 때.
- 메뉴그룹 : 메뉴그룹을 추가하거나 삭제, 이동 등의 수정 작업이 필요할 때.
- 사용자 코드 : 사용자의 코드를 추가하거나 수정할 때.
- 지불수단 : 지불수단의 추가와 수정이 필요할 때.
- 신용카드 : 가맹점으로서 신규 카드가 추가되었거나 계약이 파기되었을 경우 삭제 시.
- SYSTEM코드 : 시스템의 코드변경 시.
- 전제 : 시스템 전체의 프로그램 수정이 있을 시.

2-5-6. 자료전송

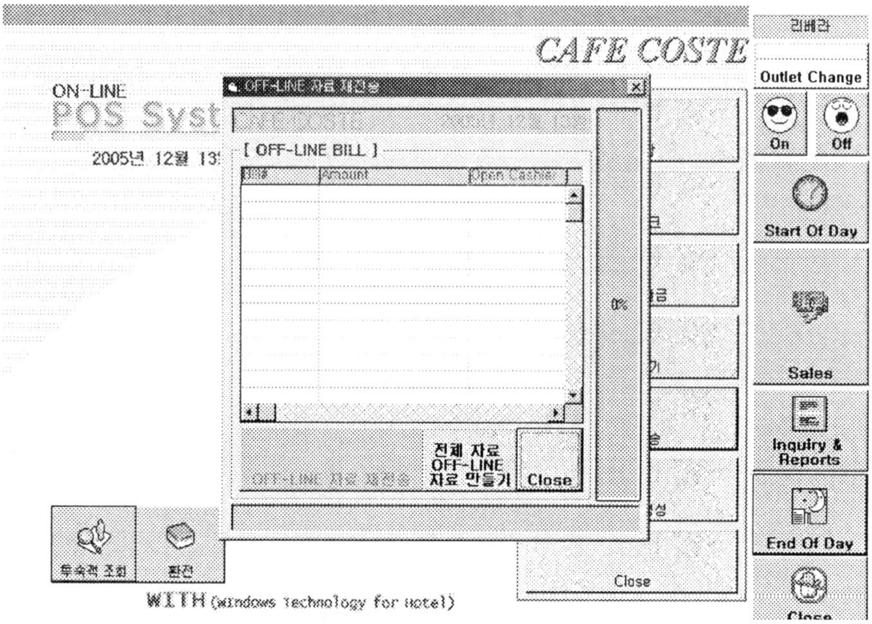

• **개요**

영업도중 전산상의 문제로 인해 매출이 정상적으로 메인 서버로 전송되지 않았을 경우(Off-Line)의 매출을 다시 재전송한다.

Off-Line 매출이 존재할 경우 일마감이 진행되지 않는다.

2-5-7. 테이블 배치

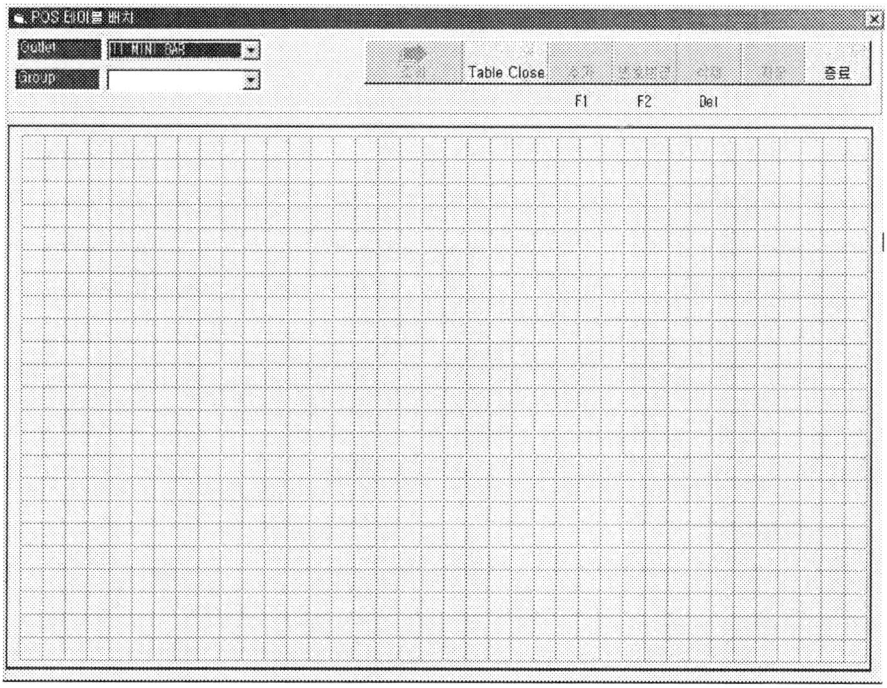

• **개요**

업장의 Lay-Out에 따라 테이블 배치 처리를 할 수 있다.

PART 6 F&B SYSTEM 운영 매뉴얼

1 Menu

1-1. F&B Main

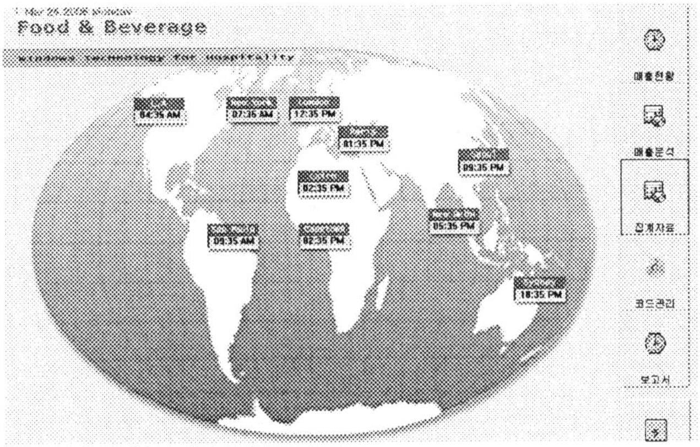

- **주요기능**
  - F&B 업무를 처리하기 위한 주화면이다.
  - 매출조회/메뉴입력 등 업무를 처리한다.
- **실행 방법**
  - 마우스를 이용하여 해당 업무를 선택한다.
  - Close 버튼을 클릭하면 Program을 종료한다.

2 매출 현황

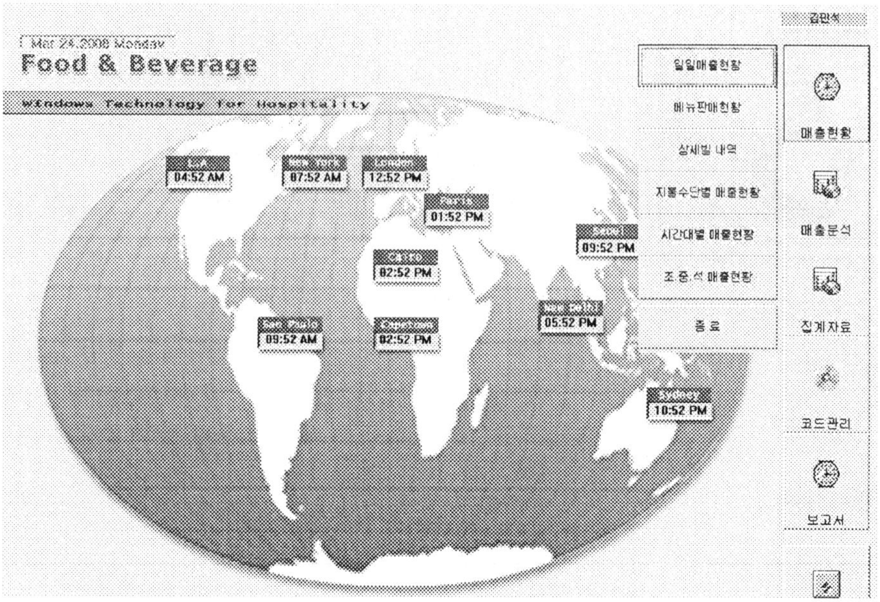

- 주요기능
  - 일일매출현황, 메뉴판매현황, 상세빌 내역, 지불수단별 매출현황, 시간대별 매출현황, 조 · 중 · 석 매출현황을 조회/출력할 수 있다.

2-1. 일일매출현황

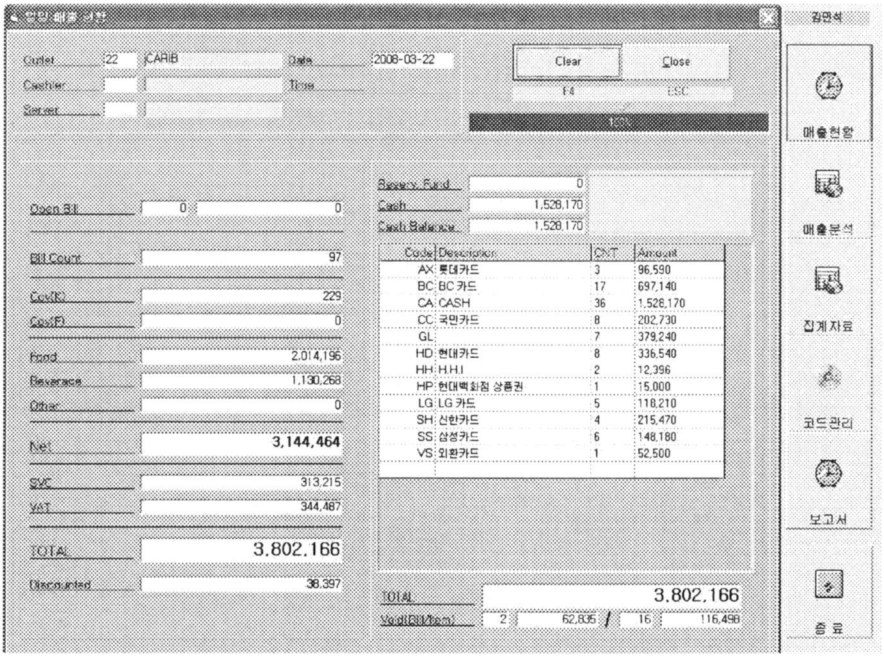

• **주요기능**

- 해당 업장의 일일 매출을 확인할 수 있다.

• **실행 방법**

- 업장코드, 날짜 등을 입력 한 후 Find 버튼을 클릭한다.

2-2. 메뉴판매현황

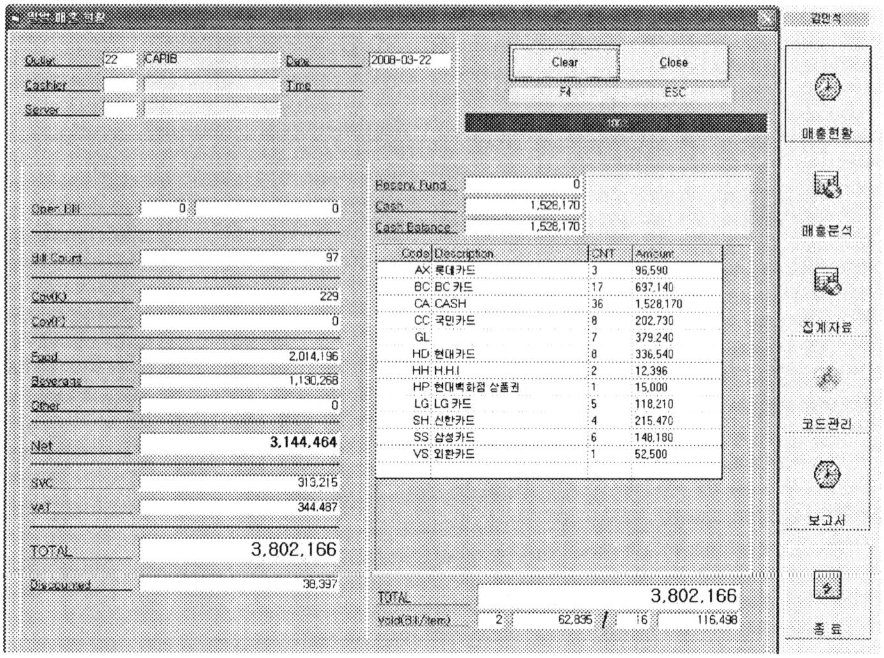

- **주요 기능**
  - 업장에서 판매한 메뉴판매현황을 조회, 출력할 수 있다.

- **실행 방법**
  - 업장코드, 날짜 등을 입력한 후 Find 버튼을 클릭한다.
  - 출력을 원할 경우엔 Print를 클릭한다.

2-3. 상세빌 내역

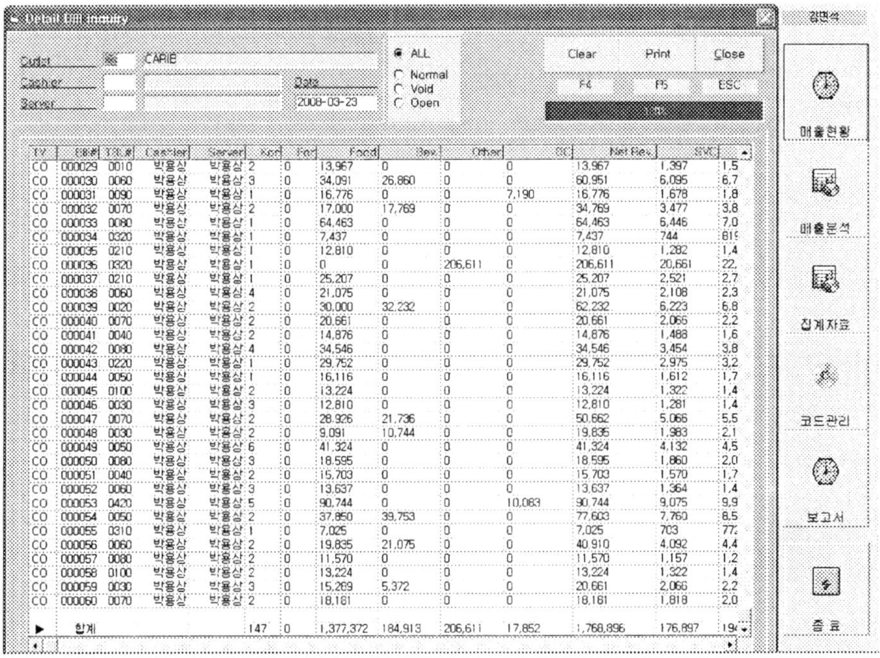

- **주요 기능**
  - 업장에서 발생된 빌 내역을 확인할 수 있다.

- **실행 방법**
  - 업장코드, 날짜 등을 입력한 후 Find 버튼을 클릭한다.
  - 출력을 원할 경우엔 Print를 클릭한다.
  - 해당 빌을 더블클릭할 경우 해당 빌의 상세한 내역이 나타난다.

2-4. 지불 수단별 매출현황

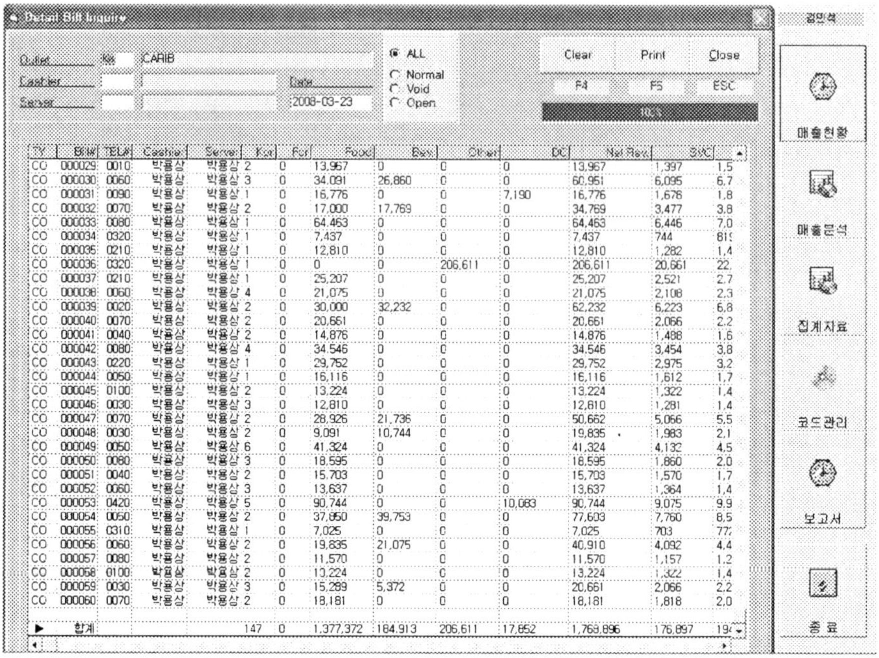

• **주요 기능**

- 업장에서 발생된 빌의 지불수단을 확인한다.

• **실행 방법**

- 업장코드, 날짜 등을 입력한 후 Find 버튼을 클릭한다.
- 출력을 원할 경우엔 Print를 클릭한다.

2-5. 시간대별 매출현황

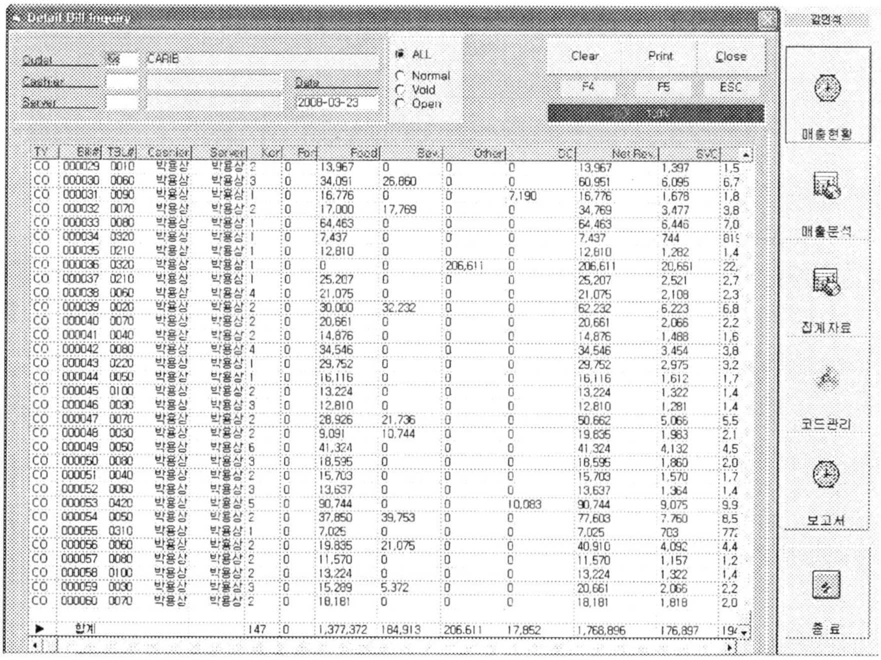

TY	Bill#	TBL#	Cashier	Server	Kor	For	Food	Bev.	Other	DC	Net Rev.	SVC	
CO	000029	0010	박용상	박용상	2	0	13,967	0	0	0	13,967	1,397	1,5
CO	000030	0060	박용상	박용상	3	0	34,091	26,860	0	0	60,951	6,095	6,7
CO	000031	0090	박용상	박용상	1	0	16,776	0	0	7,190	16,776	1,678	1,8
CO	000032	0070	박용상	박용상	2	0	17,000	17,769	0	0	34,769	3,477	3,8
CO	000033	0080	박용상	박용상	1	0	64,463	0	0	0	64,463	6,446	7,0
CO	000034	0320	박용상	박용상	1	0	7,437	0	0	0	7,437	744	81
CO	000035	0210	박용상	박용상	1	0	12,810	0	0	0	12,810	1,282	1,4
CO	000036	0320	박용상	박용상	1	0	0	0	206,611	0	206,611	20,661	22,
CO	000037	0210	박용상	박용상	1	0	25,207	0	0	0	25,207	2,521	2,7
CO	000038	0060	박용상	박용상	4	0	21,075	0	0	0	21,075	2,108	2,3
CO	000039	0020	박용상	박용상	2	0	30,000	32,232	0	0	62,232	6,223	6,8
CO	000040	0070	박용상	박용상	2	0	20,661	0	0	0	20,661	2,066	2,2
CO	000041	0040	박용상	박용상	2	0	14,876	0	0	0	14,876	1,488	1,6
CO	000042	0080	박용상	박용상	4	0	34,546	0	0	0	34,546	3,454	3,8
CO	000043	0220	박용상	박용상	1	0	29,752	0	0	0	29,752	2,975	3,2
CO	000044	0050	박용상	박용상	1	0	16,116	0	0	0	16,116	1,612	1,7
CO	000045	0100	박용상	박용상	2	0	13,224	0	0	0	13,224	1,322	1,4
CO	000046	0030	박용상	박용상	3	0	12,810	0	0	0	12,810	1,281	1,4
CO	000047	0070	박용상	박용상	2	0	28,926	21,736	0	0	50,662	5,066	5,5
CO	000048	0030	박용상	박용상	2	0	9,091	10,744	0	0	19,835	1,983	2,1
CO	000049	0050	박용상	박용상	6	0	41,324	0	0	0	41,324	4,132	4,5
CO	000050	0080	박용상	박용상	3	0	18,595	0	0	0	18,595	1,860	2,0
CO	000051	0040	박용상	박용상	2	0	15,703	0	0	0	15,703	1,570	1,7
CO	000052	0060	박용상	박용상	3	0	13,637	0	0	0	13,637	1,364	1,4
CO	000053	0420	박용상	박용상	5	0	90,744	0	0	10,083	90,744	9,075	9,9
CO	000054	0050	박용상	박용상	2	0	37,850	39,753	0	0	77,603	7,760	8,5
CO	000055	0310	박용상	박용상	1	0	7,025	0	0	0	7,025	703	77
CO	000056	0060	박용상	박용상	2	0	19,835	21,075	0	0	40,910	4,092	4,4
CO	000057	0080	박용상	박용상	2	0	11,570	0	0	0	11,570	1,157	1,2
CO	000058	0100	박용상	박용상	2	0	13,224	0	0	0	13,224	1,322	1,4
CO	000059	0030	박용상	박용상	3	0	15,289	5,372	0	0	20,661	2,066	2,2
CO	000060	0070	박용상	박용상	2	0	18,181	0	0	0	18,181	1,818	2,0
▶	합계				147	0	1,377,372	184,913	206,611	17,852	1,768,896	176,897	19

- **주요 기능**
  - 업장에서 발생된 매출을 시간대별로 나누어서 확인 할 수 있다.

- **실행 방법**
  - 업장코드, 날짜 등을 입력한 후 Find 버튼을 클릭한다.
  - 출력을 원할 경우엔 Print를 클릭한다.

2-6. 조 · 중 · 석 매출현황

- **주요 기능**
  - 업장에서 발생된 매출을 조 · 중 · 석으로 나누어서 확인할 수 있다.

- **실행 방법**
  - 업장코드, 날짜 등을 입력한 후 Find 버튼을 클릭한다.
  - 출력을 원할 경우엔 Print를 클릭한다.

3 매출분석

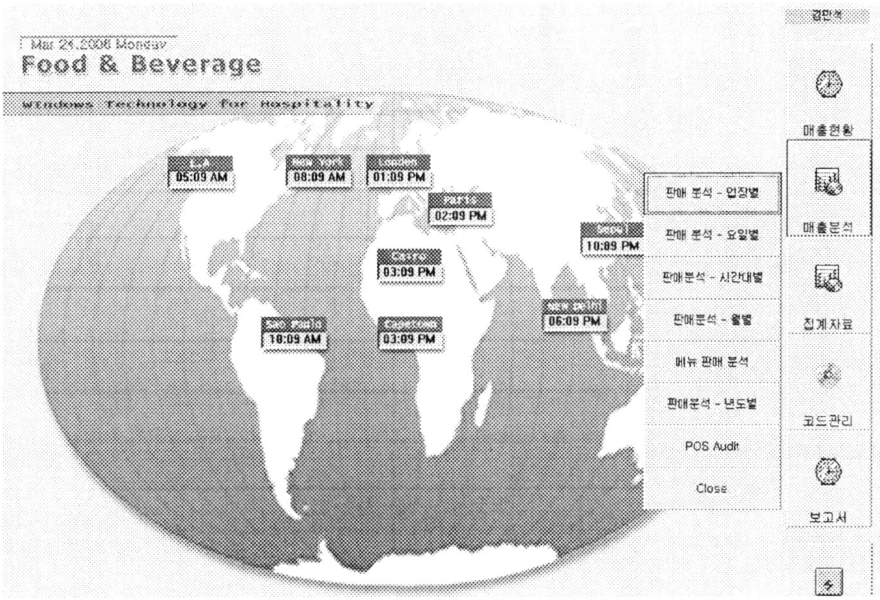

- 주요 기능
  - 판매 분석(업장별, 요일별, 시간대별, 월별, 연도별), 메뉴판매 분석을 조회, 확인한다.

3-1. 판매 분석 - 업장별

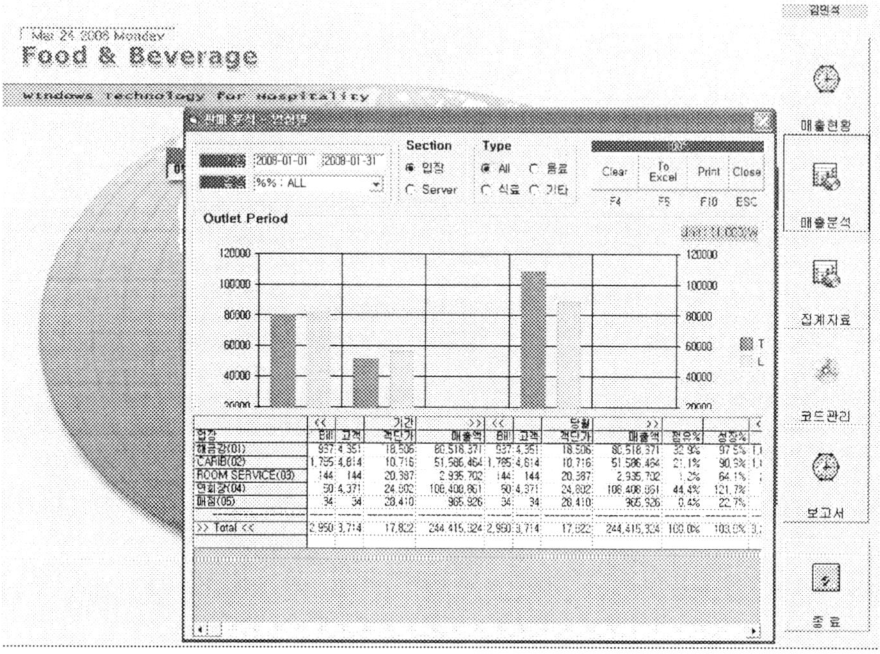

• **주요 기능**

- 업장별로 발생된 매출을 당월, 전년대비, 연간으로 그래프와 함께 확인할 수 있다.

• **실행 방법**

- 업장코드, 날짜 등을 입력한 후 Find 버튼을 클릭한다.
- 출력을 원할 경우엔 Print를 클릭한다.

3-2. 판매 분석 - 요일별

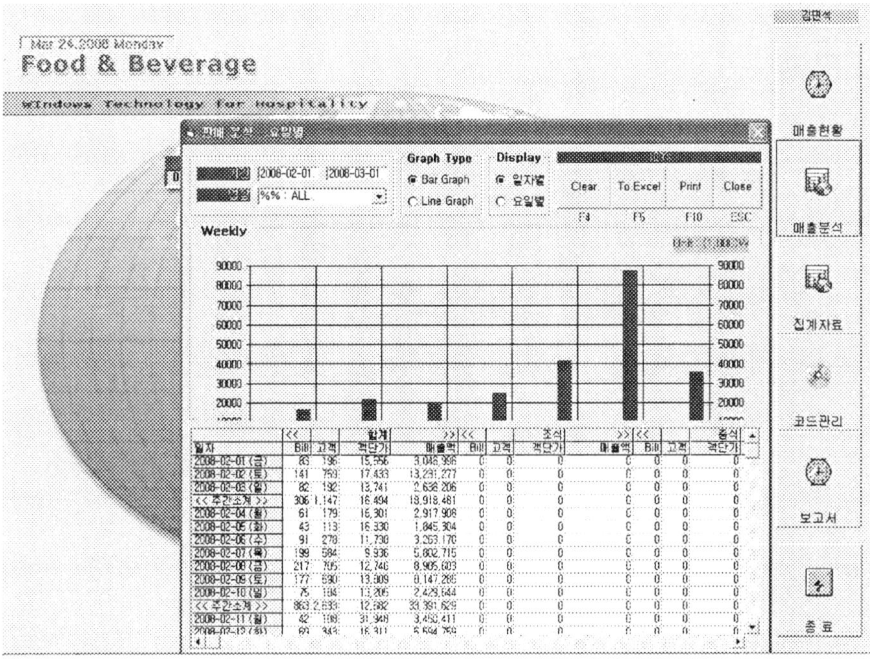

• 주요 기능

- 업장에서 발생된 매출을 요일별로 비교 분석한다.

• 실행 방법

- 업장코드, 날짜 등을 입력한 후 Find 버튼을 클릭한다.
- 출력을 원할 경우엔 Print를 클릭한다.

3-3. 판매 분석 - 시간대별

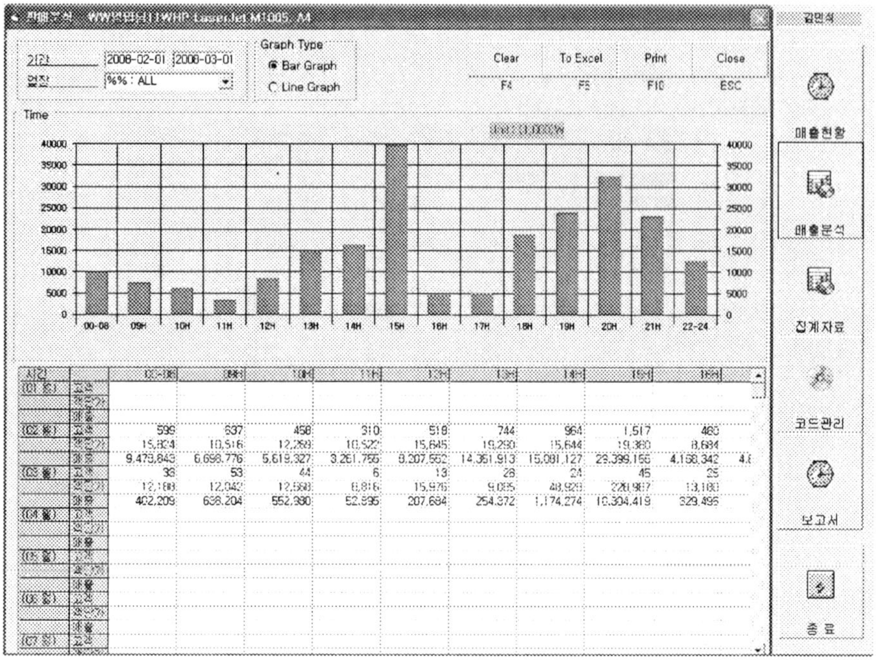

• **주요 기능**

- 업장에서 발생된 매출을 시간대별로 비교 분석한다.

• **실행 방법**

- 업장코드, 날짜 등을 입력한 후 Find 버튼을 클릭한다.
- 출력을 원할 경우엔 Print를 클릭한다.

3-4. 판매 분석 - 월별

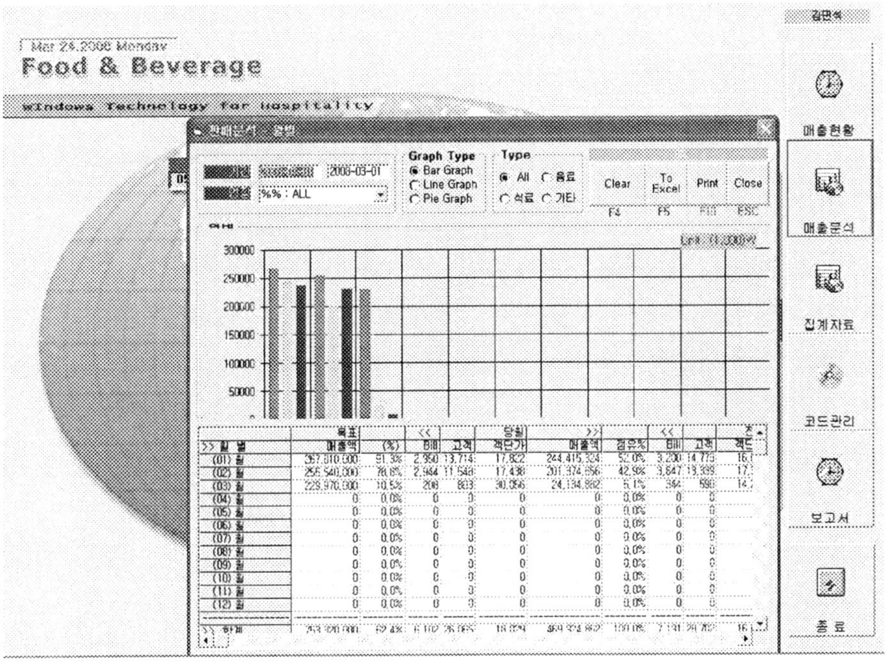

- **주요 기능**
  - 업장별로 발생된 매출을 월별로 비교 분석한다.

- **실행 방법**
  - 업장코드, 날짜 등을 입력한 후 Find 버튼을 클릭한다.
  - 출력을 원할 경우엔 Print를 클릭한다.

3-5. 메뉴 판매 분석

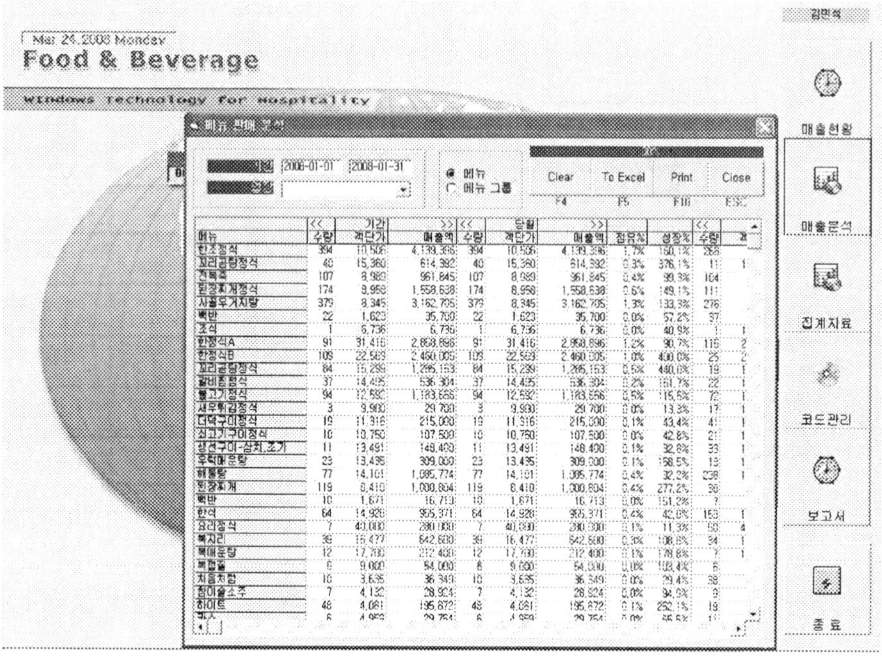

- **주요 기능**
  - 업장별로 발생된 메뉴 판매를 확인한다.

- **실행 방법**
  - 업장코드, 날짜 등을 입력한 후 Find 버튼을 클릭한다.
  - 출력을 원할 경우엔 Print를 클릭한다.

3-6. 판매 분석 - 연도별

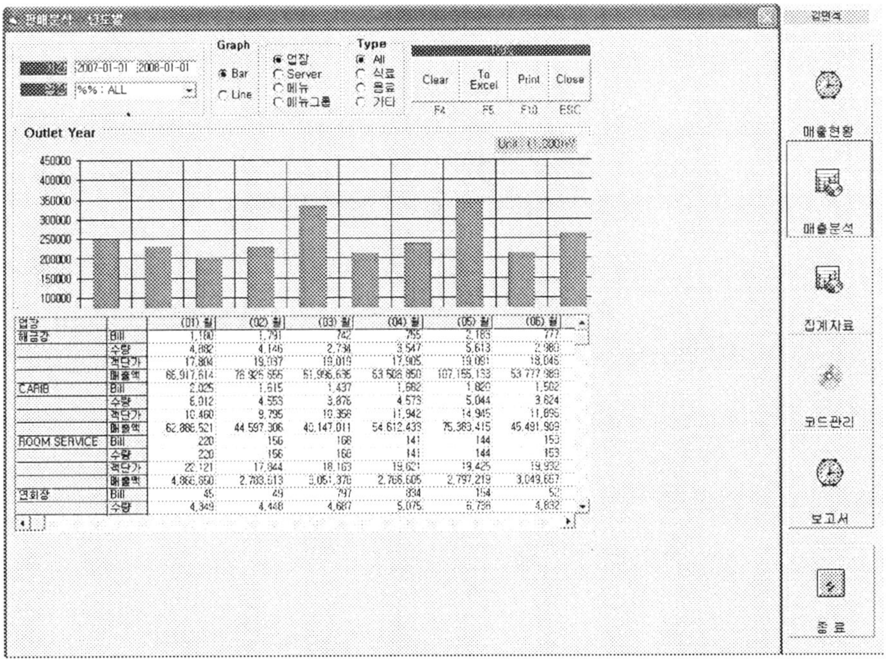

• 주요 기능

- 업장에서 발생된 매출을 연도별로 비교 분석한다.

• 실행 방법

- 업장코드, 날짜 등을 입력한 후 Find 버튼을 클릭한다.
- 출력을 원할 경우엔 Print를 클릭한다.

3-7. POS Audit

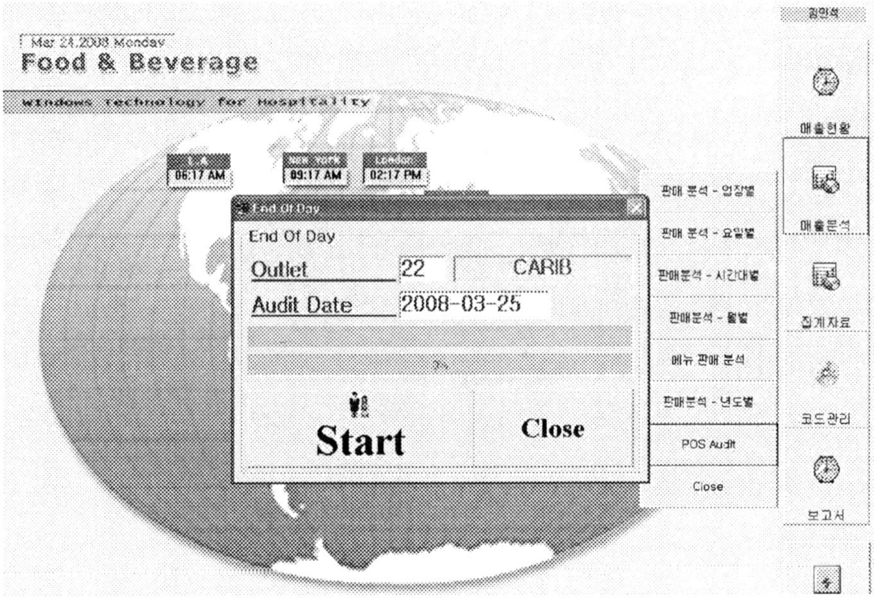

• **주요 기능**

- 해당업장의 일 마감을 진행한다.

• **실행 방법**

- 모든 준비를 마치면 Start를 클릭한다.
- 마감진행이 100%가 되면 Close를 클릭하여 일 마감을 마친다.

4 집계자료

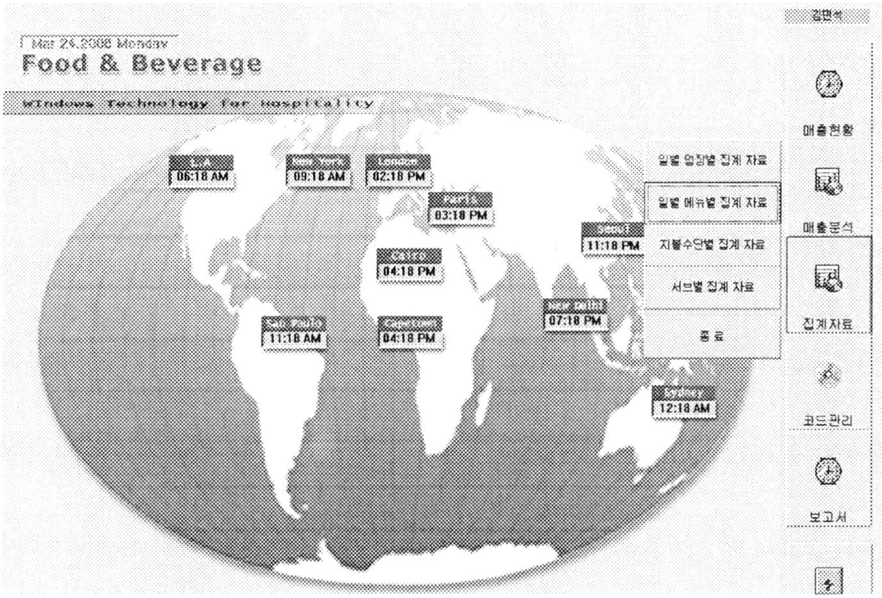

• 주요 기능

– 일별 업장별 집계자료, 일별 메뉴별 집계자료, 지불수단별 집계자료, 서브별 집계자료 확인한다.

4-1. 일별 업장별 집계 자료

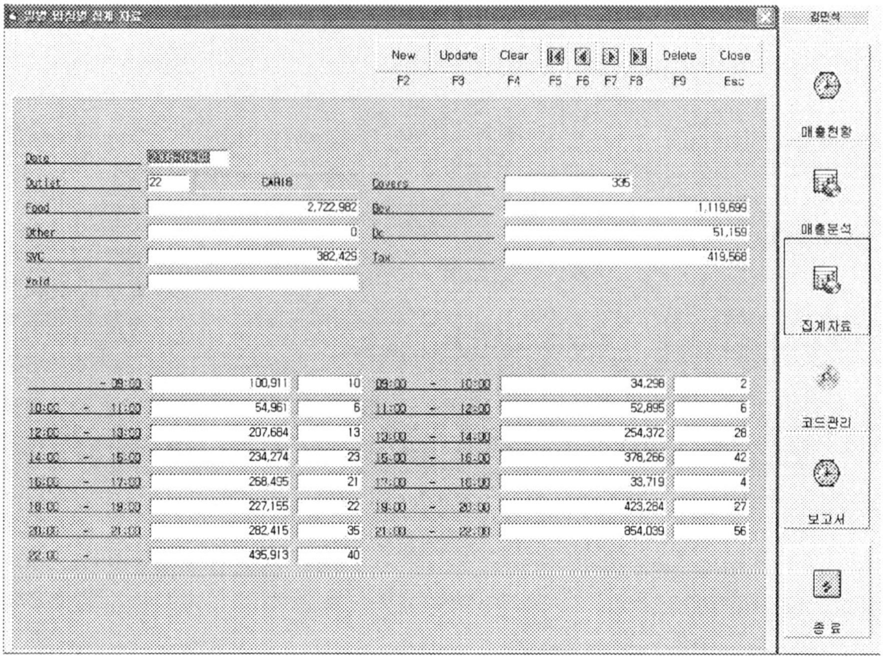

• **주요 기능**

- 업장에서 발생시킨 매출을 집계한다.

• **실행 방법**

- 업장코드, 날짜 등을 입력한 후 Find 버튼을 클릭한다.
- 출력을 원할 경우엔 Print를 클릭한다.

4-2. 일별 메뉴별 집계 자료

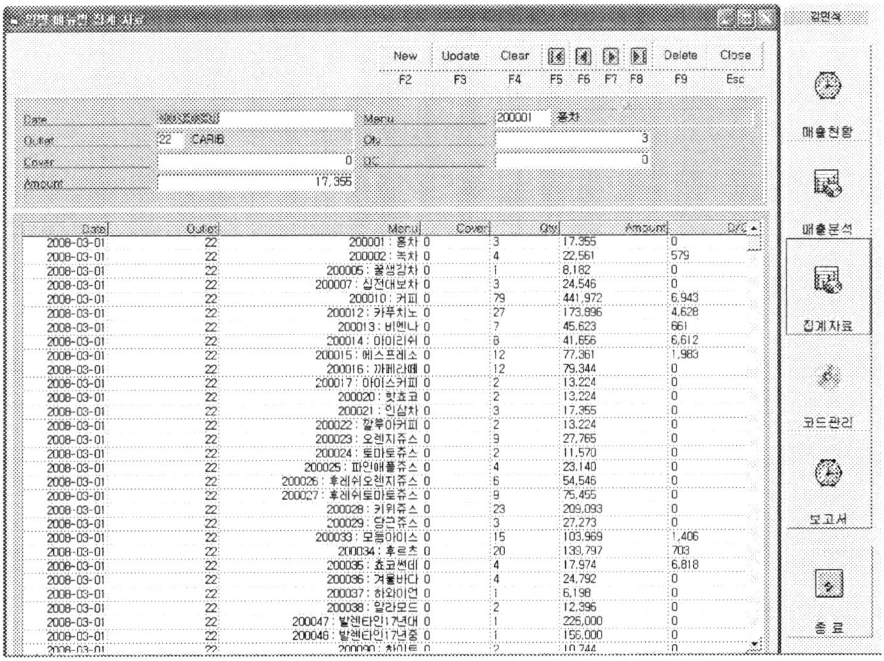

- **주요 기능**
  - 업장에서 발생시킨 메뉴를 집계한다.

- **실행 방법**
  - 업장코드, 날짜 등을 입력한 후 Find 버튼을 클릭한다.
  - 출력을 원할 경우엔 Print를 클릭한다.

4-3. 지불수단별 집계자료

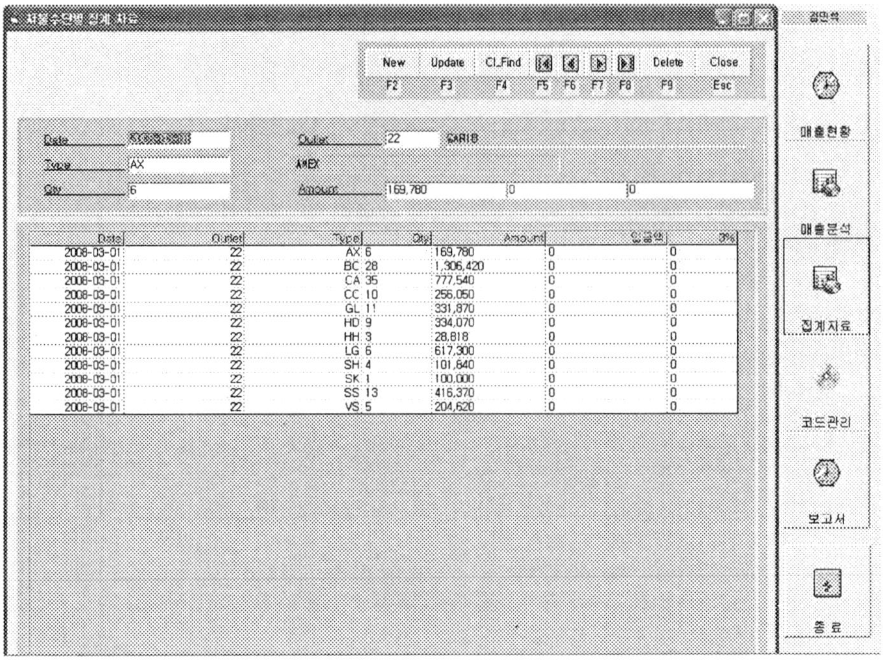

• **주요 기능**

- 지불수단별 집계 자료를 조회한다.
- 현금정산, 각 카드사별 정산, 직원후불 정산, 대외후불 정산, 대내후불 정산, 각종 제휴 상품권 정산, PP 카드 정산, 접대처리 등의 각 빌들의 지불수단별 정산 내역을 조회할 수 있다.

• **실행 방법**

- 업장코드, 날짜 등을 입력한 후 Find 버튼을 클릭한다.
- 출력을 원할 경우엔 Print를 클릭한다.

4-4. 서브별 집계자료

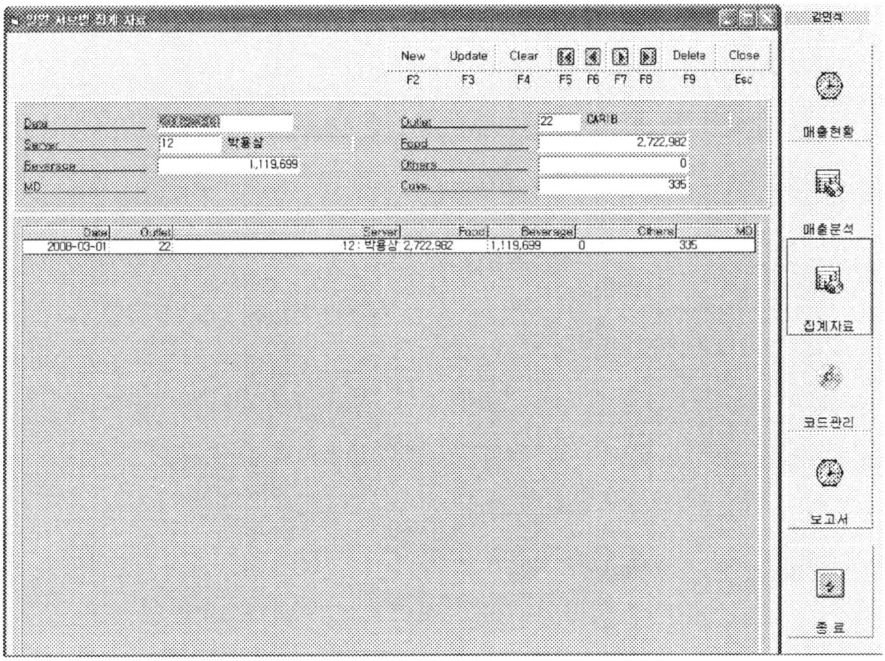

- **주요 기능**
  - 서브별 집계 자료를 조회한다.
  - 어떤 직원의 서브로 Posting되고 지불정산 마감이 되었는지 조회할 수 있다.

- **실행 방법**
  - 업장코드, 날짜 등을 입력한 후 Find 버튼을 클릭한다.
  - 출력을 원할 경우엔 Print를 클릭한다.

5 코드관리

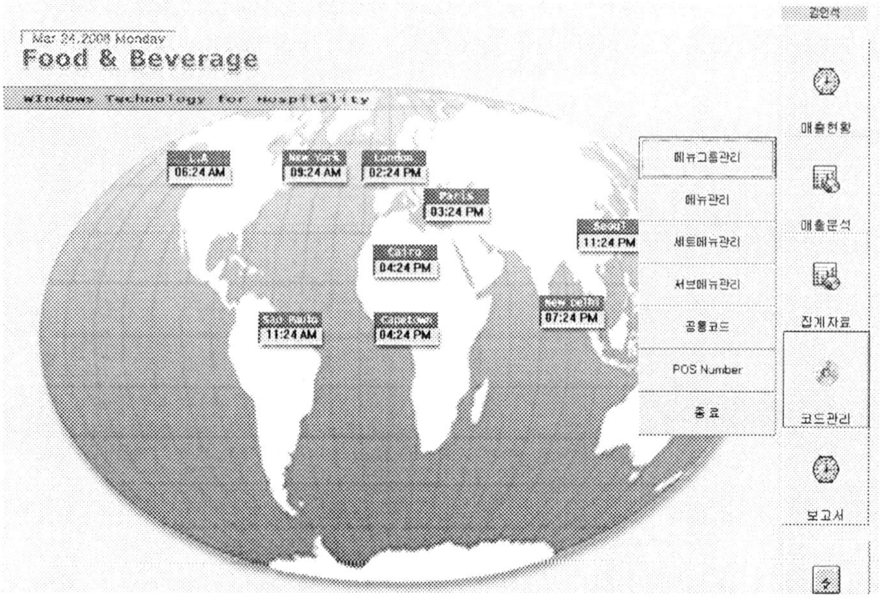

• **주요 기능**

　- 메뉴관리 및 POS 코드를 관리한다.

5-1. 메뉴그룹관리

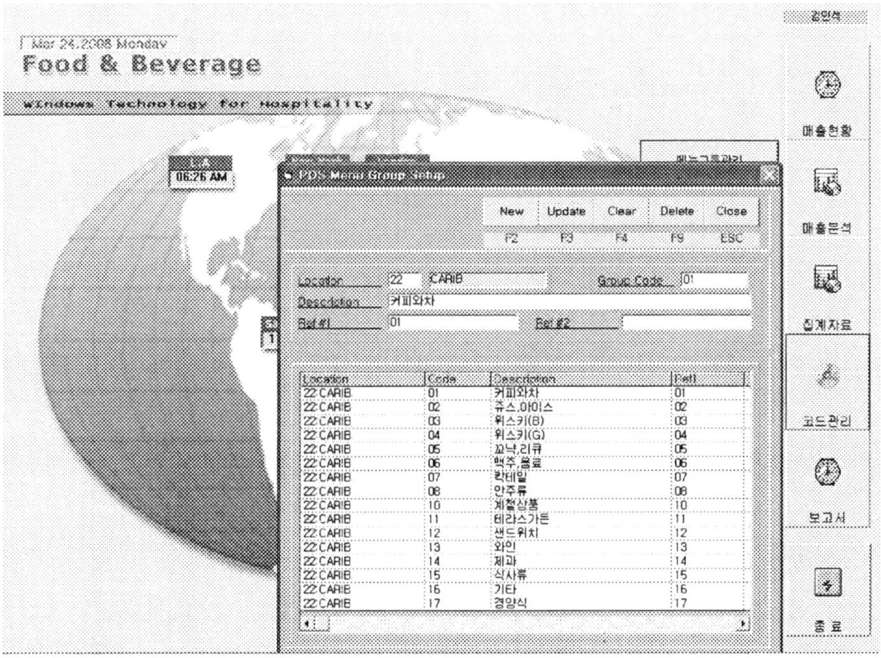

• 주요 기능

- 메뉴그룹을 등록, 삭제, 수정한다.

• 항목 설명

- Location : 업장코드
- Group code : 메뉴그룹코드(2자리 숫자, 중복 금지)
- Description : 메뉴그룹명
- Ref# : 정렬순서

• 사용 방법

- 먼저 New를 클릭한다.
- 해당 자료를 입력 한 후 Add 버튼을 클릭한다.
- 수정을 할 경우엔 자료를 수정 후 Update를 클릭한다.

5-2. 메뉴관리

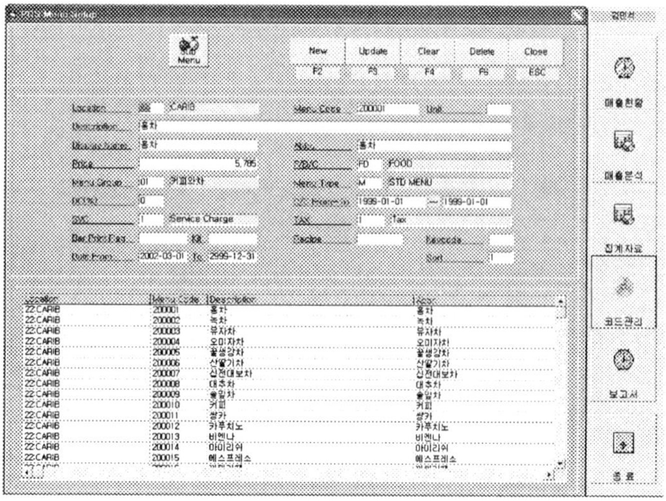

• 주요 기능

- 메뉴를 등록, 수정, 삭제한다.

• 새로운 메뉴 입력방법

- New 버튼을 클릭한다.
- "Location" 업장번호
- "Menu Code" 메뉴코드(6자리, 중복금지)
- "Description", "Display Name", "Abbr." 메뉴이름(한글 5자리, 영문 10자리까지만 입력가능)
- "Price" 금액
- "F/B/O" 메뉴종류(FD : FOOD, BE : BEVERAGE, 01 : OTHER#1)
- "Menu Group" 메뉴그룹코드
- "Menu Type" (M : Standard Menu, A : Add Item, S : Set Menu)
- "DC(%)" 할인율
- "D/C From~To" 할인기간
- "SVC" 봉사료 적용여부(1 : 적용, 0 : 적용 안 함)
- "TAX" 세금적용여부(1 : 적용, 2 : 적용 안 함)
- "Date From", "To" 메뉴사용기간
- "Sort" 정렬순서

PART 7 Custom SYSTEM 운영 매뉴얼

1 Menu

1-1. Custom Main

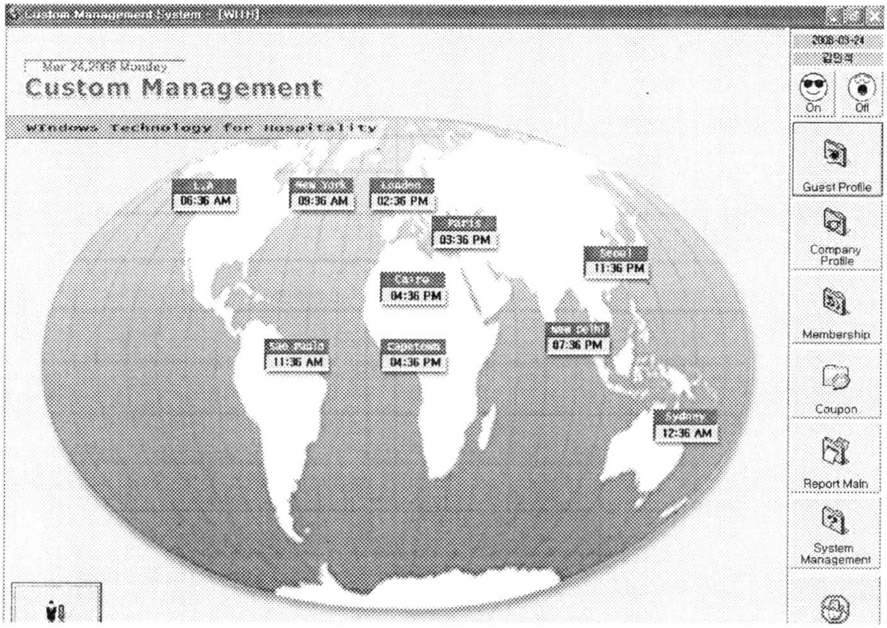

• **주요 기능**

– 고객관리 시스템의 Main Menu로 개인고객, 법인고객, 회원관리, 실적관리, 코드관리로 구성되어 있다.

· 개인고객 – 호텔의 영업활동과 관련된 모든 개인고객(회원, 비회원)에 대한 기초 정보를 관리한다.

· 법인고객 – 호텔의 영업활동과 관련된 모든 법인고객(법인, 단체, 여행사 등)에 대한 기초정보를 관리한다.

· 회원관리 – 개인 또는 법인 고객 중에서 회원으로 등록된 카드, 회비 등을 관리한다.

· 실적관리 – 개인 또는 법인 고객 중에서 회원으로 등록된 고객의 카드, 회비 등을 관리한다.

· 코드관리 – 고객관리 시스템을 운영하기 위한 각종 코드와 Parameters를 관리한다.

• **화면이동**

– 해당업무를 처리하기 위해 아이콘을 클릭한다.

– 종료 시는 Close 버튼을 클릭한다.

2 Guest Profile

2-1. Guest Profile Menu

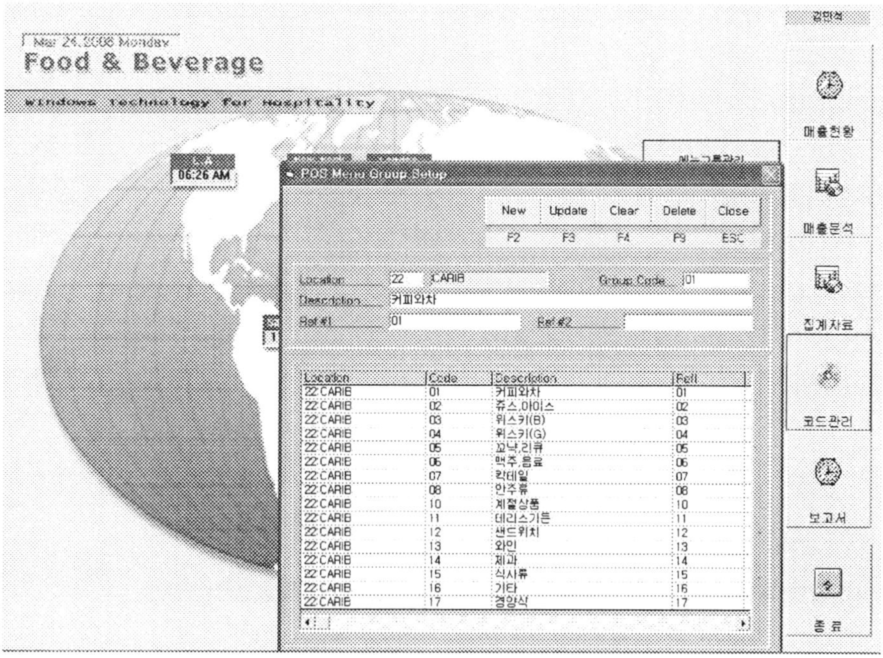

• **주요 기능**

- 개인고객관리의 Main Menu로 개인고객관리, 개인고객리포트, 고객조회 등으로 구성되어 있다.

• **화면이동**

- 해당 버튼을 클릭한다.
- 종료 시에는 Close를 클릭한다.

2-1-1. Guest Profile

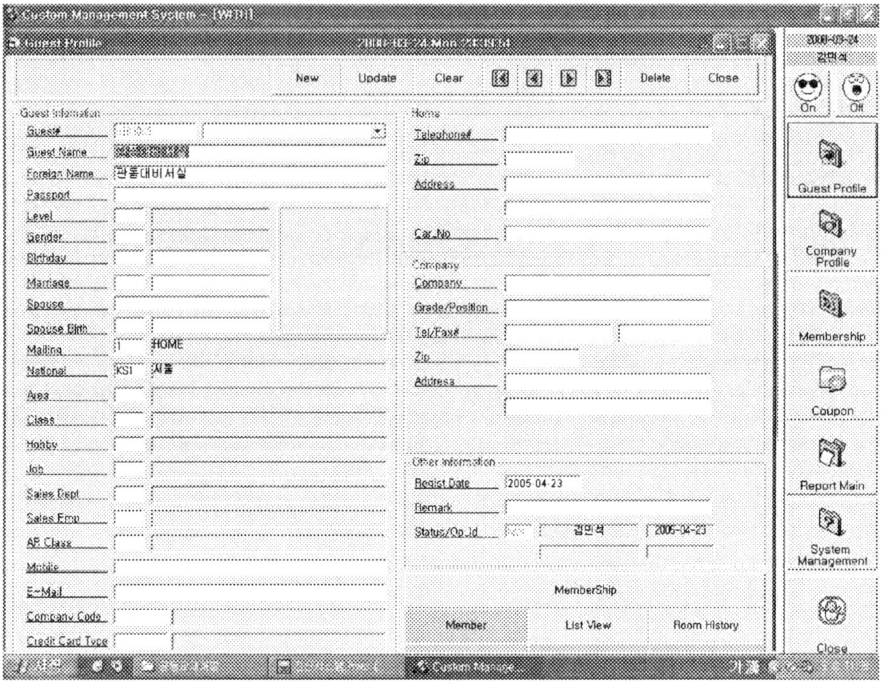

- **주요 기능**

  - 모든 개인 고객에 대한 기초정보(고객의 사진 포함)를 관리한다.

Member	고객이 회원일 경우 회원카드에 대한 내역을 검색할 수 있다.
List View	입력한 조건에 해당하는 고객리스트를 확인할 수 있다.
Room History	고객의 객실 이용 실적을 조회할 수 있다.
Products	고객의 영업장 이용 실적을 관리할 수 있다.
Service	고객에 대한 서비스 정보를 관리할 수 있다.
Complaints	고객이 호텔 이용 시 불편사항이나 건의사항을 관리할 수 있다.

- **항목설명**

  - Guest#/Korean Name : 고객번호(7자리), 내국인일 경우 한글이름을 입력한다.

    ※ Front Office 시스템의 고객번호와 연계 운용하면 효율적이다.
    고객번호는 시스템에 의해 자동 부여된다.

- Foreign Name : 외국어 이름
- Passport : 외국인의 경우 여권번호, 내국인인 경우 주민등록번호
- Level / Sex : 고객등급, 성별
- Birthday : 생일(S : 양력, M : 음력)
- Marriage : 결혼 여부
- Spouse : 배우자의 성명
- Spouse Birth : 배우자의 생년월일
- Mailing : DM을 보낼 곳 선택(1 : 집, 2 : 회사, 3 : 보내지 않음)
- Area : 지역코드
- Class : 고객 분류코드
- Hobby : 취미코드
- Sales Dept : 담당 판촉부서
- Sales Emp : 담당 판촉직원
- Ar Class : 후불 분류코드
- HandPhone : 휴대폰 번호
- E-mail : 전자우편 주소
- Telephone# : 전화번호
- Zip Code : 우편번호
- Address
  · 주소-1 : 우편번호에 의해 자동으로 나타남. 우편번호를 모를 경우 주소의 일부 문자를 입력한 후 더블클릭하면 해당우편번호가 나타난다. 우편번호를 선택하면 자동 입력된다.
  · 주소-2 : 우편번호에 관련된 주소 외의 사항(동, 호수, 번지)
- Company : 회사명
- Address : 주소-1, 2(위의 방법과 동일)
- Grade / Position : 부서 및 직위
- Car No : 소유 차량번호
- Registration / Remark : 등록일자 / 비고
- Status / Op_id : 화면하단에는 자료 관리의 정확성을 기하기 위해 최초 입력자, 일자, 수정일자, 최종 취급자 등을 자동으로 나타내준다.

2-1-2. Guest Check List

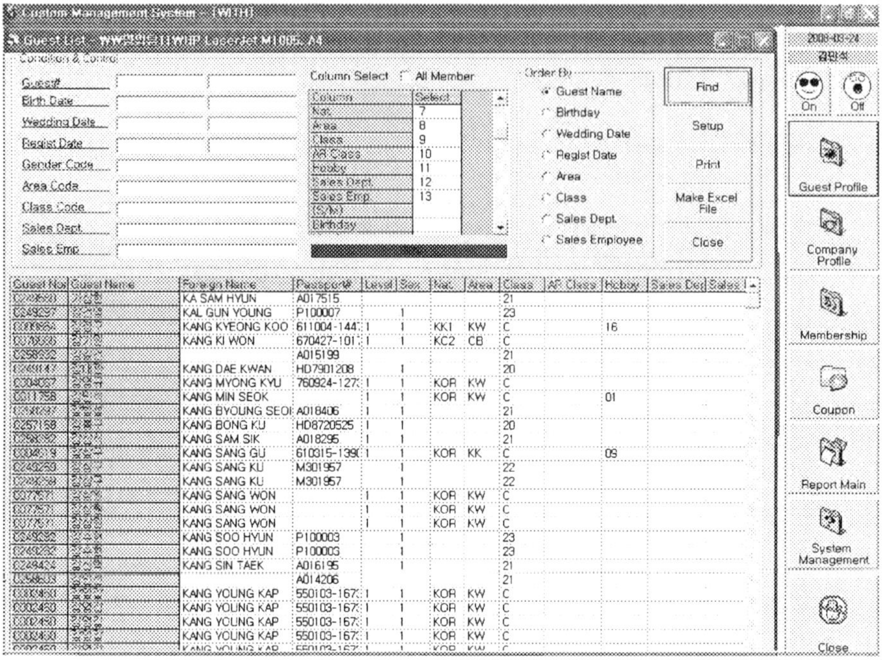

- **주요 기능**
  - 모든 고객에 대한 기초정보를 조회합니다.

- **항목설명**
  - 각 필드에 해당조건을 입력하여 조건에 맞는 고객을 조회할 수 있다.
  - Select의 옵션 버튼 선택에 따라 개인 고객, 법인 고객, 모든 고객을 선택적으로 조회할 수 있다.
  - Sort 옵션 버튼 선택에 따라 고객번호, 성명 순으로 정렬할 수 있다.

2-1-3. Distribution Chart

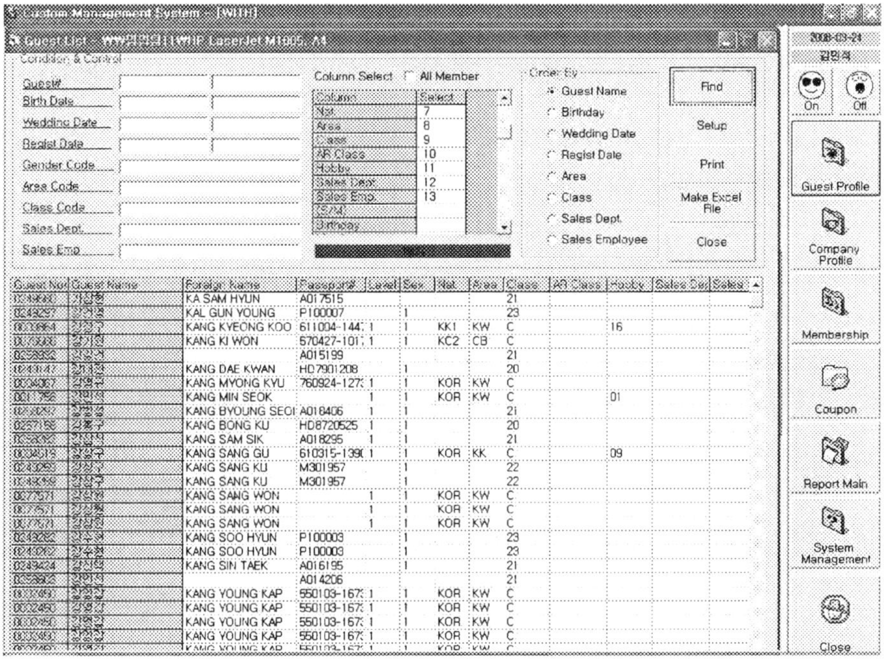

• 주요 기능

- 모든 개인고객에 대한 정보를 조건별로 조회 출력한다.

• 항목설명

- 각 필드에 해당조건을 입력하여 조건에 맞는 고객을 조회할 수 있습니다.
- Distributary의 옵션 버튼 선택에 따라 Area, Hubby, Member Type, Age, Sales Dept, Sales Emp 등 선택적으로 조회할 수 있다.

3 Company Profile

3-1. Company Profile Menu

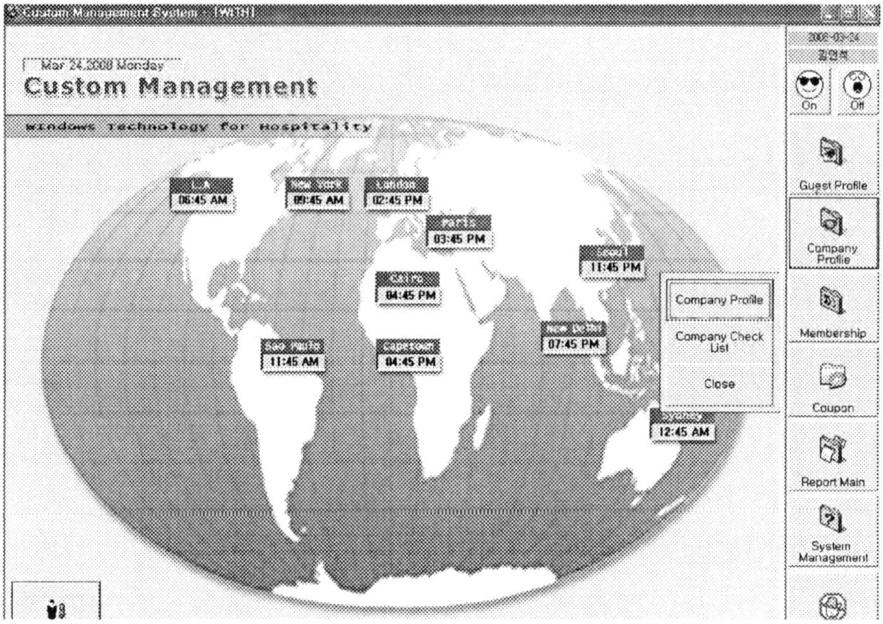

• 주요 기능

- 법인고객관리의 Main Menu로 법인고객관리, 법인고객리포트, 고객조회 등으로 구성되어 있다.

• 화면이동

- 해당 버튼을 클릭한다.
- 종료 시는 Close를 클릭한다.

3-1-1. Company Profile

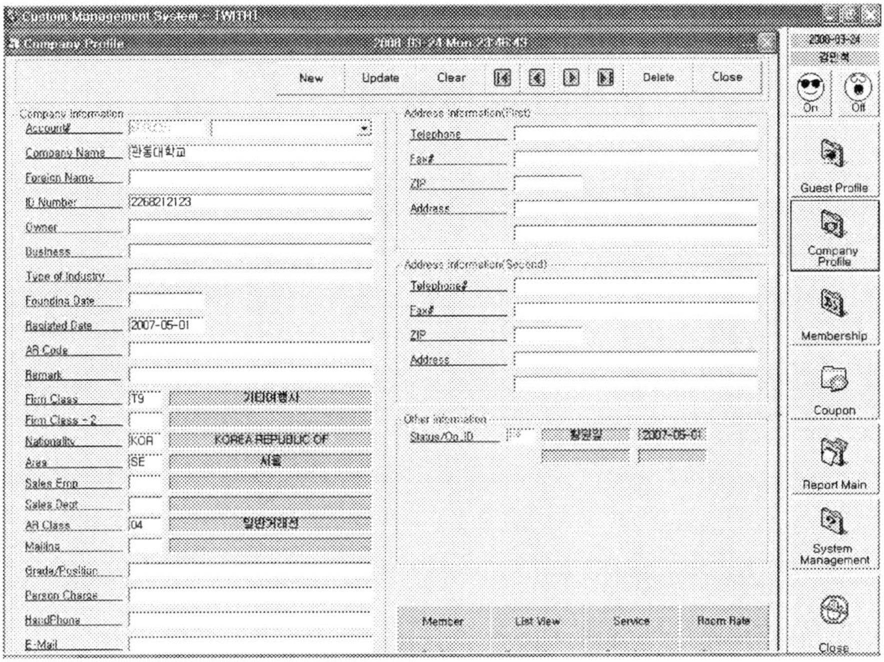

- **주요 기능**

-모든 법인(단체) 고객에 대한 기초정보를 관리한다.

Member	고객이 회원일 경우 회원카드에 대한 내역을 검색할 수 있다.
List View	입력한 조건에 해당하는 고객리스트를 확인할 수 있다.
Room History	고객의 객실 이용 실적을 조회할 수 있다.
Products	고객의 영업장 이용 실적을 관리할 수 있다.
Service	고객에 대한 서비스 정보를 관리할 수 있다.
Complaints	고객이 호텔 이용 시 불편사항이나 건의사항을 관리할 수 있다.

- **항목설명**

– Account # : 고객번호(7자리)

※ Front Office 시스템의 고객번호와 연계 운용하면 효율적이다.
고객번호는 시스템에 의해 자동 부여된다.

- Name : 한글 이름
- Foreign Name : 영문 이름
- ID Number : 사업자 등록번호
- Owner : 대표자 명
- Business Condition : 업태
- Type of Industry : 업종
- Founding Date : 설립일자
- Registed Date : 등록일자
- Ar Class : 후불분류코드
- Remark : 비고
- Firm Class : 법인분류코드
- Nationality : 국가코드
- Area : 지역코드
- Sales Dept : 담당 판촉부서
- Sales Emp : 담당 판촉직원
- Mailing : DM 발송 장소
- Grade / Position : 법인담당자 부서, 직위
- Person Charge : 법인담당자
- HandPhone : 휴대폰 번호
- E-mail : 전자우편 주소
- Telephone# : 전화번호
- Fax # : 팩시밀리 번호
- Zip Code : 우편번호
- Address
  - · 주소-1 : 우편번호에 의해 자동으로 나타남. 우편번호를 모를 경우 주소의 일부 문자를 입력한 후 더블클릭하면 해당우편번호가 나타난다. 우편번호를 선택하면 자동 입력된다.
  - · 주소-2 : 우편번호에 관련된 주소 외의 사항(동, 호수, 번지)
- Status / Op_id : 화면 하단에는 자료 관리의 정확성을 기하기 위해 최초 입력자, 일자, 수정 일자, 최종취급자 등을 자동으로 나타내준다.

3-1-2. Company List

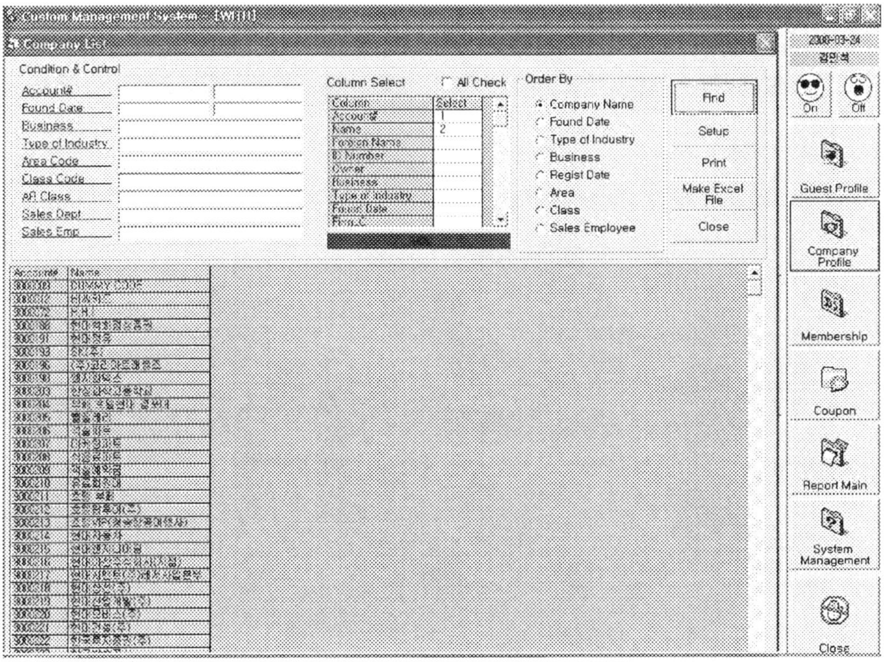

• 주요 기능

- 모든 법인고객에 대한 기초정보를 조회한다.

• 항목설명

- 각 필드에 해당조건을 입력하여 조건에 맞는 고객을 조회할 수 있다.
- Select의 옵션 버튼 선택에 따라 개인고객, 법인고객, 모든 고객을 선택적으로 조회할 수 있다.
- Sort 옵션 버튼 선택에 따라 고객번호, 성명 순으로 정렬할 수 있다.

4 Membership

4-1. Membership Menu

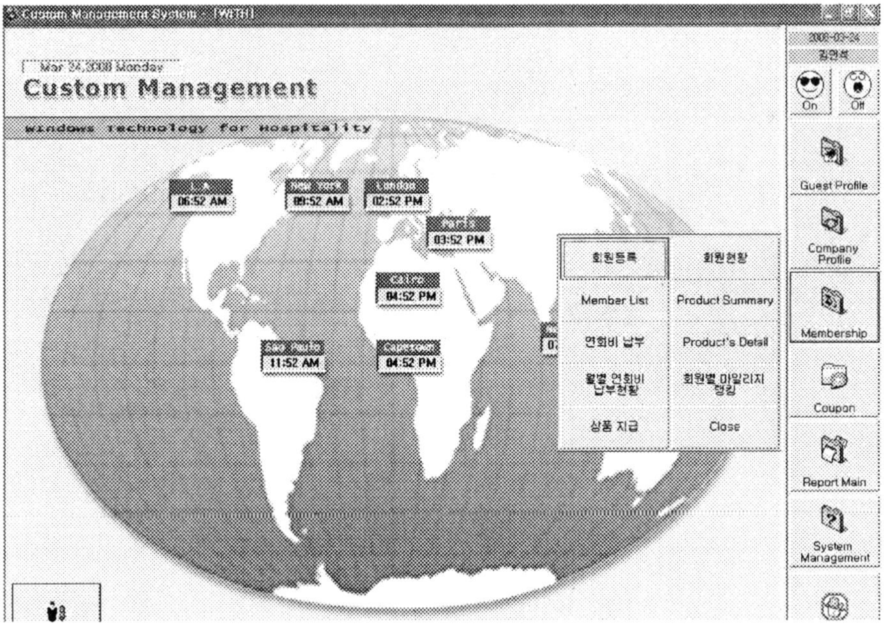

- **주요 기능**
  - 회원관리의 Main Menu로 회원 관리, 회원 조회, 회원 리포트, 회비 관리 등으로 구성되어 있다.

- **화면이동**
  - 해당 단위 업무를 클릭한다.
  - 종료 시는 Close를 클릭한다.

4-1-1. Membership(회원등록)

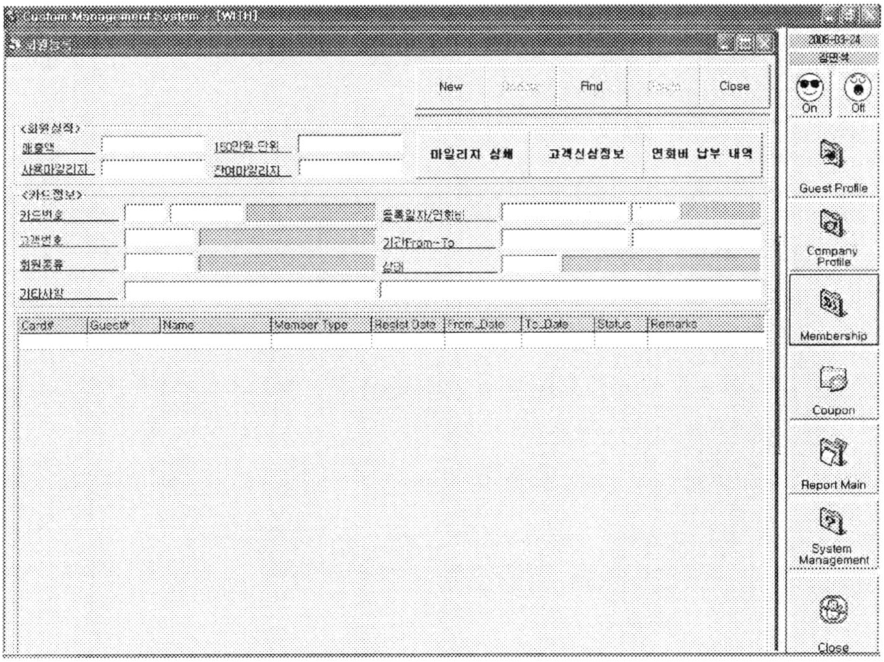

• **주요 기능**

- 회원에 대한 Card 정보를 관리한다.
- 회원조회 및 신규회원, 재가입회원의 등록을 한다.

• **항목설명**

- 회원실적 : 매출실적 및 적립된 마일리지 포인트 등을 알 수 있다.
- 카드정보 : 회원카드의 신규 및 재발급과 회원카드의 종류, 유효기간, 연회비 납부여부, 휴회, 탈퇴 및 상태코드 등을 알 수 있다.

4-1-2. Membership List

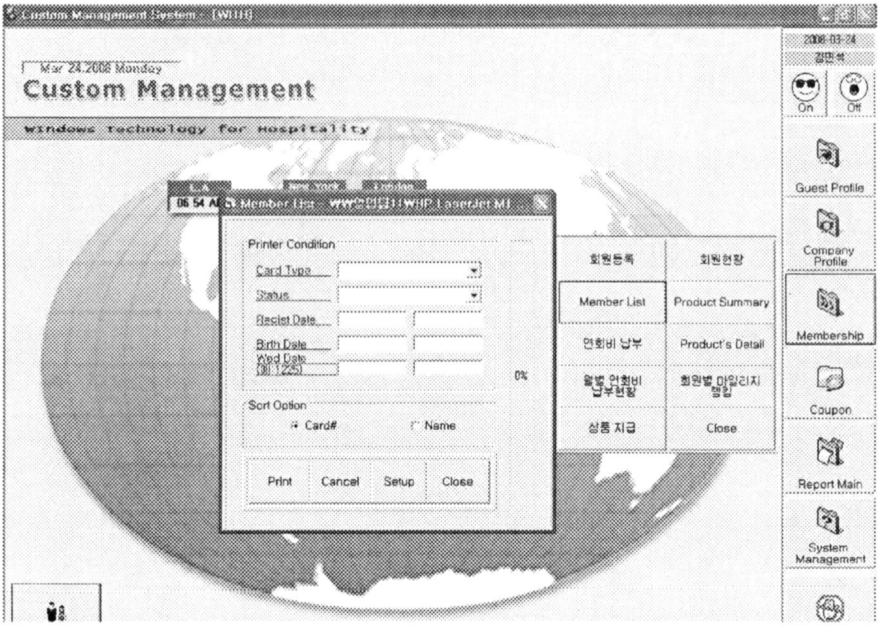

• 주요 기능

- 각 필드 조건에 맞는 고객리스트를 출력한다.

• 항목설명

- Card Type : 회원카드의 종류 선택
- Status : 휴회, 탈회, 양도, 양수, 신규가입, 재가입 고객을 선택적으로 조회할 수 있다.
- Regist Date : 등록일(From – To)
- Sort Option : 정렬 순서(From – To)

4-1-3. 회비납부현황

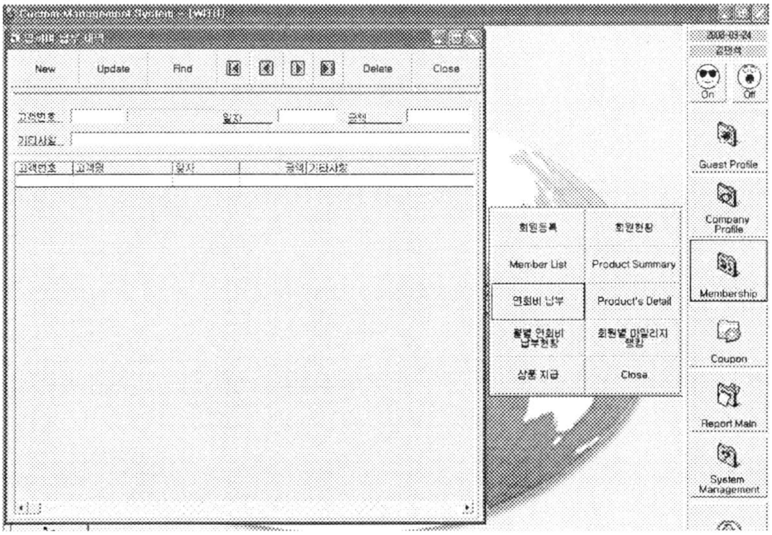

• **주요 기능**

– 회원별 연회비납부내역 조회

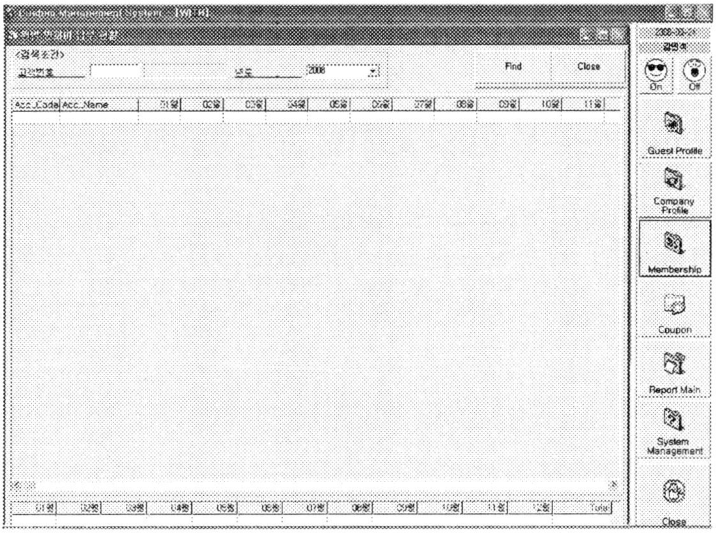

• 주요 기능

– 회원별 월별 연회비납부내역 조회

4-1-4. 상품지급

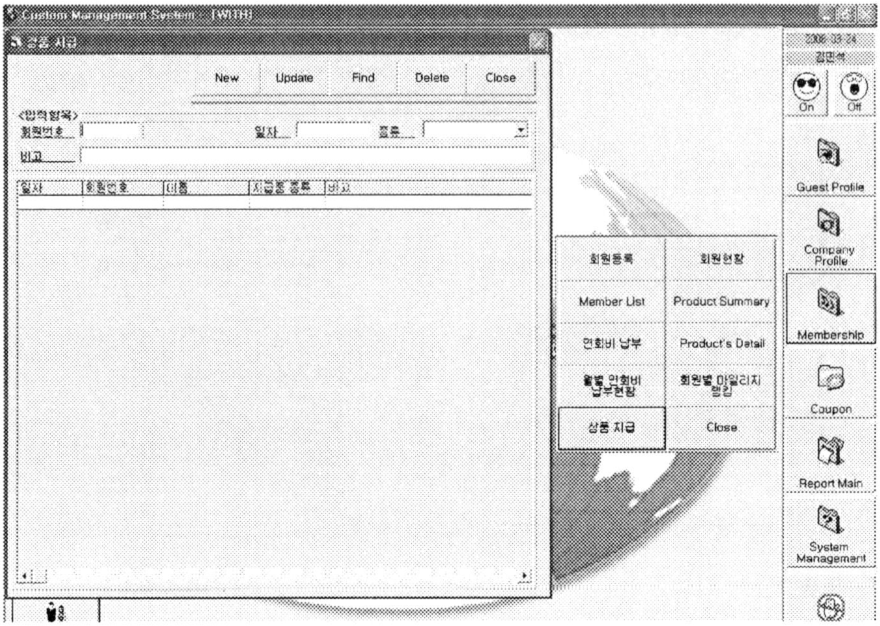

• 주요 기능

– 이벤트나 회원실적에 따른 상품지급 내역을 회원별로 집계할 수 있다.

4-1-3. 회비납부현황

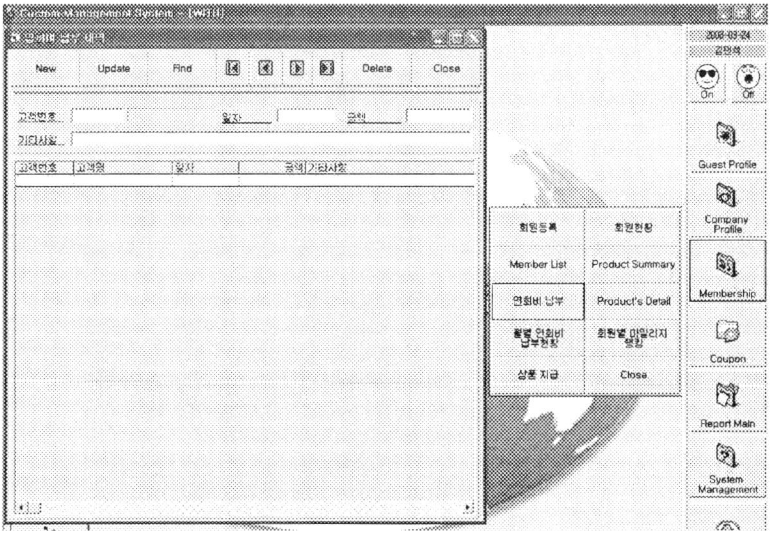

• **주요 기능**

– 회원별 연회비납부내역 조회

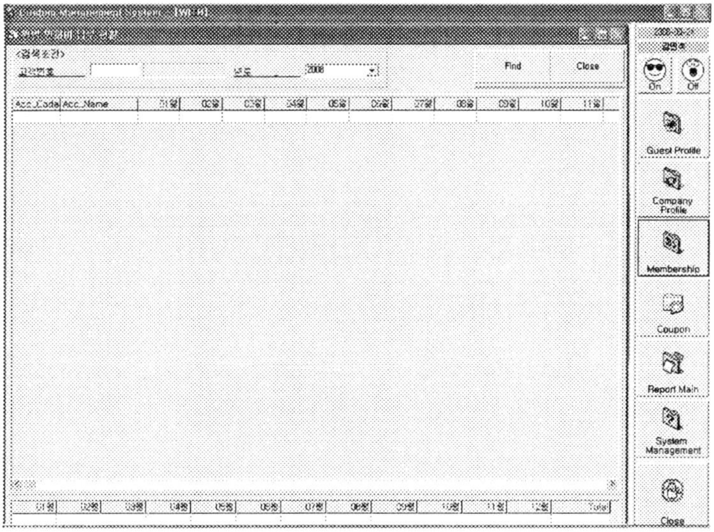

• 주요 기능

– 회원별 월별 연회비납부내역 조회

4-1-4. 상품지급

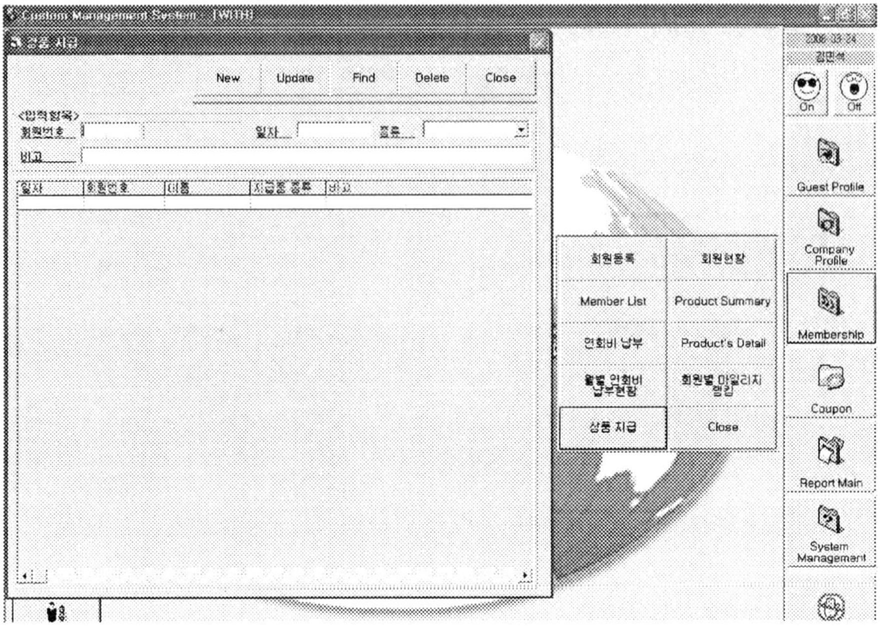

• 주요 기능

– 이벤트나 회원실적에 따른 상품지급 내역을 회원별로 집계할 수 있다.

4-1-5. 회원현황

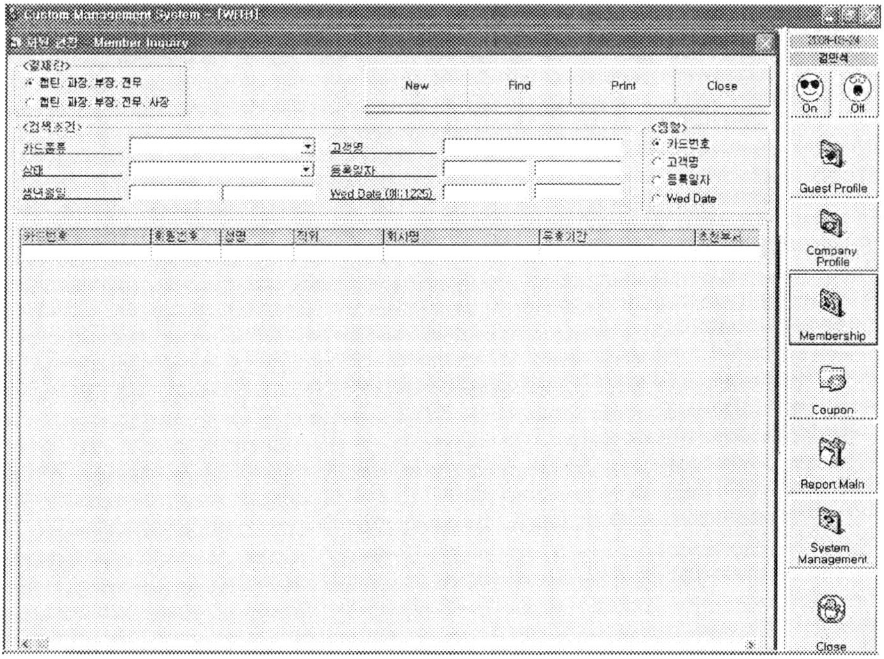

• **주요 기능**

- 각 필드 조건을 입력하여 회원의 현황을 조회할 수 있다.

4-1-6. Product Summary

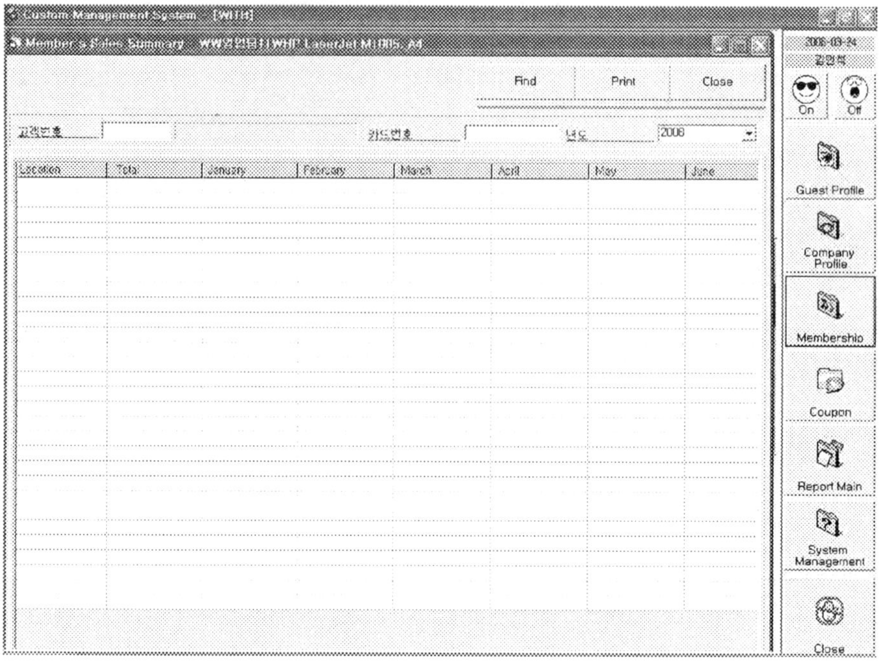

• **주요 기능**

- 회원이 발생시킨 매출을 업장별, 월별로 조회한다.

• **실행방법**

- 카드번호, 회원번호 등을 입력한 후 Find 버튼을 클릭한다.
- 출력을 원할 경우에는 Print를 클릭한다.

4-1-7. Product Detail

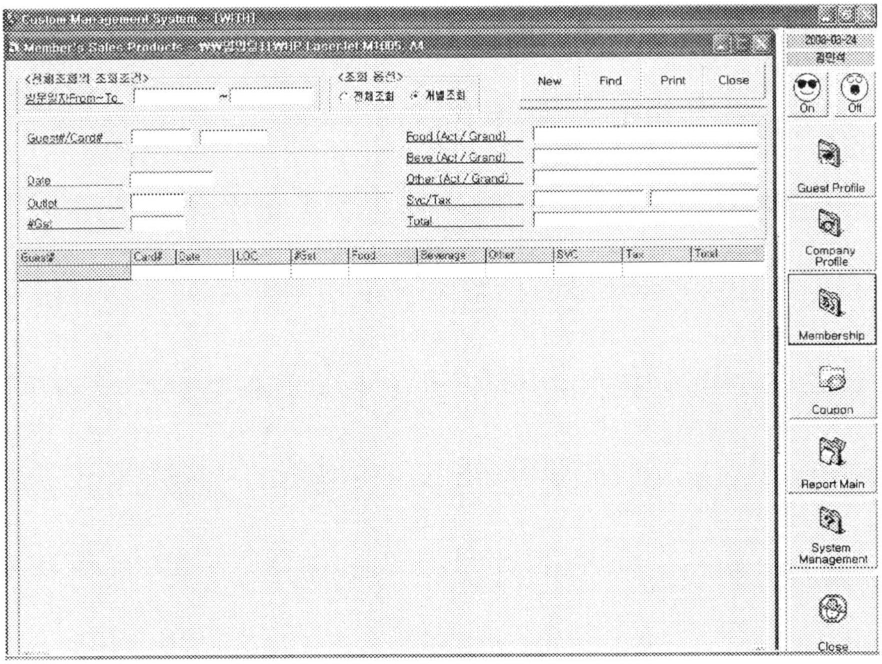

• **주요 기능**

- 회원이 발생시킨 매출을 관리한다.

• **실행방법**

- 각 항목을 입력한 후 Find 버튼을 클릭한다.
- 출력을 원할 경우에는 Print를 클릭한다.

4-1-8. 회원 마일리지 랭킹

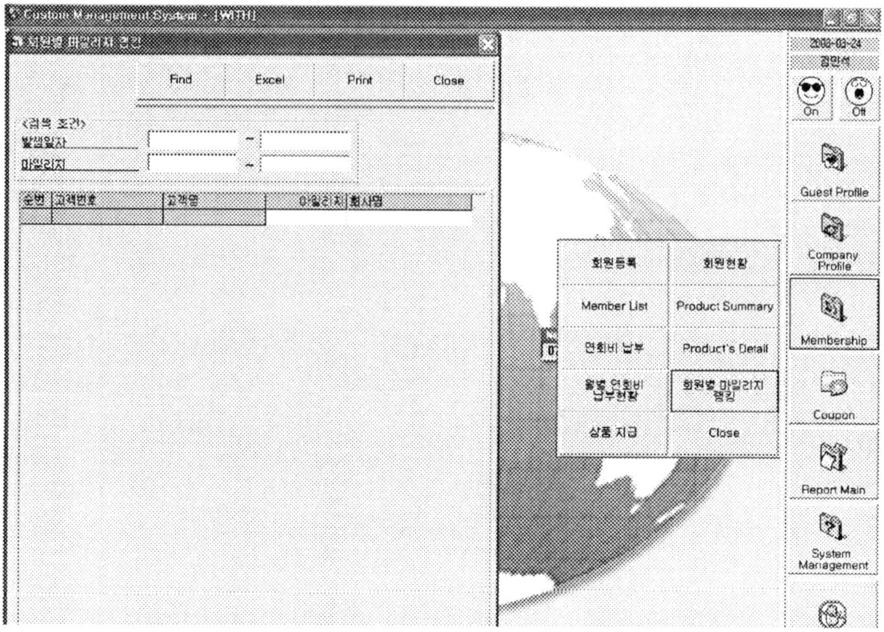

- **주요 기능**
  - 회원의 매출액별 마일리지를 순위를 조회한다.
  - 기간별, 마일리지별 검색을 할 수 있고, 순위별로 상품지급 등 이벤트를 시행한다.

5 Coupon

5-1. Coupon Menu

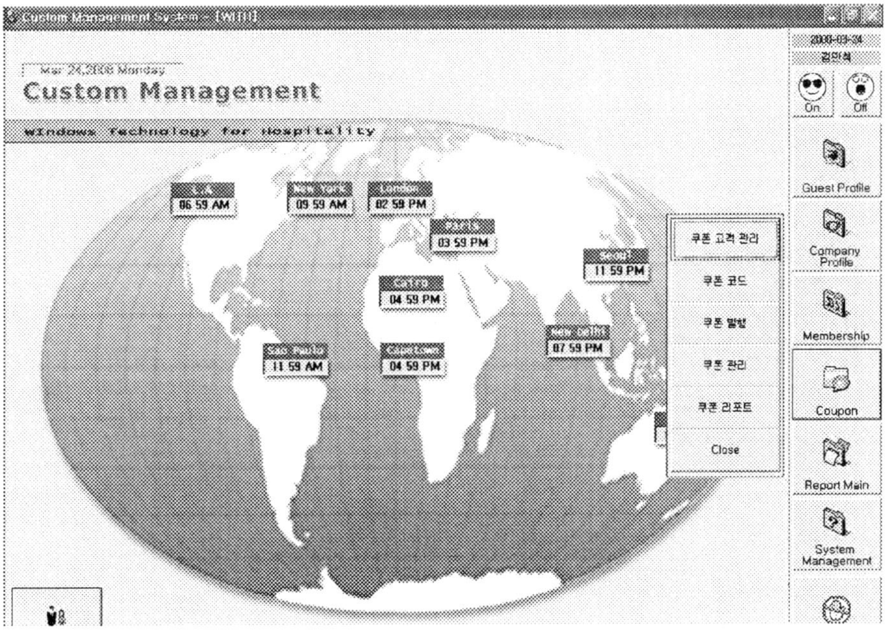

- 주요 기능
  - 각종 쿠폰을 발행, 관리, 회수 등의 업무를 시행한다.

6 Direct Mail

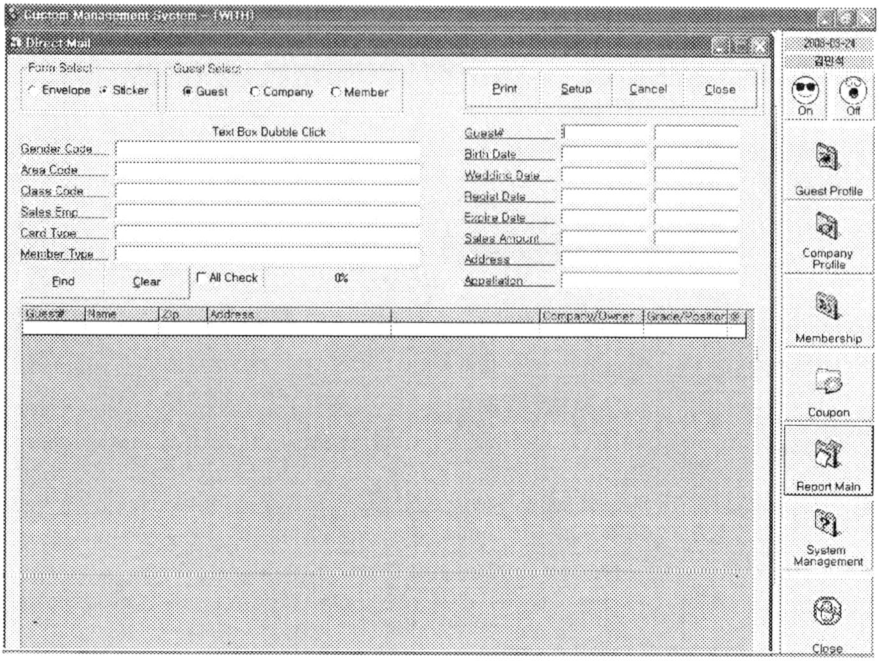

- **주요 기능**
  - 조건별로 우편발송표지(Sticker, 봉투)를 출력할 수 있다.

- **항목설명**
  - Form Select : 우편발송표지 선택(Sticker, 봉투)
  - Guest Select : 개인고객, 법인고객, 카드구좌, 회원
  - Multi Select(한 번에 여러 코드 선택이 가능)
    - · Sex Code : 성별코드
    - · Area Code : 지역코드
    - · Sales Emp : 판촉직원
    - · Card Type : 카드종류
    - · Member Type : 회원종류
    - · Class Code : 고객 분류 코드

- From / To Select
  - Guest # : 고객번호
  - Birth Date : 생일
  - Wedding Date : 결혼기념일
  - Regist Date : 가입일자
  - Expire Date : 만기일자
  - Sales Amount : 실적발생금액
  - Address : 주소
- Appellation
  - 성명 뒤의 존칭어

7 System Management

7-1. System Management Menu

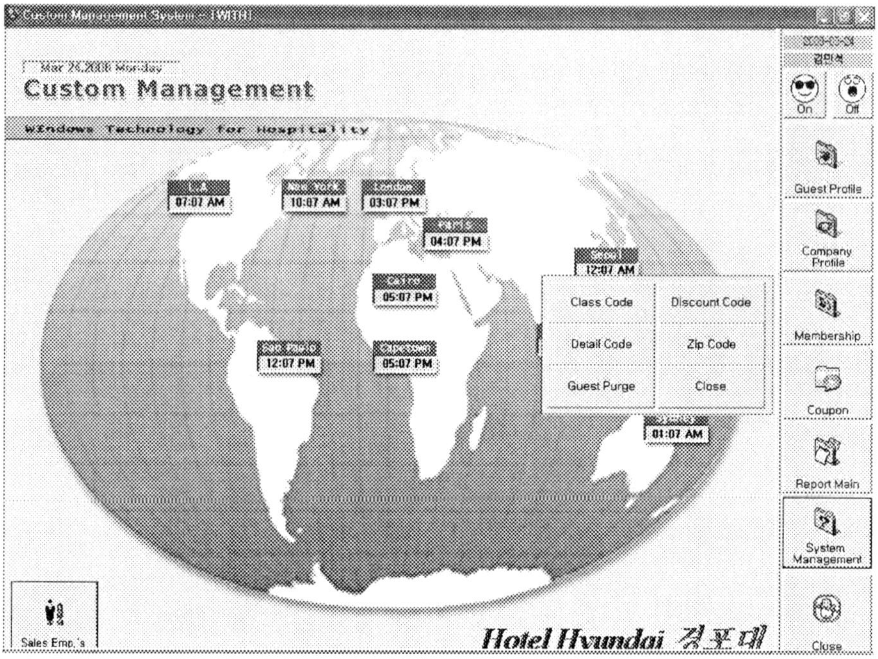

• 주요 기능

- 고객관리에 대한 코드를 관리한다.

• 사용방법

- 해당 출력버튼을 클릭한다.
- 종료 시는 Close를 클릭한다.

7-1-1. Class Code

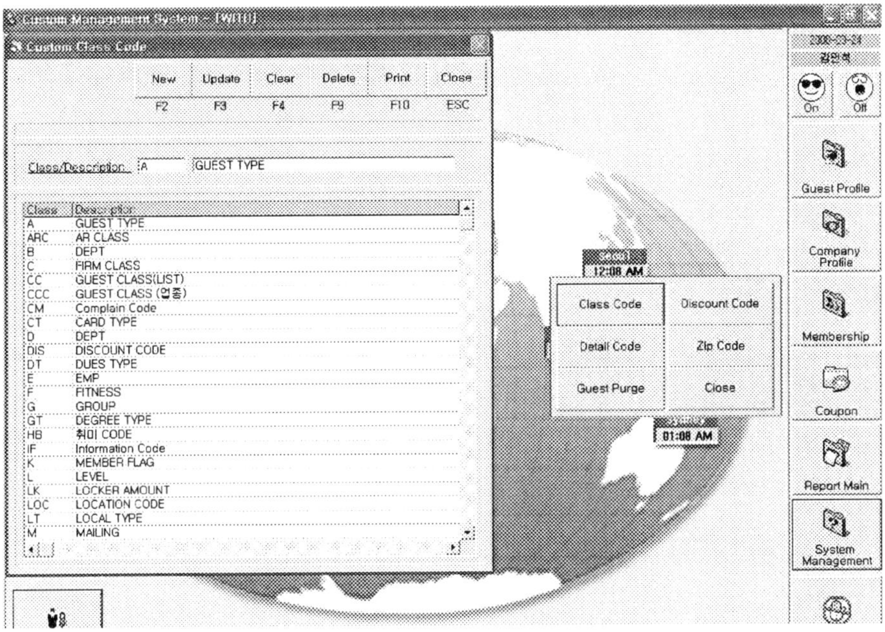

• 주요 기능

– 대분류코드를 관리한다.

• 사용방법

– New 버튼을 클릭한다.

– 해당 조건을 입력한 후 Add 버튼을 클릭한다.

– 수정할 경우 자료를 입력한 후 Update 버튼을 클릭한다.

7-1-2. Detail Code

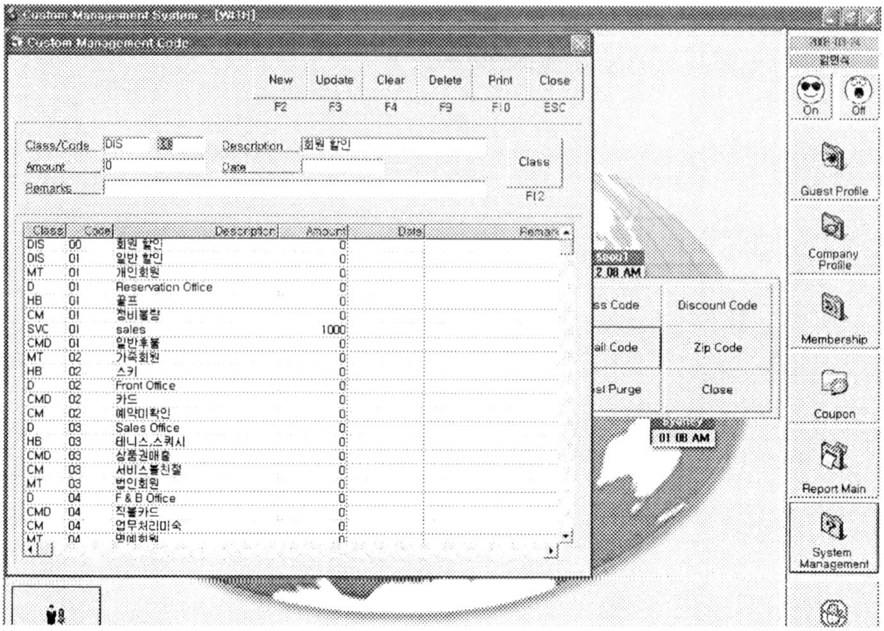

• **주요 기능**

– 소분류코드를 관리한다.

• **사용방법**

– New 버튼을 클릭한다.

– 해당 조건을 입력한 후 Add 버튼을 클릭한다.

– 수정할 경우 자료를 입력한 후 Update 버튼을 클릭한다.

저자소개 ➡➾➾

■ 지 계 웅

- 현) 관동대학교 호텔관광학부 교수
- 안산1대학 관광영어과 전임강사
- 경기대학교 대학원 관광학 박사
- 미국 Florida International University 대학원 Hotel & Restaurant Service Management 석사
- 명지대학교 물리학과

■ 김 민 석

- 현) 주식회사 호텔현대 영업팀 Supervisor
- 현) 관동대학교 호텔관광학부 강사
- 현) 관동대학교 대학원 관광학 박사과정
- 동우대학 호텔 · 관광과 강사
- 관동대학교 대학원 관광학 석사
- 관동대학교 관광경영학과

호텔/외식 식음료 전산 실무

※발행일
2008년 7월 25일 초 판 인쇄
2008년 7월 31일 초 판 발행

※저 자
지계웅 · 김민석

※발행인
한 인 환

※발행처
도서출판 **기 문 사**
서울시 동대문구 용두2동 730-4번지 홍신빌딩 3층
대표전화 : 02) 2265-7214/922-8662~8663
팩시밀리 : 02) 922-8772
homepage : www.kimoonsa.co.kr
e-mail : book@kimoonsa.co.kr
등 록 : 1978. 8. 9. NO. 6-0637
ISBN : 978-89-7723-365-2 93320

〈정가 : 15,000원〉